高等职业教育新形态一体化教材

大学生
安全教育

DAXUESHENG ANQUAN JIAOYU

主　编　曹端荣

副主编　周育辉　顾　群　欧阳清芳
　　　　程素珍

参　编　张席成　王春泉　黄解珠
　　　　罗　虹　曾小虎　秦　朝
　　　　蔡　玲　罗洁琴

山东大学出版社
SHANDONG UNIVERSITY PRESS
·济南·

图书在版编目(CIP)数据

大学生安全教育/曹端荣主编. —济南:山东大学出版社,2023.7

ISBN 978-7-5607-7877-8

Ⅰ.①大… Ⅱ.①曹… Ⅲ.①大学生—安全教育 Ⅳ.①G645.5

中国国家版本馆 CIP 数据核字(2023)第 131324 号

责任编辑 刘 彤
封面设计 刘文东

大学生安全教育
DAXUESHENG ANQUAN JIAOYU

出版发行 山东大学出版社
社　　址 山东省济南市山大南路 20 号
邮政编码 250100
发行热线 (0531)88363008
经　　销 新华书店
印　　刷 三河市龙大印装有限公司
规　　格 787 毫米×1092 毫米 1/16
　　　　 14.25 印张 304 千字
版　　次 2023 年 7 月第 1 版
印　　次 2023 年 7 月第 1 次印刷
定　　价 45.00 元

Preface

前言

党的二十大报告提出："坚持安全第一、预防为主。"安全是指人和物受到保障、免受伤害威胁的状态。安全是人们生活、学习和工作的基础。随着社会的发展，人类的进步，人们对安全问题的认识和需求也在提升。

大学是人生成长的关键时期，大学生所面临的危险除了自然因素，还有社会因素和人为因素。在学习、恋爱、就业等一系列人生重大课题面前，部分大学生存在安全意识薄弱、轻信他人、财物保护观念差等现象，不仅影响着学生的生活与学习，还影响着经济社会的发展。因此，加强大学生安全意识教育，提高大学生自我防范意识和能力是十分必要的。

在这一背景下，为了营造浓厚的校园安全文化氛围，打造和谐校园，我们编写了《大学生安全教育》一书。本书包含九个项目，分别为：接受安全教育，培养安全意识；重视人身安全，远离暴力侵害；规范实验实训，维护校园安全；时刻提高警惕，守护个人财产；遵守交通规则，安全文明出行；规范用火用电，消除消防安全隐患；提高安全意识，保障校外安全；保持沉着冷静，应对突发事件；从"心"出发，守护心理健康。

本书具有以下特色：

（1）体例科学，内容全面。本书融入党的二十大精神，以大学生为观察群体，以大学生不同阶段面临的安全问题为切入点进行分析、详解，将大学生的学习和生活实践密切关联，从大学生的角度考量与其切身相关的安全疑惑与体验，具有很强的系统性和指导性。

（2）融合思政，导向正确。大学生安全教育属于公共基础课程，是培养大学生树立国家安全意识、提高个人综合素质素养以及掌握安全基本技能的重要途径和手段。教学要突出对学生思想道德修养、人文素质、科学精神、法治意识、国家安全意识和认知能力等的培养，注重在潜移默化中坚定学生的理想信念，厚植学生的爱国主义情怀，加强学生的品德修养，拓宽学生的知识面，培养学生的奋斗精神，提升学生的综合素质。在这一理念指导下，本书在重点讲解安全教育知识的同时，加强了对生命教育、法治教育、心理健康教育等知识的宣传和普及，帮助学生树立正确的世界观、人生观和价值观。

（3）栏目丰富，注重实践。本书设置了“课程导入”“安全提示”“身边新闻”“法律视角”“安全演练”等栏目，通过分析大学生所处的新环境、新形势，选取社会热点对课堂理论知识进行补充，帮助学生了解更多前沿资讯，发现更多身边案例，并将所学所看应用于实践，加强自身对安全教育活动的重视，提升自救与互救技能，实现理论性与实践性的统一。

本书由江西生物科技职业学院曹端荣任主编，周育辉、顾群、欧阳清芳、程素珍任副主编，张席成、王春泉、黄解珠、罗虹、曾小虎、秦朝、蔡玲、罗洁琴参与编写。

在编写本书的过程中，编者参考了大量书籍及网络资料，在此向相关作者表示感谢。

由于编者水平有限，书中难免存在不足之处，敬请广大读者批评指正。

编　者

2023年6月

Contents

目录

项目四

时刻提高警惕，守护个人财产

5

项目五

遵守交通规则，安全文明出行

项目六

规范用火用电，消除消防安全隐患

7 项目七

提高安全意识，保障校外安全

8 项目八

保持沉着冷静，应对突发事件

9 项目九

从“心”出发，守护心理健康

项目一 接受安全教育，培养安全意识

课前思考

随着我国高等教育的迅速发展，高校办学规模不断扩大，校园社会化现象日趋明显，而大学是大学生进入社会开启独立人生的第一站。大学是社会知识和智慧的中心，被人们赞为“求知圣殿”。然而，在校园学习和生活的大学生难免会面对各种危险。因此，高校对大学生进行人身安全教育，帮助其了解、掌握人身安全的基本常识，学会各种应急技能，提高自身防御能力，是十分必要的。

请思考：

（1）目前，高校安全教育普遍存在哪些问题？

（2）大学生安全教育主要包含哪些内容？

（3）为什么要加强大学生安全教育？如何提高自身安全意识？

学习指南

（1）了解高校安全教育普遍存在的问题，分析学校开展大学生安全教育的必要性，熟悉大学生安全教育的主要内容。

（2）了解安全意识，掌握树立安全意识的措施，加强自身安全意识的培养。

（3）学习各种法律法规与规章制度，学会运用法律规范自己的行为，在个人权益受到侵害时及时拿起法律武器。

任务一
开设安全教育课程的必要性

课程导入

一大学生返校后意外身亡

2020 年 6 月 5 日傍晚，山东某学院学生李强（化名）和几名同学相约到学校附近一家餐馆聚餐，饮酒到深夜，随后到另外一家酒店休息。据这家酒店的经营者介绍，凌晨 3 点多，这几名学生准备从酒店返回学校，但李强因酒后行动受限，不慎从楼上摔落到一楼，造成重伤。

意外发生后，现场目击者迅速向公安机关报案，并拨打了“120”急救电话。东营鸿港医院“120”急救中心在接到电话后，第一时间赶往现场救助伤者。李强因病情严重，被送入胜利油田中心医院抢救。2020 年 6 月 8 日，李强经抢救无效死亡。

（资料来源：https://m.thepaper.cn/baijiahao_7829607，有改动。）

一、高校安全教育普遍存在的问题

近年来，在校园内外时而发生学生遭受意外伤害的事故，这些安全问题给高校教育教学工作带来许多负面影响。总体来说，高校安全教育普遍存在以下三个方面的问题。

（一）大学生安全防范意识薄弱

据调查，目前我国部分大学生安全防范意识不容乐观，这主要是因为大学生正处在人生的转折点，缺乏社会经验。

当代大多数大学生是在父母和老师的呵护下长大的，社会阅历较浅，还没有形成完整的世界观、人生观、价值观，对社会上的不良风气和坏人坏事不能做理性的分析与判断。虽然大学生自主意识和参与意识强，思想活跃，但是易冲动，做事莽撞，对可能发生的各种安全问题缺乏必要的重视和警惕。有的学生缺乏保管贵重物品的经验，留下了种种安全隐患，如离开宿舍不锁门，随意丢放贵重物品等。有的学生缺乏安全知识，轻率操作，造成安全事故。还有部分学生在求职、兼职和日常生活中安全防范意识不强，随意把自己的个人信息告诉陌生人，轻而易举地就被一些不法分子欺骗或威逼利诱。

（二）大学生安全防范能力差

目前，有些大学生不但安全防范意识薄弱，而且缺乏安全防范能力，面对安全事故、安全威胁时，缺乏合理的处理和应对措施。

安全教育的最终目的是使受教育者在突发状态下，具备应急、应变能力，具备安全防范、防卫能力，具备法治观念、健康心理状态和抵御违法犯罪能力。上述能力的培养是一个实践性很强的过程。因此，教育者可采用案例教学等方式，让学生亲身体验在不同危险状况下如何进行正确操作，采取及时、有效的措施防范危险。另外，教育者还应着力进行安全演练，使大学生具备一定的自卫技能，以防范可能发生的暴力危险，最大限度地减轻受到的伤害。

（三）少数高校对安全教育重视不够

随着改革开放的深入以及国际社会的影响，我国社会形势发生了深刻变化，高校教育环境社会化，从之前的封闭型校园环境转变为开放型校园环境，安全问题时有发生，但这仍未引起少数高校对在校大学生安全教育的重视，高校安全教育方面还有诸多问题亟待改善。

基于上述高校安全教育普遍存在的问题，高校管理者与教育者必须针对新时期出现的新问题、新情况采取有效的教育方式方法，加大管理力度，严格责任制度，建立健全长效机制，加强大学生安全教育，使大学生提高警惕，掌握必要的安全知识，强化学生对校园安全重要性的认识和了解，强化学生树立安全至上的意识，提高学生对大学生活的适应能力。这些举措对于预防犯罪、构建和谐校园具有重大意义。

二、大学生安全教育的重要性

当代大学生是先进文化的传承者，是社会主义建设事业的接班人，是构建和谐社会的生力军。身心安全是大学生在校学习、生活的基本保障，也是大学生成长、成才的先决条件。如果大学生在日常生活中因缺乏必要的安全意识和安全知识而遭受人身伤害，或身陷囹圄、荒废学业，则不仅会给个人带来遗憾，也会给家庭带来痛苦，给社会和国家造成无法弥补的损失。总体来说，对大学生进行安全教育的重要性可从以下几点分析。

（一）维护国家安全和利益的需要

高等学校是人才荟萃的地方，生活在其中的大学生是国家走向繁荣富强的后备军。但是，大学生的国家安全意识相对薄弱，部分大学生对国家安全的认识仅停留在国土安全、主权安全、国防安全等传统内容上，并没有意识到文化安全、信息安全、科研安全等方面的新内容。西方敌对势力已将高校作为政治斗争的前沿阵地，通过各种渠道，以公开或秘密的方式传播西方的政治经济模式、价值观念以及生活方式，培养和平演变的

"内应力量"。这就迫切需要对大学生进行安全教育，使大学生树立正确的世界观、人生观、价值观，提高警惕，自觉维护国家安全，保守国家秘密。

（二）培养高素质合格人才的需要

高等教育的任务是培养现代化建设需要的高素质合格人才，这种人才不仅要学习好、思想好，而且要具有适应社会的能力，这样才能担当起社会主义现代化事业建设者和接班人的重任。但是，目前大学生知识结构不平衡、能力结构不合理现象突出。从知识结构上看，一些大学生虽然专业知识水平很高，但人文修养水平较低；从能力结构上看，一些大学生虽然具有较高的认知能力，但是实践能力却较低。因此，他们在开展社会交往、处理人际关系、解决各种问题和矛盾、适应环境、寻求自我保护等方面存在着不足。这种不平衡的知识结构和不合理的能力结构使部分大学生成为各种不安全因素和治安案件的受害者，同时也导致一些大学生在不知不觉中犯罪，使得一些本可避免的问题演变成大祸。因此，对在校大学生加强安全教育，能够帮助他们在错综复杂的社会环境中明辨是非，提高综合素质，使他们真正成为符合 21 世纪社会发展要求的高素质合格人才。

（三）高校治安形势发展的需要

随着改革开放的不断深入，高校由过去的封闭型办学转变为开放型办学。高校管理方式社会化，办学形式多样化，学生结构复杂化，校园与社会相互交叉、相互渗透，使得大学生的安全面临严峻挑战。

1. 大学生与社会环境的接触日趋频繁

随着校内外联系的日益加强，大学生与社会环境的接触日趋频繁，越来越多的大学生走出校门，参加各种社会实践活动。社会上的不安全因素威胁着大学生的人身、财产安全，影响着大学生的身心健康。一些不法分子不断将黑手伸向高校大学生，进行抢劫、敲诈，对女大学生进行性骚扰，这些严重影响着高校的教学秩序和治安，威胁着大学生的安全；还有一些不法分子利用大学生社会经验缺乏、单纯善良的本性，谎称自己被盗窃以博得同情，进而实施诈骗活动。另外，大学生因安全意识淡薄而被不法分子盗用银行卡等事件也时而发生。因此，加强安全教育是大学生提高警惕、防范人身伤害、避免受骗上当、维护自己合法权益的必然要求。

2. 大学生所处的校园治安环境日趋复杂

随着高等教育事业的发展，高校由原来单一的封闭型教学区转变为全方位、多功能、开放型的教育园区，校园内不仅有教学区、生活区，有的还有家属区、公司、超市、书店、银行、邮局、医院、宾馆、浴室、餐饮店、影剧院等。这种复杂的格局在客观上给高校的安全带来了不利影响。一些不法分子时常窜入高校偷盗、抢劫、诈骗，有的甚至危害到师生的人身安全，这些现象严重破坏了学校的安全和稳定。

随着高校后勤社会化的推进，大量外来人员的涌入也为高校安全埋下了隐患。部分外来人员的文化素质偏低，法治观念淡薄，流动性大，不易管理，违法犯罪现象时有发生。

（四）创建和谐校园的需要

和谐校园的一个重要特征就是在校园学习、工作和生活的每个人都能够获得人身和财产的安全保障，校园秩序稳定、关系融洽。在构建社会主义和谐社会的过程中，创建平安和谐校园成为高校的普遍要求和目标，这就需要大学生具有较强的安全知识素养。可以说，大学生安全意识的强弱、防范技能的高低、法律知识的多寡、安全责任素质的优劣等直接影响着校园的治安和秩序的好坏，关系着校园的安全和稳定，影响着平安、和谐校园的建设。目前，大多数校园安全案件的发生都与师生安全防范意识差、自我保护能力低有关。因此，加强大学生安全教育，提高大学生的安全防范意识和能力，可以有效地维护高校的安全和稳定，促进高校和谐校园的建设。

（五）提高大学生自我防范、自我保护能力的需要

近年来，在校园内外发生了许多伤害大学生人身安全的事故，虽然事故的原因各不相同，但共同点是大多数学生自我防范和自我保护能力差，对事故的发生没有任何心理准备和自我保护意识，面对伤害不知所措。

大学生自我防范和自我保护能力差主要表现在以下三个方面。

1. 缺乏社会经验

大多数大学生的社会阅历浅，对社会上的不良风气和一些不法分子不能做理性的认识，容易上当受骗。也有一些学生在受到不法侵害时，不知道如何保护自己，轻而易举地被一些不法分子欺骗或威逼利诱。

2. 缺乏安全防范意识

一些大学生安全防范意识淡薄，对可能发生的各种安全问题缺乏必要的重视和警惕，从而留下了种种安全隐患，如有的学生违反宿舍安全管理规定，最终引发校园火灾。

3. 缺乏抵御社会消极因素的能力

我国正处在一个前所未有的发展时期，涉世不深、阅历不广、社会经验缺乏的青年大学生面临极大的诱惑，有的大学生禁不起诱惑。因此，针对大学生安全意识和能力等方面存在的不足，加强大学生安全教育和道德教育，可以使大学生提高警惕，提高自我防范和保护的能力。

安全演练

欣赏安全教育类短片

一、活动目的

初步认识大学生安全教育，分析其必要性，加强对大学生安全教育的重视。

二、活动实施

安全教育是安全管理工作的重要环节，目的是提高安全意识和安全管理水平，防止事故的发生，实现安全生产。请在网络上查找与安全教育相关的纪录片或安全教育类动画短片，观看后谈谈自己对大学生安全教育的理解，并结合校园实际谈谈如何加强大学生安全教育。

三、活动记录

活动记录如表 1-1 所示。

表 1-1　活动记录表

安全教育短片内容	
观看后的感悟	
学生应该注重哪些方面的安全防护	
大学校园该如何加强学生的安全教育	

任务二 认识大学生安全教育的主要内容

课程导入

江苏省高校开展形式多样的安全教育主题活动

2022年4月15日是第七个全民国家安全教育日。连日来，我省高校开展了形式多样、丰富多彩的安全教育主题活动，进一步增强广大师生的国家安全意识，引导师生树立正确的国家安全观，提升师生维护国家安全的自觉性和主动性。

南京邮电大学通过线上线下载体联动，广泛营造学习宣传贯彻总体国家安全观的浓厚氛围。学校制作全民国家安全教育日宣传图，各级新媒体平台对国家安全知识进行集中宣传，发布应知应会内容。在师生进出区域设置国家安全系列宣传展板，电子显示屏滚动播放国家安全相关知识和国家安全普法宣传片，加大对国家安全法、网络安全法、密码法等与国家安全相关的法律法规的普法宣传力度。精心组织师生紧密联系实际，切实增强师生的国家安全法治意识和保密意识。组织观看国防教育系列课程和保密公益宣传片，设计"全民国家安全教育日"国家安全知识检测，举办全民国家安全教育日知识竞答和全民国家安全教育日电子海报制作竞赛，切实提高防范和抵御安全风险的能力。

南京财经大学结合学校实际，围绕主题，组织开展一系列国家安全宣传教育活动。一是营造全民国家安全教育日宣传氛围。学校借助校园网、微信公众号、视频号、微博等网络平台，设立全民国家安全教育日专题学习网站，加强国家安全教育宣传工作。各学院组织学生围绕主题制作微视频、海报等作品，并在网络平台宣传展示，扩大活动覆盖面，增强活动影响力。二是深化安全法治教育。学校利用各宣传阵地，深入开展宪法和国家安全相关法律的学习宣传，引导师生自觉守法护法。加大以案普法力度，深入剖析典型案例，加强释法说理，营造全民国家安全教育日的良好学习氛围。三是组织国家安全教育"云"活动。开展以国家安全教育为主要内容的"云"班会、"云"党课、"云"团辅活动，组织全校师生广泛开展线上讨论交流、分享学习感悟，面向全校学生开展国家安全教育课程学习培训，培训采取线上学习交流方式，有力促进广大师生树牢总体国家安全观。

南京审计大学结合学校实际，采用线上和线下、学习和互动等多种方式，开展全民国家安全教育日宣传活动。一是"教师＋学生"，确保主题教育全覆盖。学校组织师生观看国家安全教育主题公开课并在线交流学习体会。学校师生创作国家安全教育主题原创短视频26个，参加中国大学生在线短视频线上接力活动，并在微博、微信等平台积极参与话题互动。二是“线上＋线下”，实现主题教育不掉线。在开展主题教育活动中，学校采取部分集中观看和自行学习相结合、线上和线下相结合的方式进行。三是“学习＋互动”，拓展学习宣传新形式。学校采用线上方式组织教师观看高校国家安全教育教学风采展示活动相关视频。组织辅导员、保卫工作者在线学习国家安全教育教学视频，增加国家安全教育知识储备，提高教育教学能力；制作全民国家安全教育日宣传主题图，通过学校微信、微博等平台对国家安全的法律法规进行宣传；将师生创作的国家安全教育主题原创短视频发布到官方视频号、南京审计大学党史学习教育专题网站和思政网。

扬州市职业大学围绕网络安全、消防安全、用电安全、食品安全、疫情防控等方面，以观看网络直播课、召开安全主题班会、组织“身边安全隐患我发现我排查”活动、学习消防灭火器的使用等形式开展安全教育主题活动。学校利用第二课堂，开展校园行活动、主题书展、“云”端读书分享会等各类活动，铸牢全体学生中华民族共同体意识；利用线上“云”班会、团日活动等载体，组织学生参与“全民国家安全教育日”专项答题活动、收看国家安全教育专题片，提高学生自觉维护国家安全的思想意识；开展疫情防控应急处置、校园突发疫情学生工作应急处置等演练，提高学校应急处置能力。

常州工业职业技术学院组织师生集体观看“千万师生同上一堂国家安全教育课”主题公开课，切实增强师生的国家安全意识和法治意识。学校组织学生线上交流国家安全知识学习心得，引导学生树立正确国家安全观；线上开展全民国家安全教育日专项答题活动，促进师生深入学习国家安全相关法律法规，积极营造“全民共同筑牢维护安全防线”的浓厚氛围；以微信公众号、微视频等形式制作国家安全教育宣传视频、海报等，加大推送宣传力度，引导师生将国家安全意识入脑入心入行动。

南京信息职业技术学院围绕“树牢总体国家安全观，感悟新时代国家安全成就，为迎接党的二十大胜利召开营造良好氛围”的主题，多部门联合制定详细的系列活动方案，积极组织学生学习。学校通过门户网站、电子屏、校园橱窗、系列展板等宣传阵地，让“国家安全、人人有责”观念深入人心。通过线上平台，学校在团学骨干中发起“作为新时代大学生，我们能为国家安全做什么？”的专题热议，收集留言一千余条；发挥专业优势，安排退役复学的大学生结合自身专业和经历，通过案例分享，发挥朋辈作用，共同筑牢国家安全防线。

南京旅游职业学院广泛动员、精心组织，以“树牢总体国家安全观，感悟新时代国家安全成就，为迎接党的二十大胜利召开营造良好氛围”为主题，统筹疫情防控与主题教育，指导师生以线上活动为主，线下活动为补充，在全校范围内深入开展“千万师生同上一堂国家安全教育课”“主题云班会”“微感言征集”“‘全民国家安全’主题微课评比”等一系列有亮点、有特色、有规模的宣传教育活动，为师生呈上了一道国家安全主题的“法治大餐”。

（资料来源：http://jyt.jiangsu.gov.cn/art/2022/4/20/art_63786_10421318.html，有改动。）

大学生安全教育是指高校管理者和教育者以党和国家的法律法规、方针、政策为依据，以全面提高大学生综合素质为目标，以安全责任、安全意识和安全知识为主要教育内容，通过入学教育、课程教育和日常教育等多种途径，向在校大学生普及安全意识和法治观念，使其全面系统地掌握安全知识，提高自我保护能力和安全防范能力。开展大学生安全教育的根本目标是使学生产生安全行为，更好地适应大学生活，今后更顺利地步入社会。安全教育内容繁多，涉及面广，概括起来主要包括以下几个方面。

一、人身安全教育

人身安全是大学生生存和发展的基础。通过人身安全教育，大学生要学习人身安全方面的知识，如学生公寓的用电安全；学习人际交往中的安全知识，如避免性侵害、防止性骚扰的知识；树立积极的人生观和价值观，自觉规避消极社会因素的侵蚀，远离黄、赌、毒。

“天生我材必有用”，大学生的价值更是不可估量，然而大量的安全事故表明，有些大学生不了解生命的意义、价值和社会责任，不珍惜、尊重和热爱生命。因而高校须结合时代特征，将生命安全教育纳入人身安全教育之中，通过多种渠道和途径，使学生学习并掌握必要的生存技能，培养学生尊重生命、爱惜生命的理念，学会欣赏和热爱自己的生命，进而学会尊重、关怀和欣赏他人的生命，树立正确的世界观、人生观和价值观，让生命安全教育回归教育本质。

二、日常学习与生活安全教育

高校不仅要培养学生的专业素质，而且要注重学生综合能力的训练和素质的拓展。大学生进入大学便标志着独立生活的开启，日常生活起居以及出行不再有父母的悉心照料，开始独立生活并身体力行处理各种可能出现的问题。日常学习、生活安全教育主要包括实验安全、体育运动安全、军训安全、交通安全和饮食安全。大学生自我保护能力差，自身安全意识薄弱，缺乏社会生活经验，常引发安全事故。例如，在操作易燃易爆的实验设施时因粗心大意而引发火灾，在参加体育锻炼或进行军训时因疏忽不慎而造成身体受伤等。随着校区的扩展、学生出行机会的增加，交通安全事故频发，交通安全成为新时期高校安全教育中不可或缺的一环，加强交通法规的学习也就成了大学生安全生活中不可或缺的一部分。另外，有些大学生不注意饮食卫生，经常到校外一些流动摊点就餐，增加了集体中毒的风险。所以，高校必须自新生入学开始就不间断地开展日常学习与生活安全教育，并对安全教育工作常抓不懈。

三、财产安全教育

目前，大学生受到的财产安全威胁主要包括盗窃、抢劫、抢夺、诈骗等不法行为。在近年来高校发生的各类治安案件中，80%以上是盗窃和诈骗案，这不仅使学生遭受财产损失，而且影响学生正常的学习和生活。另外，大学生中普遍存在财产安全意识缺乏的现象，如离屋不锁门、手机钱包随手放、自行车随处停放等。因此，加强大学生的财产安全教育十分重要。对此，应从以下几个方面着手：一是提高学生的安全防范意识，使其在日常生活中养成良好的生活习惯，妥善保管自己的财物，避免被偷被盗；二是让学生遵守规章制度，不晚归，不到不安全场所，不与不法分子往来，降低被骗、被抢的概率；三是提高学生的认识，坚信“便宜莫贪”的道理，不给诈骗分子可乘之机；四是让学生懂得用法律保护自身的财产安全，一旦出现财物被偷、被骗、被抢的情况，要及时报警求助，用法律武器维护自己的合法权益。

四、交通安全教育

我国是交通事故多发的国家。交通事故不仅造成大量人员伤亡，给无数家庭带来不幸，而且严重影响经济发展和社会稳定。当前，我国大学生普遍存在交通安全知识缺乏和交通安全意识淡薄的现象。要想有效地防范大学生交通事故，就需要加强大学生交通安全教育。对此，首先，大学生应掌握基本的交通规则，自觉养成遵守交通法规的良好习惯；其次，大学生应掌握交通事故发生时的自救方法、交通事故发生后的救助措施，以减小伤残率，降低死亡率；最后，大学生应加强交通应急能力训练，提高交通异常时的反应能力和应变能力，从而迅速做出反应，避免发生交通事故。

五、消防安全教育

部分大学生消防安全意识淡薄，缺乏必要的消防常识和自救逃生技能。有的学生遇到火灾时惊慌失措，由于没有掌握基本的救火常识，往往使小火酿成大灾。近年来，发生在高校的诸多火灾说明了加强大学生消防安全教育的必要性。对此，我们可以从以下几个方面着手，一是用火灾的现实进行导入教育，提高大学生对消防安全的认识；二是组织大学生认真学习消防法规，使其自觉遵守学校消防管理规定，积极配合学校做好消防安全工作；三是大力普及消防安全知识，通过举办消防知识讲座、图片展览及演示各种消防器材的使用、常见火灾的扑救方法和不同情况下的逃生自救方法，使学生熟悉防火灭火的全过程，解决发生火灾时手足无措、不知自防自救、不会使用灭火器材等基础性问题；四是举办各种情形下的消防模拟训练，在实际操作中提高学生防火救火、自救与他救的能力。

六、社会实践安全

随着社会的不断发展，无论是高校教育本身还是招聘单位，都更加注重大学生的社会实践能力。为适应社会发展的要求，增强大学生的自立能力和实践能力，各大高校积极鼓励大学生在校期间利用课余时间充分发挥自己的智力、专业特长和其他能力，为他人或单位提供劳动、咨询或技术服务，组织各类社团活动、社会调查活动、课外实习活动，大学生参加社会实践的人数及热情也呈上升趋势。然而，由于大学生思想较为单纯，对错综复杂的社会情况还认识不深，且缺乏对有关法律法规的了解，所以大学生在社会实践中的合法权益、人身安全常受到侵害。

当前，大学生在参加各种社会实践活动之前除了需要对社会现象有清楚的认识外，还必须在交通、财物、饮食、住宿、人际交往等各方面增强安全意识，明确社会实践安全的保障措施，增强实践安全意识，防患未然。

七、突发事件安全

近年来，公共安全事故频发，公共安全问题日渐引起人们的重视，也敲响了高校安全教育的警钟。高校学生公寓、实验室等场所人员密集，易燃易爆物品多，电器种类多，用电量大，冬季更为明显，这使高校存在很大的火灾安全隐患。一旦公寓发生火灾等紧急状况，加上学生未经过消防逃生演练，极易酿成群死群伤的后果。高校内人员、资源高度集中，高校对于突发事件的安全教育亟待加强。高校时而出现的火灾安全事故，给学生生命、财产安全造成极大损害，因此大学生牢固树立消防责任重于泰山的意识尤为重要。高校对突发事件的安全教育应以防火为主要内容，教育学生自觉保护宿舍楼内的消防设施、不违章使用电器，通过组织消防逃生演练和灭火训练，让学生学会在各种场合如何疏散、逃生及救援，掌握消防报警、消防处置的基本程序和基本方法并正确使用灭火器。

八、心理健康教育

进入大学后，受学习、生活环境改变，学业负担、情感、同学间人际关系以及社会竞争加剧等影响，大学生的压力增大，心理问题越来越多。如果这些问题不能被及时发现并对学生进行心理疏导，就极易引发安全事故，甚至导致悲剧发生。因此，要加强大学生的心理健康教育，培养大学生健康的心态，使其正确面对和处理各种压力。心理健康教育不但要采取普遍教育和个别疏导相结合的方法，有针对性地进行人际关系和谐教育、环境适应教育、健康人格教育、心理卫生知识教育、压力及挫折应对教育以及心理疾病防治教育，还要与心理咨询结合起来，对有严重心理问题的学生及时采取心理疏导等干预措施，以防不测事件的发生。

安全演练

开展安全教育微视频作品创作大赛

一、活动目的

了解大学生安全教育的重要性，熟悉大学生安全教育的主要内容，树立安全防护意识。

二、活动实施

大赛以“安全第一，预防为主”为主题，采用微视频的形式，围绕宣传大学生需要掌握的安全知识等内容进行创作，旨在鼓励大学生表达认识和感受，提高思想觉悟。

作品要求：贴近实际，尊重事实，围绕大学生安全教育相关主题进行创作，类型不限（如专题片、纪录片、宣传片等），时长要求 1 分钟以上，不能超过 5 分钟。

作品评选：此次活动既可以以班级为单位展开，也可以在全校组织开展。评选出一等奖 1 名，二等奖 2 名，三等奖 3 名。

三、活动记录

活动记录如表 1-2 所示。

表 1-2 活动记录表

微视频主题	
视频类型	
视频创意来源	
活动感受	

任务三 培养大学生安全意识

课程导入

长沙楼房倒塌现场有3名被困女大学生

2022年4月29日12时，湖南省长沙市望城区金山桥街道金坪社区盘树湾一居民自建房发生倒塌事故。

在救援现场，消防员喊话安抚被困人员情绪。

救援人员："你看得到荧光棒吗？"

被困者："看得到，一点点。"

救援人员："在哪个方向？"

被困者："头顶。"

救援人员："别怕，别怕，很多人都在救你！"

据央视报道，救援人员表示，4月30日14时左右，发现了3名被困的女大学生，救援连夜进行。

救援人员介绍救援进展："(救援)难度非常大，这也是我当消防员30年以来，头一次面临这么难的救援。"

4月30日19时20分许，长沙市举行新闻发布会通报相关情况：

公安部门通过技侦和大数据等方法排查，初步核实房屋内受困23人，已救出5人；排查显示事发地附近有39人失联，失联人员情况正在进一步核查；5名伤者已被送至医院救治，生命体征平稳。

经初步调查，倒塌房屋系居民自建房，共8层，其中1楼为门面，2楼为饭店，3楼为放映咖啡馆，4、5、6楼为家庭旅馆，7、8楼为自住房。承租户对房屋有不同程度的结构改动。房屋倒塌具体原因正在深入调查中。

(资料来源：https://www.thepaper.cn/newsDetail_forward_17898834，有改动。)

当今社会是一个快速发展和高度开放的社会，在校大学生的生活空间不断扩展，与社会各个领域的接触、交流也不断拓宽。在校期间，学生除了正常的学习生活外，还要走出高校参加各种各样的社会活动，甚至做兼职。大学生如果缺乏社会经验，尤其是缺乏安全常识，很可能会成为各种事故和案件的受害者。所以，加强高校学生的安全教育，不断增强大学生的安全意识和自我保护防范能力，有着迫切的必要性。

一、安全意识的含义

从安全意识产生机制来讲，安全意识是意识系统的子系统，是意识范畴的重要分支。安全意识是人们对安全问题的总的认识和观念以及对其产生的评价。它既包含人的心理因素，也包含人的伦理道德观念；既包含人的认知方式和认知水平，也包含人的行为习惯。

安全意识是人们在长期生产、生活等各项活动中逐渐形成的。大学生安全意识是广义安全意识在生活领域中的具体表现，不仅通过大学生的安全知识、安全评价和安全态度体现出来，还通过大学生对安全各个方面所表现出来的兴趣、对安全的行为倾向等体现出来。

对大学生进行安全意识教育，就是在高校的各种教育场所中开展安全意识教育及各种实践活动，逐步深化大学生对各类安全问题的认知，让大学生形成科学有效的安全观，进而增强学生的安全防范意识和安全防范能力。

二、树立安全意识的措施

大学生安全意识的树立，需要高校在以下七个方面坚持不懈地努力，最终建立起安全教育的长效机制，形成系统工程。

（一）完善安全制度建设

学校安全制度是指符合现代教育基本理念，以学校安全教育、安全管理、安全预防和安全事故处理为主要内容的各项制度。安全制度建设是带有根本性、全局性、稳定性和长期性的问题，首要任务是制定和完善管理规章制度，使平安和谐校园有章可循。这要求各部门结合工作形势变化，制定一整套完善的安全工作制度，内容涉及学生学习、生活的方方面面。高校不仅要制定学生管理条例，还要制定涉及学生安全的管理条例，使高校在培养学生自我安全意识方面有章可循，也为学生在安全知识方面的自我养成提供理论依据。高校安全制度建设不仅提高了广大师生的安全意识，增强了安全制度建设的主动性、积极性和创造性，而且促进了教师教育观念、教学行为的转变。

（二）加强安全管理网络建设

人们必须改正安全工作仅由高校保卫部门承担这种认识误区。高校安全管理网络建设是一项系统工程，仅靠高校保卫部门的努力是无法达成预期目标的，只有依靠党、政府及学生工作部门齐心协力，建立健全安全教育队伍、安全管理队伍和安全督导队伍，健全安全工作管理网络，落实岗位责任，才能形成安全工作齐抓共管的良好局面。

（三）树立大学生的法治观念

法律法规、校规校纪是规范大学生行为的基本准则，也是判断大学生行为规范的一个基本标准。虽然各个高校都开设了法律方面的课程，经常组织学生学习《普通高等学校学生管理规定》《高等学校学生行为准则》等大学生管理规定，但仍有部分大学生缺乏法治观念。有的学生不知法、不懂法；有的学生违法后，还不认为是违法；有的学生相信违法后可以私了，不积极配合执法；有的学生受到不法侵害后不知寻求法律的保护；有的学生甚至知法犯法，这一点可以从大学生犯罪行为的智能性、故意性中得到证明。

开展法律知识教育的目的是让学生知法、懂法、守法、用法，自觉用法律保护自己，让学生树立正确的法治观念，增强法律意识。各高校应当根据大学生的心理特点和承受能力，有针对性地开展法治教育，让他们明白安全法规涉及每个人的切身利益，安全法规与校纪是为学生的安全和社会的和谐稳定而制定的，遵纪守法是每个人的义务和责任。高校还要把大学生法律法规教育、校规校纪教育当作一项长期性的工作来抓，通过经常性的教育，切实增强学生的法律意识和纪律观念，使他们牢固树立崇尚法律、遵守法律的意识，增强法治观念，提高法律素质，养成自觉遵纪守法的良好行为习惯。

（四）开展心理卫生教育

从当前在校大学生中的人身安全意外事故的原因分析，其中有相当一部分事故是学生的心理障碍引发的。受环境转变、竞争机制、感情困扰、择业困难等因素的影响，大学生心理问题逐年增多。在校大学生正处于心理、生理发育时期，当思想和行为受到外界刺激或与外界发生冲突时，他们很难控制情绪并做出正确的行为选择；面对矛盾、冲突和压力，他们还常会出现一些心理问题，导致自我意识缺陷，进而导致违法违纪和安全事故发生。因此，高校要特别重视学生的心理安全教育，有必要帮助学生掌握心理调适的基本途径和方法，使其学会挖掘自身潜能，更好地适应环境，使其能够全面客观地认识自我、完善自我，妥善地处理在学习、人际交往、恋爱中产生的各种问题。

良好的心理素质是保障大学生安全的内在因素，健康的心理能减少心理安全事故的发生。高校对大学生心理安全教育应采取普遍教育和个别疏导相结合的方法，开设一系列相关的选修课程。例如，开设心理卫生课或者社会心理学课，让学生了解更多的心理卫生知识；开设心理咨询服务，给学生建议、暗示、诱导，帮助学生正确认识和对待社会、学校、家庭以及自身学习、工作和人际关系中的种种矛盾与问题；有针对性地开展人际关系和谐教育、环境适应教育、健康人格教育、心理卫生教育、挫折应对教育以及心理疾病防治教育等，缓解学生焦虑，排遣学生苦闷，化解学生矛盾，帮助他们恢复心理平衡，矫正不良行为，提高他们正确认识和调节自我以及应对各种事件的能力。这些对提高大学生的心理素质和心理健康水平、预防心理疾病、促进人格全面发展与完善有着十分重要的作用。另外，高校相关部门要经常对学生的思想动态进行调查摸底，把握带有倾向性的问题，有的放矢地做好思想政治教育工作，教育学生正确面对困难和挫折，努力提高他们战胜困难和经受挫折的能力；充分重视发挥学生会、社团等学生组织自我教育、自我管理、自我服务、自防自治的作用，形成全员参与的民主管理氛围。只有这样，安全教育才能取得实效。

（五）开展全面生动的安全教育

高校安全教育如果停留在老面孔、老方法上，缺乏时代特征，则势必缺少吸引力。为此，高校要在继承和发扬优良传统的同时，注意根据新时期发生在高校中的安全问题更新与丰富安全教育的内容，增强教育的针对性和前瞻性；不断完善教育形式，使之由传统单一型向开放多样型转变，由单纯说教向耐心教育与解决实际问题并重转变，由传统的教育手段向具有更高科技含量的现代教育手段转变。

1. 开设全面系统的安全教育课程

高校可将安全知识教育课纳入教学体系之中，设置各类安全教育选修课，固定学时和学分，培养安全教育方面的专业教师，使安全教育课与其他课程并重，强化安全教育的重要性，提高大学生对安全教育的重视程度。高校有必要从师资、教材、课时、设备、经费方面给予保障，使大学生安全教育工作逐步走上规范化、制度化的轨道。

2. 开展形式多样的日常教育

为了增强大学生安全教育的效果，高校必须结合自身特点和学生在校的不同时期，开展形式多样的教育。在新生入校之初对其进行有针对性的安全教育，使其入学后就初步确立安全意识，掌握必要的安全防范知识，这对于他们较快较好地完成由中学生到大学生的转变，适应新的独立生活具有积极的作用。这样做，一方面可以使大学生懂得用法律武器保护自身的人身、财产安全不受侵害；另一方面也能增强大学生的法治观念，使其自觉遵纪守法，远离违法犯罪活动。另外，高校还可以根据社会治安形势发展变化的特点，有针对性地举办安全知识专题讲座，重视安全事故高发期的安全教育工作，如学生放假前、开学后、毕业前夕等的安全教育工作。

（六）开展丰富多彩的安全教育活动

高校的教育工作者除了在制度上加以约束，加大安全教育的力度之外，组织开展各种有益的活动也极为重要，在活动中培养学生安全意识和安全防范能力是一种行之有效的方法。高校相关部门要在学生课余之际，在各类节庆活动、纪念日、节假日期间，支持和鼓励学生社团积极开展一系列以安全教育为主题的活动，吸引广大学生积极参与，将安全意识、安全知识融入活动中。各种活动的组织性、纪律性能促进学生安全意识的提高，也能使学生在活动中深刻体会到安全对自身以及他人、社会的重要性。同时，还要通过各种教育形式，如智力竞赛、课堂教学、大学生辩论会、校园广播、网络和橱窗等，加大安全教育的宣传力度。

在安全问题上，不经过亲身体验，难以体会安全的意义。高校要组织大学生参加社会实践活动，如组织大学生参加社区法制宣传活动，旁听人民法院的审判，等等。大学生在社会的安全实践中，学习安全知识和技能，切实增强对个人安全与社会安全密不可分的认同感，增加对安全工作的感性认识，掌握安全知识和技能，培养关爱他人、关心社会的高尚道德。

在宣传教育过程中，强化警钟长鸣教育，增强安全教育的说服力，以案说法，有针对性地进行教育。在对学生进行安全教育时，要善于利用发生在学生身边及生活中的案件、事故进行教育，利用形象生动的事实警示学生，让安全教育更加具有说服力和影响力。高校在组织各种有益于学生安全意识养成的活动时，要加强对学生树立安全意识的引导，对活动中可能出现安全问题的环节及时地加以提醒和指导，增强学生对安全问题的预测力和判断力，引导他们深入思考，举一反三，也可以在高校举办有关安全的专业展览，组织学生参观，通过直观的方式使学生接受教育。

（七）强化安全常识和安全技能教育

当前大学生安全事故时有发生，一个重要的原因在于大学生缺乏一些基本的安全常识，让一些不法分子获得可乘之机。因此，高校有义务和责任对大学生进行安全常识教育，增强他们的安全防范意识。安全常识教育是指大学生在各类活动中应具备的安全知识，如一般用电安全、交通安全、对突发事件的应急反应及避灾和逃生、防抢劫和抢夺、防人身侵害、防火灾、防盗窃诈骗、防交通事故、社交安全、心理健康等安全常识教育，这是现代社会每个公民都应具备的基本生存素质。安全常识教育能够让大学生了解各种不同安全事故发生的特点、安全事故发生的可能性、避免安全事故发生的注意事项等。大学生了解和掌握必要的生活常识和安全防范的基础知识，增强安全防范的意识和能力，既可以有效地保护自己，也可以更多地帮助周围的人。大学生的防范意识增强了，安全事故自然也就减少了。

当今高校的安全教育多是理论教育，很少采用实践教育，这种做法除了导致大学生的能动性较差外，还会让他们因经常被动接受安全理论而产生厌烦、抵触的情绪。高校如何在活动中使学生头脑中的安全意识转化为能动的安全防范技能，是值得教育工作者思考的问题。第一，可结合学生自身特点，有针对性地做好安全防范训练或演练，帮助学生掌握安全防范技能；第二，可通过学生直接参加高校安全管理的形式，使学生切实感受安全的重要性，从而调动他们参与安全教育的积极性。高校还可以进行各种安全事故模拟来锻炼学生的安全自觉意识的反应能力。我们不妨在大学生安全教育中多增加一些实战演练内容，让学生主动参与进来，增强他们的安全意识，提高他们的实践能力。例如，在校园中开设必要的救护、逃生、求生技能训练，进行救生演练、灭火演练、逃生演练等多种安全教育实践活动，提高学生组织疏散、抢救及回避风险的能力。

综上所述，大学生的安全教育是一项长期性的系统工程，需要社会、学校、家庭紧密配合和教育行政部门高度重视，更需要高校各部门通力合作、齐抓共管，提高对大学生安全事故的预见能力，把大学生安全教育工作做在前面，不断增强大学生安全意识，提高大学生安全防范能力，为国家培养更多具有良好安全意识和能力的高素质合格人才。创建高效、平安、和谐校园的使命光荣而神圣，责任重大而艰巨。我们必须坚持以平安为目标，整合各种教育资源，完善制度建设，丰富德育内涵，拓宽工作思路，使大学生拥有健康而丰富多彩的大学生活。

安全演练

调查大学生安全意识

一、活动目的

了解安全意识的含义，分析大学生在安全意识方面存在的问题及其应对措施。

二、活动实施

对身边人进行问卷调查（见表1-3），总结大学生群体在安全意识方面存在的问题。

表1-3　大学生安全意识调查问卷

序号	试题	选项			
1	你在车上会时刻注意自己的随身物品吗？	会	偶尔会	感觉有人靠自己很近的时候才会开始注意	不会
2	财物在公共汽车上被偷时，你会怎么办？	跟驾驶员说明情况后报警	自认倒霉	大哭，大声叫骂	其他
3	你出门时，会把宿舍门锁好检查后再走吗？	会	偶尔会	不会	其他
4	你是否对自己的贵重物品进行有效保护？	是的，保护得当	偶尔会整理	想起来才会去找	完全不会
5	您认为寝室存在哪些安全隐患？	可能会有外来人员进入寝室楼栋	门锁破旧	电路老化	通风不好，易感染病菌
6	你是否会对陌生推销人员保持有效警惕？	是的，门外有陌生人时不会轻易开门	对于陌生人的话不会轻信	并不会刻意去想，但有所警惕	完全不会

续表

<table>
<tr><th>序号</th><th>试题</th><th colspan="4">选项</th></tr>
<tr><td>7</td><td>你去超市、饭店时是否知道安全出口在哪儿?</td><td colspan="2">知道，会事先了解</td><td colspan="2">不知道，没有这方面意识</td></tr>
<tr><td>8</td><td>你是否会使用灭火器?</td><td colspan="2">会</td><td colspan="2">不会</td></tr>
<tr><td>9</td><td>你是否知道火灾逃生的注意事项?</td><td colspan="2">知道</td><td colspan="2">不知道</td></tr>
<tr><td>10</td><td>你在生活中会关注安全消防及防灾措施的宣传吗?</td><td colspan="2">会关注</td><td colspan="2">不会关注</td></tr>
<tr><td>11</td><td>当你遭遇抢劫或其他恶意举动时，你会怎么做?</td><td>尽量保证自己的人身安全，如有可能，迅速往人多的地方移动并寻求他人帮助或报警</td><td>立刻掏出手机求救</td><td>死守钱财，上前拼命</td><td>大声喊叫救命</td></tr>
<tr><td>12</td><td>当旁边有人遭遇危险时，你会怎么做?</td><td>看清形势，冷静求援</td><td>赶紧上前帮忙</td><td colspan="2">袖手旁观，不危及自己就好</td></tr>
</table>

三、活动记录

活动记录如表 1-4 所示。

表 1-4 活动记录表

调查对象	
样本数量	
调查结果分析	
活动感悟	

任务四 熟悉安全法律法规

课程导入

大学生组织、领导传销活动获刑

2022年8月4日，白云区人民法院依法对白云区某高校大学生组织、领导传销活动罪案进行公开宣判，被告人殷某因通过“动物世界”App平台组织、领导传销活动罪被判处有期徒刑两年六个月，缓刑三年，并处罚金人民币五万元。

经人民法院审理查明：2020年3月至12月，被告人殷某通过张某（另案处理）推荐注册成为“动物世界”App会员。注册成功后，殷某积极推荐他人加入成为其下级会员，并通过实名认证绑定收款方式，采取不同方式获取收益。一种方式是通过买卖动物获得收益，即通过抢购“动物世界”App内虚拟动物，抢购成功后再在系统设置的1～15天的周期后卖出获利（不同动物的周期不同），每抢购成功一种动物需消耗9～48个“太阳币”，且“太阳币”只能从上级或者越级购买。另一种方式是获取动态奖，包括推荐奖和团队奖。推荐奖设置为会员通过推送二维码发展下级会员，下级会员总资金超过2000元时，可获取第一代推荐对象收益的10%、第二代推荐对象收益的5%。团队奖为系统按照推荐下级的级别及人数设置多个晋升等级，从低到高分别为普通会员、驯兽大师、动物园主、盟主、龙王、玉帝，等级晋升需要达到一定的条件，并可根据级别获得所有下级会员不同比例的收益，由低到高分别是驯兽大师1%、动物园主2%、盟主3%、龙王5%、玉帝6%。

被告人殷某注册成为会员后，参与买卖虚拟动物并积极发展下线获取动态奖。经鉴定，其控制使用的10个账号直接或间接发展下级会员共计49130个，买卖虚拟货币上千万；其控制使用的账号中最高等级为“龙王”，层级最高账号（会员ID：570）直接或间接发展下级会员35676个，下级会员层级共14层。至案发，殷某共非法获利200余万元。另查明，被告人殷某于2020年12月1日主动到公安机关投案，并主动上缴非法所得人民币1957505.34元。

人民法院经审理认为，被告人殷某依托“动物世界”App平台，以买卖虚拟动物获取高额回报为名，引诱参加者以消耗“太阳币”的方式买卖虚拟动物获得加入资格，并按照一定的顺序组成层级，直接或间接以发展人员的数量及达到一定条件晋升级别作为计酬或返利的依据，骗取财物，扰乱经济社会秩序，组织参与人员众多，属情节严重，其行为已构成组织、领导传销活动罪。被告人殷某在“动物世界”App组织中宣传、帮助、积极发展下线会员，是传销组织的骨干成员，系从犯，依法予以减轻处罚；案发后主动投案，如实供述其犯罪事实，系自首，依法予以减轻处罚；积极退赃，自愿认罪认罚，依法予以从轻处罚；适用缓刑不致再危害社会，可对其宣告缓刑。遂做出上述判决。

（资料来源：https://m.thepaper.cn/baijiahao_19478044，有改动。）

一、常见的法律法规及规章制度简介

（一）常见的法律法规

1.《中华人民共和国宪法》

图文

宪法与我们个人有何联系？

《中华人民共和国宪法》是我国的根本大法，具有最高的法律地位、法律权威、法律效力，是制定其他法律的依据，一切法律、行政法规和地方性法规都不得同宪法相抵触。《中华人民共和国宪法》规定了国家的根本制度和根本任务、公民的基本权利和义务、国家机构、国旗、国歌、国徽、首都等重要内容，涉及生活的各个方面。宪法的基本价值是保障人权。宪法的根本目的和价值在于保障公民权利。其手段主要是设置与限定国家权力，国家机关不得行使宪法所未明确授予的权力。保障人权是宪法规定的出发点。

安全提示

“12·4”国家宪法日

我国现行宪法在1982年12月4日正式实施。《全国人民代表大会常务委员会关于设立国家宪法日的决定》（2014年11月1日第十二届全国人民代表大会常务委员会第十一次会议通过）将12月4日设立为国家宪法日。

历届国家宪法日主题如下。

2014年　弘扬宪法精神，建设法治中国。

2015年　弘扬宪法精神，推动创新、协调、绿色、开放、共享发展。

2016年　大力弘扬法治精神，协调推进“四个全面”战略布局。

2017年　学习贯彻党的十九大精神，维护宪法权威。

2018年　尊崇宪法、学习宪法、遵守宪法、维护宪法、运用宪法。

2019年　弘扬宪法精神，推进国家治理体系和治理能力现代化。

2020年　深入学习宣传习近平法治思想，大力弘扬宪法精神。

2021年　以习近平法治思想为指引，坚定不移走中国特色社会主义法治道路。

2022年　学习宣传贯彻党的二十大精神，推动全面贯彻实施宪法。

（资料来源：https://yjj.henan.gov.cn/2021/12-02/2358617.html，有改动。）

2.《中华人民共和国刑法》

《中华人民共和国刑法》是国家的基本法律，在中国特色社会主义法律体系中居于基础性、保障性地位。现行的《中华人民共和国刑法》于1997年10月1日起施行，历经多次修正。《中华人民共和国刑法修正案（十一）》由第十三届全国人民代表大会常务委员会第二十四次会议于2020年12月26日表决通过，自2021年3月1日起施行。

《中华人民共和国刑法》的立法宗旨：为了惩罚犯罪，保护人民，根据宪法，结合我国同犯罪作斗争的具体经验及实际情况，制定本法。

《中华人民共和国刑法》的任务是用刑罚同一切犯罪行为作斗争，以保卫国家安全，保卫人民民主专政的政权和社会主义制度，保护国有财产和劳动群众集体所有的财产，保护公民私人所有的财产，保护公民的人身权利、民主权利和其他权利，维护社会秩序、经济秩序，保障社会主义建设事业的顺利进行。

3.《中华人民共和国民法典》

《中华人民共和国民法典》被称为“社会生活的百科全书”，是中华人民共和国第一部以法典命名的法律，在法律体系中居于基础性地位，也是市场经济的基本法。

《中华人民共和国民法典》共7编1260条，各编依次为总则、物权、合同、人格权、婚姻家庭、继承、侵权责任以及附则。通篇贯穿以人民为中心的发展思想，着眼满足人民对美好生活的需要，对公民的人身权、财产权、人格权等做了明确翔实的规定，并规定侵权责任，明确权利受到削弱、减损、侵害时的请求权和救济权等，体现了对人民权利的充分保障，被誉为“新时代人民权利的宣言书”。

2020年5月28日，第十三届全国人民代表大会第三次会议表决通过了《中华人民共和国民法典》，自2021年1月1日起施行。《中华人民共和国婚姻法》《中华人民共和国继承法》《中华人民共和国民法通则》《中华人民共和国收养法》《中华人民共和国担保法》《中华人民共和国合同法》《中华人民共和国物权法》《中华人民共和国侵权责任法》《中华人民共和国民法总则》同时废止。

4.《中华人民共和国治安管理处罚法》

为维护社会治安秩序，保障公共安全，保护公民、法人和其他组织的合法权益，规范和保障公安机关及其人民警察依法履行治安管理职责，制定《中华人民共和国治安管理处罚法》。

《中华人民共和国治安管理处罚法》经2005年8月28日第十届全国人民代表大会常务委员会第十七次会议通过，根据2012年10月26日第十一届全国人民代表大会常务委员会第二十九次会议《关于修改〈中华人民共和国治安管理处罚法〉的决定》修正。

《中华人民共和国治安管理处罚法》共6章119条，各章依次为总则、处罚的种类和适用、违反治安管理的行为和处罚、处罚程序、执法监督以及附则。该法结合改革开放以来我国社会治安面临的新情况、新问题以及我国社会主义法治建设的发展对公安机关及其人民警察依法履行治安管理职责提出的新要求，对公安机关及其人民警察在维护社会治安中的职权及其依法行使职权应当遵守的法定程序、违反治安管理的行为及其处罚以及执法监督等方面做出了全面详细的规定。

5.《中华人民共和国国家安全法》

《中华人民共和国国家安全法》是为了维护国家安全，保卫人民民主专政的政权和中国特色社会主义制度，保护人民的根本利益，保障改革开放和社会主义现代化建设的顺利进行，实现中华民族伟大复兴，根据宪法而制定的法律。

2015 年 7 月 1 日，第十二届全国人民代表大会常务委员会第十五次会议通过新的国家安全法。国家主席习近平签署第 29 号主席令予以公布，自 2015 年 7 月 1 日起施行。

《中华人民共和国国家安全法》共 7 章 84 条，主要从国家安全的定义，部门、各地方维护国家安全的职责，以及十项国家安全制度和机制等方面予以明确；规定了法治、经费、物资、人才等一系列国家安全保障措施；突出了公民和组织维护国家安全应当履行的义务和依法享有的权利。

6.《中华人民共和国安全生产法》

《中华人民共和国安全生产法》是为了加强安全生产工作，防止和减少生产安全事故，保障人民群众生命和财产安全，促进经济社会持续健康发展而制定的法律。

《中华人民共和国安全生产法》由第九届全国人民代表大会常务委员会第二十八次会议于 2002 年 6 月 29 日通过，自 2002 年 11 月 1 日起施行；根据 2021 年 6 月 10 日第十三届全国人民代表大会常务委员会第二十九次会议《关于修改〈中华人民共和国安全生产法〉的决定》第三次修正。

《中华人民共和国安全生产法》共 7 章 119 条，各章依次为总则、生产经营单位的安全生产保障、从业人员的安全生产权利义务、安全生产的监督管理、生产安全事故的应急救援与调查处理、法律责任以及附则。

7.《工伤保险条例》

《工伤保险条例》是为了保障因工作遭受事故伤害或者患职业病的职工获得医疗救治和经济补偿，促进工伤预防和职业康复，分散用人单位的工伤风险而制定的法律。2003 年 4 月 27 日中华人民共和国国务院令第 375 号公布，根据 2010 年 12 月 20 日《国务院关于修改〈工伤保险条例〉的决定》修订。

《工伤保险条例》共 8 章 67 条，主要内容有总则、工伤保险基金、工伤认定、劳动能力鉴定、工伤保险待遇、监督管理、法律责任、附则。该条例自施行以来，对维护工伤职工的合法权益、分散用人单位的工伤风险、规范和推进工伤保险工作发挥了积极作用。

8.《中华人民共和国劳动法》

劳动法是调整劳动关系以及与劳动关系密切联系的社会关系的法律规范的总称，内容包括劳动者的主要权利和义务、劳动就业方针政策及录用职工的规定、劳动合同的订立、变更与解除程序的规定，集体合同的签订与执行办法，工作时间与休息时间制度，劳动报酬制度，劳动卫生和安全技术规程等。

《中华人民共和国劳动法》是为了保护劳动者的合法权益，调整劳动关系，建立和维护适应社会主义市场经济的劳动制度，促进经济发展和社会进步，根据宪法制定的法律。

《中华人民共和国劳动法》于 1994 年 7 月 5 日第八届全国人民代表大会常务委员会第八次会议通过。根据 2009 年 8 月 27 日第十一届全国人民代表大会常务委员会第十次会议《关于修改部分法律的决定》第一次修正。根据 2018 年 12 月 29 日第十三届全国人民代表大会常务委员会第七次会议《关于修改〈中华人民共和国劳动法〉等七部法律的决定》第二次修正。

《中华人民共和国劳动法》共 13 章 107 条，各章依次为总则、促进就业、劳动合同和集体合同、工作时间和休息休假、工资、劳动安全卫生、女职工和未成年工特殊保护、职业培训、社会保险和福利、劳动争议、监督检查、法律责任以及附则。中华人民共和国境内的企业、个体经济组织和与之形成劳动关系的劳动者适用本法。国家机关、事业组织、社会团体和与之建立劳动合同关系的劳动者，依照本法执行。

（二）高校学生管理文件介绍

1.《普通高等学校学生管理规定》

为规范普通高等学校学生管理行为，维护普通高等学校正常的教育教学秩序和生活秩序，保障学生合法权益，培养德、智、体、美等方面全面发展的社会主义建设者和接班人，依据教育法、高等教育法以及有关法律、法规，制定《普通高等学校学生管理规定》。2017 年 2 月 4 日，教育部发布了修订后的《普通高等学校学生管理规定》（中华人民共和国教育部令第 41 号）。《普通高等学校学生管理规定》适用于普通高等学校、承担研究生教育任务的科学研究机构对接受普通高等学历教育的研究生和本科、专科（高职）学生的管理，是指导和规范高校实施学生管理的重要规章，涉及学生的权利与义务、学籍管理、校园秩序与课外活动、奖励与处分、学生申诉等多方面。

2.《高等学校校园秩序管理若干规定》

为了优化育人环境，加强高等学校校园管理，维护教学、科研、生活秩序和安定团结的局面，建立有利于培养社会主义现代化建设专门人才的校园秩序，制定《高等学校校园秩序管理若干规定》。

3.《学生伤害事故处理办法》

为积极预防、妥善处理在校学生伤害事故，保护学生、学校的合法权益，根据《中华人民共和国教育法》《中华人民共和国未成年人保护法》和其他相关法律、行政法规及有关规定，制定《学生伤害事故处理办法》。本办法共 6 章 40 条，各章依次为总则、事故与责任、事故处理程序、事故损害的赔偿、事故责任者的处理以及附则。

4.《高等学校消防安全管理规定》

为了加强和规范高等学校的消防安全管理，预防和减少火灾危害，保障师生员工生命财产和学校财产安全，根据消防法、高等教育法等法律、法规，制定《高等学校消防安全管理规定》。《高等学校消防安全管理规定》经 2009 年 7 月 3 日教育部第 20 次部长办公会议审议通过，并经公安部同意，自 2010 年 1 月 1 日起施行。《高等学校消防安全管理规定》共 9 章 51 条，各章依次为总则，消防安全责任，消防安全管理，消防安全检查和整改，消防安全教育和培训，灭火、应急疏散预案和演练，消防经费，奖惩，附则。各学校应依据本规定，结合学校实际，制定校园消防安全管理办法。

二、大学生要学会保障自己的合法权益

（一）大学生享有的权利

大学生在不同的场合担任不同的角色，以下从三个角度分析大学生享有的权利。

1. 作为公民应当享有的法律法规规定的权利

受教育权、人格权（包括生命权、身体权、健康权、姓名权、名称权、肖像权、名誉权、荣誉权、隐私权等）、财产权等法律法规规定的公民应当享有的权利。

2. 作为受教育者享有的权利

参加教育教学计划安排的各种活动，使用教育教学设施、设备、图书资料；按照国家有关规定获得奖学金、贷学金、助学金；在学业成绩和品行上获得公正评价，完成规定的学业后获得相应的学业证书、学位证书；对学校给予的处分不服向有关部门提出申诉，对学校、教师侵犯其人身权、财产权等合法权益，提出申诉或者依法提起诉讼；法律法规规定的其他权利；家庭经济困难的学生可以申请补助或者减免学费；高等学校的学生可以在校内组织学生团体。

3. 作为在校生可以享有的权利

参加学校教育教学计划安排的各项活动，使用学校提供的教育教学资源；参加社会服务、勤工助学，在校内组织、参加学生团体及文娱体育等活动；申请奖学金、助学金及助学贷款；在思想品德、学业成绩等方面获得公正评价，完成学校规定学业后获得相应的学历证书、学位证书；对学校给予的处分或者处理有异议，向学校、教育行政部门提出申诉；对学校、教职员工侵犯其人身权、财产权等合法权益，提出申诉或者依法提起诉讼。

（二）大学生要正确维权

1. 自卫

自卫指公民的合法权益受到侵害或者威胁时，为了维护自己的权益，依靠自己的力量而实施的合法行为，如正当防卫、紧急避险等。

2. 协商和和解

协商和和解是指被侵权的公民依法自行与侵权人相互沟通、交流，从而达成维护合法权益的方案与共识。协商和和解是被侵权人救济自己权益常用的方法，但协商和和解必须遵循一个重要原则——合法。

3. 调解和仲裁

调解和仲裁是指由第三方（调解机构或调解人）出面对纠纷的双方当事人进行调停说和，用一定的法律规范和道德规范劝导冲突双方，促使他们在互谅互让的基础上达成解决纠纷的协议。仲裁是指由双方当事人选定的仲裁机构对纠纷进行审理并做出裁决。

4. 诉讼

诉讼俗称打官司，是指公民、法人、其他组织依法起诉、申诉、控告或司法机关依职责追究他人法律责任，由人民法院裁决的法律行为。司法诉讼是公民维护自己合法权益的最终途径。

（三）正当防卫

1. 正当防卫的含义

正当防卫的本质是制止不法侵害。正当防卫明显超过必要限度造成重大损害的，应当负刑事责任，但是应当减轻或者免除处罚。

无限正当防卫又称“特别防卫”，是指对正在进行行凶、杀人、抢劫、强奸、绑架以及其他严重危及人身安全的暴力犯罪采取防卫行为，造成不法侵害人伤亡的，不属于防卫过当，仍然属于正当防卫，不负刑事责任。

2. 正当防卫的法律依据

《中华人民共和国刑法》第二十条规定：“为了使国家、公共利益、本人或者他人的人身、财产和其他权利免受正在进行的不法侵害，而采取的制止不法侵害的行为，对不法侵害人造成损害的，属于正当防卫，不负刑事责任。正当防卫明显超过必要限度造成重大损害的，应当负刑事责任，但是应当减轻或者免除处罚。对正在进行行凶、杀人、抢劫、强奸、绑架以及其他严重危及人身安全的暴力犯罪，采取防卫行为，造成不法侵害人伤亡的，不属于防卫过当，不负刑事责任。”

3. 正当防卫的要件

（1）存在现实的不法侵害。现实的不法侵害包括犯罪行为和其他违法行为。但是，并非对任何违法犯罪行为都可以进行正当防卫，只有对那些具有攻击性、破坏性和紧迫性的不法侵害，在采取正当防卫可以减轻或者避免危害结果的情况下，才适宜进行正当防卫。不法侵害应当是人实施的不法侵害。一般认为，对没有达到刑事责任年龄、不具有刑事责任能力的不法侵害行为人也可以实施正当防卫。

（2）不法侵害正在进行。不法侵害正在进行，合法权益处于紧迫的被侵害或者威胁时，防卫行为才能成为保护合法权益的必要手段。在不法侵害的现实威胁十分明显、紧迫，待其着手后来不及减轻或者避免危害结果时，也应认为不法侵害已经开始。不法侵害的结束时间为合法权益不再处于紧迫、现实的侵害和威胁之中，即不法侵害不可能继续侵害或者威胁合法权益时。但是，在财产性违法犯罪中，侵害行为已经结束，在现场还能来得及挽回损失的，可以实施正当防卫。例如，不法分子使用暴力劫得财物，受害人当场暴力反击夺回财物的，属于正当防卫。在不法侵害尚未开始或者已经结束时进行的所谓“防卫”，称为防卫不适时，构成犯罪的，应当负刑事责任。

（3）行为具有防卫意识。正当防卫行为应是具有防卫意识的行为。为了侵害对方而故意挑起对方对自己进行侵害，然后以正当防卫为借口给对方造成侵害的行为属于防卫挑拨。故意侵害他人合法权益而巧合了正当防卫的其他条件属于偶然防卫。

（4）针对不法侵害人进行防卫。不法侵害是不法侵害人直接实施的，受害人只有针对不法侵害人进行防卫，使不法侵害人不再继续实施不法侵害行为，才可能制止不法侵害，保护自己的合法权益。如果防卫行为具有排除不法侵害的可能性与必要性，即使客观上没有排除不法侵害，也称为正当防卫。对第三者的防卫，要按不同情况定性为故意犯罪或者假想防卫（误认为第三者为不法侵害人）。

（5）没有明显超过必要限度造成重大损害。“必要限度”以制止不法侵害、保护合法权益所必需为标准。轻微超过必要限度的防卫行为不能称为防卫过当，只有造成重大损害的防卫行为才属于防卫过当。

安全提示

非正当防卫

非正当防卫是指超出正当防卫界限的防卫。如果因非正当防卫造成巨大侵害，给受害人带来重大损失，非正当防卫实施人也应承担相应责任。因此，大学生要正确区分正当防卫和非正当防卫的界限。非正当防卫主要有以下几种表现形式：

（1）防卫过当。它是指行为人实施防卫时，超过了正当防卫所需要的必要限度，造成了不应有危害的行为。

（2）防卫挑拨。它是指行为人故意挑逗对方，引诱对方对自己进行不法侵害，借机加害于对方的行为。

（3）防卫第三者。防卫第三者又称局外防卫，是指行为人对正在进行不法侵害以外的人实施防卫的行为。

（4）假想防卫。假想防卫是指不法侵害行为根本不存在，但行为人猜想、估计、推断不法侵害行为存在而对对方实施防卫造成危害后果的行为。

（5）事前防卫。事前防卫又称提前防卫，是指行为人在不法侵害尚未发生或者还未到来的时候实施的所谓的防卫行为。

（6）事后防卫。事后防卫是指在不法侵害终止后对不法侵害者进行的所谓防卫行为。

（资料来源：https://lvlin. baidu.com/question/1827441507945669268.html，有改动。）

安全演练

学习法律法规

一、活动目的

加强法治教育，帮助大学生树立安全意识，逐渐树立依法维护自身合法权益的观念，不断提高依法维护自身合法权益的能力。

二、活动实施

学生通过网络、报纸、杂志等途径，了解和总结与大学生安全相关的法律法规，并将日常生活中可能遇到的问题以及需要掌握的法律常识与同学进行分享。

三、活动记录

根据活动实施情况做好记录，填写表 1-5。

表 1-5 活动记录表

班级		姓名	
指导教师		活动时间	
涉及的法律法规	重点条文		
《中华人民共和国刑法》			
《中华人民共和国国家安全法》			
《中华人民共和国反恐怖主义法》			
《反分裂国家法》			
《中华人民共和国治安管理处罚法》			
《中华人民共和国安全生产法》			
《中华人民共和国劳动法》			

项目二

重视人身安全，远离暴力侵害

课前思考

随着我国高等教育的迅速发展，高校的办学规模越来越大。大学作为大学生进入社会开始独立生活的第一站，对于每一名学生来说，都是美好又难忘的。然而，随着在校大学生人数的增多，学生思想多元化，外部环境更加复杂，大学生人身安全遭到非法侵害的事例越来越多。人的生命只有一次，人身安全是生存的最基本要求，维护生命安全是延续生活的底线。因此，对大学生进行人身安全教育，引导其掌握必要的安全常识，意义重大。

请思考：

（1）什么是人身伤害？

（2）大学生主要面临哪些类型的人身伤害？

（3）面对不同的人身伤害，大学生应该怎样防范？

学习指南

（1）了解校园暴力的概念、大学校园暴力行为的主要因素，掌握应对校园暴力的方法。

（2）了解大学生遭遇性侵害的类型，熟悉防范性侵害的措施，学会正确应对性侵害。

（3）认识生命及其意义，熟悉珍视生命的态度，掌握自杀行为的预防与干预，树立正确的生命观，珍爱生命、敬畏生命。

任务一 远离校园暴力

课程导入

男子“帮忙”惹出大祸

案件发生在某天晚上。据了解，案发当晚被告人李某、胡某两人正和几名同学在 ×× 大酒店四楼的 KTV 包厢里聚会。当时包厢里的李某和胡某得知同学金某在隔壁包厢跟他人打起来了，便过去准备帮金某一把，可就是这么一帮惹出了大祸。

当晚，金某饮酒后在 ×× 大酒店四楼 KTV 电梯口无故将欲乘坐电梯的管某拉开，不顾旁人劝阻，脚踢并追逐管某至包厢，与金某同行的被告人李某、胡某及葛某等人闻讯后，随即冲入包厢，采用啤酒瓶砸、拳打脚踢等方式对包厢内的其他人员随意殴打，造成包厢内的汪某、张某受伤。经司法鉴定，被害人汪某、张某的伤势均构成轻伤二级。

斗殴事件发生不久，犯罪嫌疑人金某、葛某被警方抓获。数月之后，李某和胡某分别来到县公安局投案。

被告人李某向法庭表示，引起斗殴的缘由其实和自己并没有任何关系，而是案犯金某和被害人管某在乘电梯的时候发生了口角。金某和管某因为一时冲动，没有控制好情绪，所以就在 KTV 的电梯口动起手来，金某甚至追到了管某所在的包厢。李某与胡某来到被害人所在的包厢时，开始并没有动手，但是对方先向他们扔来了啤酒瓶，最终双方的矛盾愈演愈烈。

（资料来源：https://new.qq.com/cmsn/20180619/20180619032977.html?pgv_ref=aio2015&ptlang=2052，有改动。）

一、校园暴力的概念

暴力是指蓄意运用躯体的力量或权力，对自身、他人、群体或社会进行威胁或伤害，造成或极有可能造成损伤、死亡、精神伤害、发育障碍或权益的剥夺。校园暴力发生在校园内以及校园周边区域，可能发生在学生与学生之间，也可能发生在学生与老师之间，还有可能发生在社会外来人员与学校师生之间。

想要判断是否是校园暴力，我们可以通过校园暴力的类型来分析。校园暴力包括身体暴力、言语暴力、财产暴力以及性暴力等。身体暴力包括推、打、撞、踢、摔以及使用武器及其他工具导致人身疼痛、伤害、损伤等具有攻击性的行为。言语暴力即心理暴力，包括嘲笑、讽刺、恐吓、威胁、挖苦等具有攻击性的行为。财产暴力是指抢夺他人的财物、故意损坏他人物品等行为。性暴力包括各种形式的性骚扰和性侵犯。如果在校园中发生以上行为，我们基本上就可以认为该行为是校园暴力。

二、引发大学校园暴力行为的主要因素

在校大学生正处于青年中期，个性特征基本形成，对事物有自己独特的见解和一定的辨别是非能力，但其身心尚未完全成熟。造成他们实施校园暴力的因素主要有以下几个方面。

（一）个体因素

1. 人格发展不健全

一般来说，个体的性格特征在暴力攻击的启动阶段发挥着不可忽视的催化作用。具有暴力或攻击倾向的个体可分为两种性格类型：一种是说话和行动节奏快、性子急，缺乏泰然自若的态度，争强好胜，容易发火，常常充满失落感和懊恼情绪，总是迫使自己处于紧张的状态；另一种是性格内向孤僻，平时少言寡语，不善与人交流，在一定程度上能控制自己的情绪。有研究表明，前一种性格类型的个体情绪控制能力较差，在愤怒或受到挑衅时会毫不犹豫地使用暴力，目的是让对方受到身体或心理的伤痛，发泄心中的不快。后一种性格类型的个体在一定程度上能控制自己的情绪，但由于性格内向、不善表达，平时所有的情绪都积压在内心深处，等到内心不堪重负时，就会通过暴力来发泄内心的不满，因此此类个体在报复时更具有危害性。

2. 认知不和谐

认知不和谐又称“认知失调”，是指一个人的行为与自己先前一贯的自我认知（通常是正面的、积极的自我认知）产生分歧，从一个认知推断出另一个与之对立的认知时产生不舒适感、不愉快的情绪。调查数据显示，大部分学生在受到朋友侮辱时会在了解缘由后原谅好友，但 14.5% 的学生会选择与朋友绝交，6.5% 的学生则会选择“以其人之道，还治其人之身”。

3. 挫折耐受力差

挫折是指个体在实现其预定目标的过程中，遇到的难以克服的或者自以为无法克服的障碍或干扰。挫折耐受力是指个人遭受挫折时能承受精神上的打击而免于心理或行为失常的能力。挫折耐受力差的学生面对挫折时，可能会出现情绪低落、自我怀疑、焦虑等问题，激发粗暴对抗的攻击行为。有研究表明，如果个体受挫折后，不能通过一定的方式将情绪发泄出来，随着挫折的不断积累，情绪达到饱和点，就会引发更激烈的反应。

4. 面对挑衅缺乏理智

挑衅即用言语或行动引起冲突、纠纷或某种情绪。一些大学生年轻气盛，自尊心很强，自负又容易自卑，在遇到困难挫折以及挑衅时，心理极易发生变化，一旦被外界不良因素所诱导，就易产生偶发性的不良动机，如果这种不良动机遇到一定的情境，还有可能发展为反社会的暴力犯罪行为，给校园和社会带来恶劣的影响。

（二）家庭因素

1. 家庭教养方式

父母是儿童的启蒙老师。在儿童成长过程中，父母的言谈举止、为人处世及人格特征等对儿童的心理发展具有重要的影响，它们通过内化的方式成为儿童及其成年后的思维定式。父母对儿童溺爱，对其行为放任不管，会导致儿童道德观念薄弱，法治意识欠缺，是非不分，做事一意孤行，适应社会困难，而在此环境下长大的学生个体往往和同学不能建立良好的人际关系。

2. 家庭冲突和暴力

个体如果从小生长在充满冲突和暴力的家庭中，就会将父母的暴力行为及后果潜移默化地转变为自己遇挫后的首选策略，获得有关人际交往的错误认知和不恰当的攻击性冲突解决策略。因此，家庭冲突和暴力会对儿童的心理发展造成严重的伤害，并时刻影响着其日后的人际交往模式。

（三）社会因素

1. 个体成长及同伴环境

若个体所处的环境常出现暴力行为，那么个体必定受其影响，遇挫后的习惯性解决策略极有可能选择暴力性攻击行为。除此之外，个体还会从有暴力倾向的同伴身上学会暴力性攻击行为。

2. 暴力性的大众传媒和网络游戏

研究表明，经常观看暴力性影视节目极有可能改变个体的人格和日常交往方式。当暴力影视节目中的场景在现实中出现时，个体就会无意识地沉醉于剧情中并模仿剧中人物的行为，从而导致暴力行为的发生或增加。此外，暴力电子游戏为个体提供了学习攻击行为的机会和练习攻击行为的场所。对于长期沉溺于网络暴力电子游戏的大学生，在现实与游戏相冲突的情境下，其暴力性攻击行为有可能被唤起，从而增加暴力事件发生的可能性。

3. 社会就业压力

随着社会经济的快速发展和高校生源的扩大，企事业用人单位对应聘人员的要求越来越高，一些学生因就业达不到自己的预期而产生意志消沉、心情浮躁等不良心理问题，严重者可能为发泄心中不满而寻找发泄对象，对他人造成人身伤害。

（四）学校因素

虽然我国高校招生规模不断扩大，但是相应配套的软、硬件设施却没有及时跟上，这使得高校在监督管理学生方面力不从心。具体表现为：对学生平时发生的人际矛盾和心理摩擦不能及时发现或疏导化解；对部分具有暴力倾向等特性的学生不能及时排查或开展心理教育；对校园周边环境不能及时进行规制和管理；等等。除此之外，有的学校重学生就业率、轻学生素质，重共性发展、轻个性培养，忽视大学生社交技能、公德意识、法律意识等方面的培养，这也为校园暴力事件的发生埋下了隐患。

三、应对校园暴力的方法

第一，遇到校园暴力，大学生应及时告知学校或报警，在学校、家长的帮助下制止暴力，绝不能逆来顺受或者以暴制暴；如果在校外正在遭受同学的暴力侵害，则应当大声呼喊，寻求旁边成年人的帮助，并且跑向人群密集区域；如果离公安机关较近，则应当跑向公安机关，寻求警察的帮助。

第二，与不法行为做斗争一定要讲究策略，沉着、冷静，与不法分子周旋；要随机应变，想办法脱身或找准时机报警，尽量避免与对方发生正面冲突，以免受到不必要的伤害，也可先稳住对方或满足对方的部分要求，记住对方的体貌特征，事后及时报警。

第三，沉着在暴力侵害发生后，要勇敢地站出来，用法律武器维护自己的合法权益。

第四，千万不要和对方私了，尤其是私下和不法分子见面，以免受到长期纠缠或造成人身伤害。

第五，遇到与己无关的暴力事件，要第一时间报警，不围观、不起哄。如果自己遇到暴力事件，应随机应变，尽力规劝不法分子终止犯罪行为，尽量拖延时间，等待学校保卫人员或警察的援助；现场出现伤者的，应以最快的速度把伤者送往附近医院抢救并通知伤者家属。

法律视角

关于打架斗殴的规定

《中华人民共和国刑法》第十七条规定：已满十六周岁的人犯罪，应当负刑事责任。已满十四周岁不满十六周岁的人，犯故意杀人、故意伤害致人重伤或者死亡、强奸、抢劫、贩卖毒品、放火、爆炸、投放危险物质罪的，应当负刑事责任。

《中华人民共和国刑法》第二百三十四条规定：故意伤害他人身体的，处三年以下有期徒刑、拘役或者管制。犯前款罪，致人重伤的，处三年以上十年以下有期徒刑；致人死亡或者以特别残忍手段致人重伤造成严重残疾的，处十年以上有期徒刑、无期徒刑或者死刑。本法另有规定的，依照规定。

《中华人民共和国治安管理处罚法》第四十三条规定：殴打他人的，或者故意伤害他人身体的，处五日以上十日以下拘留，并处二百元以上五百元以下罚款；情节较轻的，处五日以下拘留或者五百元以下罚款。

有下列情形之一的，处十日以上十五日以下拘留，并处五百元以上一千元以下罚款：

（一）结伙殴打、伤害他人的；

（二）殴打、伤害残疾人、孕妇、不满十四周岁的人或者六十周岁以上的人的；

（三）多次殴打、伤害他人或者一次殴打、伤害多人的。

安全演练

开展治安防范情景演练

一、活动目的

在情景演练中增强安全教育的实效性、生动性和震撼力。

二、活动实施

对大学生中的安全事故案例和有代表性的事件进行讲解、分析，组织学生模拟案例中的角色，再现这些事件的全过程。

案例：一天夜晚，住在学生公寓中的宋某被对面公寓楼中的红外线发射器照射后心有怨气，便邀同院学生张某、葛某一起到对面学生公寓中“报仇”。走进公寓后，他们看见学生周某手中持有红外线发射器，未经查证就认定是周某所为，并对其进行殴打。随后，周某集结同学院的几名同学一起找宋某“评理”。双方在宋某所住的公寓楼道发生激烈争执，继而动手群殴。

在实际模拟时注意做好安全防范。

三、活动记录

活动结束后，全班学生分析案件全过程，找出案件发生的原因和应对方法。

任务二 防范性侵害

课程导入

教育部公开涉及性骚扰等师德违规案例

案例 1：中山大学教师杨某某性侵女学生未遂问题。

2021 年 7 月，杨某某酒后对女学生图谋不轨，因涉嫌强奸罪被刑事拘留，后被判处有期徒刑一年六个月。杨某某的行为违反了《新时代高校教师职业行为十项准则》第六项规定。根据《事业单位工作人员处分暂行规定》《教育部关于高校教师师德失范行为处理的指导意见》等相关规定，给予杨某某开除处分，丧失其教师资格，列入教师资格限制库，终身不得重新申请认定教师资格。

案例 2：辽宁大学教师何某性骚扰女学生问题。

2022 年 7 月，何某通过微信多次对学生进行性骚扰被实名举报，经查属实。何某的行为违反了《新时代高校教师职业行为十项准则》第六项规定。根据《事业单位工作人员处分暂行规定》《教育部关于高校教师师德失范行为处理的指导意见》等相关规定，给予何某免职处理，调离工作岗位，移交学校纪委立案处理，撤销其教师资格，列入教师资格限制库，撤销其在辽宁大学期间所获各类荣誉、称号。

（资料来源：http://www.moe.gov.cn/jyb_xwfb/gzdt_gzdt/s5987/202212/t20221228_1036899.html，有改动。）

性侵害主要是指在性方面对受害人造成的伤害。性侵害是危害大学生人身安全、影响大学生健康成长的主要问题之一。大学生了解一些这方面的安全知识，掌握相应的应对方法是有必要的。

一、校园中常见的性侵害类型

（一）诱惑型或欺骗型性侵害

诱惑型或欺骗型性侵害是指利用受害人渴望爱情、追求享乐、贪图钱财等心理，诱惑或欺骗受害人而使其受到的性侵害。

（二）暴力型性侵害

暴力型性侵害主要是指采取暴力手段对受害人进行性侵害的行为。暴力侵害的主体比较复杂，有些是社会上的不法分子混入校园进行强奸犯罪，也有些是校内人员所为。在性侵害方式上，有的以强奸为目的，混入学生宿舍或校园内偏僻处伺机作案，也有的本以抢劫、盗窃为目的，见有机可乘或因受害人处置不当而实施性侵害行为，还有的因恋爱关系破裂或单相思而走向极端，实施性侵害行为。

（三）胁迫型性侵害

胁迫型性侵害是指利用自己的权势、地位、职务之便，对有求于自己的受害人加以利诱或威胁，从而强迫受害人与其发生性关系的非暴力型性侵害；或是某些心术不正者抓住受害人的个人隐私、某些错误等进行要挟、胁迫，使其就范。

（四）交友型性侵害

交友型性侵害的实施者多是受害人的相识者。他们与受害者多是同事、同学、师生、老乡、邻居等关系，利用机会或创造机会把正常的社会交往引向性侵害。受害人在身心受到伤害后，往往由于各种顾虑而不敢揭发。

（五）滋扰型性侵害

滋扰型性侵害的主要形式有：一是利用靠近异性的机会，有意识地接触异性的隐私部位，在公共汽车、商店等公共场所有意识地挤碰异性等；二是暴露生殖器等进行变态式性滋扰；三是向异性寻衅滋事，无理纠缠，用污言秽语进行挑逗，或者做出下流举动对异性进行调戏、侮辱。

二、防范性侵害的措施

（一）树立防范意识

在社会中，女性更容易遭受性侵害。因此，女大学生在校内校外的各种活动场合要随时注意防范性侵害，提高自我保护的警觉性。只有树立防范意识，才能根据一些预警性的性侵害信息及时采取防卫措施，有效地保护自己。

（二）注意仪表言行

女大学生在校期间的穿着打扮要符合自己的身份，大方得体，不要盲目追赶潮流。在言谈举止方面，女大学生要懂得自尊自爱，不与男性过分随便、亲昵甚至暧昧，在喝酒、跳舞过程中不做轻佻、挑逗性的动作，使对方误解，否则会将自己置于潜在的危险环境中。

（三）关注所处环境

性侵害是一种特殊的犯罪行为，不法分子会注重对作案环境的选择，以求作案“成功”，降低作案风险。因此，大学生对自己的生活、居住环境要加倍关注，晚上尽量不要外出，有事外出也要尽早回归，夜晚外出或在校内行走最好结伴而行，行走时要选择行人较多、路灯较亮的道路行走，经过树林、建筑工地、废旧房屋、桥梁涵洞等处时要特别警惕；在学校公寓就寝时，要避免独处，特别是节假日期间，晚上睡觉时要关好门窗，拉上窗帘。

（四）谨慎结交朋友

《2019 年中国性侵司法案件大数据报告》显示，只有 3.37% 的性侵案原被告双方为陌生人关系。因此，大学生在与同学、老乡及朋友（含网友）交往的过程中，要注意对方交往的目的，留意对方日常言行中表现出来的人品、道德修养。如果发现对方时常有过分亲昵、挑逗等预兆性言行，就要及时、果断地终止来往。在与朋友交往时，要注意观察和提醒自己不轻信溢美之词，不单独跟新朋友去陌生的地方；要控制感情，不在交往中表现轻浮；要挑选约会环境，不去偏僻人少的地方；不要过量饮酒；不要接受异性贵重的礼物；对过分的言行要持反对态度；等等。

（五）慎重选择兼职

大学生应慎重选择家教类的兼职，即使选择兼职，也要通过正规渠道去联系，切忌通过小广告或自行推荐去选择服务对象。在从事兼职之前，要对家教对象的基本情况有大致的了解，不要因手续烦琐而烦躁，不要因报酬高而贸然前往。

三、遭到性侵害时的应对办法

（一）保持镇定

受害人遭受性侵害时，最重要的是保持头脑清醒、情绪稳定，只有设法使自己沉着、冷静，才能明白性侵害者的意图，从而找出摆脱困境的方法。如果受害人处于危险时惊慌失措、大喊大叫，进行反抗或逃避，反而会助长不法分子的攻击行为，导致更严重的后果。

（二）态度坚定

有时性侵害行为是不法分子错误地理解了受害人的意思后发生的，因此，女大学生在遇到性侵害时，应当恰当且坚定地表明自己的态度，阻止性侵害行为的发生。恰当且坚定的态度不仅能够有效防止熟人之间性侵害行为的发生，还能够防止一些陌生人的性侵害。

（三）机智反抗

在遭到性侵害时，受害人要注意了解性侵害者的弱点和周围环境，以及一切可以利用的积极因素，采取恰当的措施进行反抗，尽可能地结合自己平时生活中积累的经验和知识予以防范。例如，受害人尽量用赞扬的话语将对方的优点给挖掘出来，唤醒对方的良知，进而避免被性侵。

（四）有效攻击

个人在遭受性侵害时，可采取一些暴力防卫措施，特别是对不法分子的身体薄弱部位（如脸部、腹部、下身等）进行有效攻击，使不法分子的身体产生伤痛，从而使其终止侵害行为，同时为自身逃脱或获救创造条件。

（五）迅速离身

犯罪心理学表明，性犯罪的主体在实施犯罪的过程中，心理变化有一个从冲动到后悔再到恐惧的过程，一旦侵害行为得逞，激情消退，就会产生后悔、自责心理。所以，受害人此时要抓住一切有利时机，为自己脱身创造条件。

（六）及时报案

个人在遭遇性侵害后要打消顾虑，及时向有关部门报案，不能因为害怕、羞耻而隐瞒下去，否则不仅会使不法分子逍遥法外，还会使更多的人受害。在报案的同时，受害人要将侵害的有关物证保留好，并将不法分子的体貌特征、衣着打扮、口音、携带物品、受伤状况等情况如实地向有关调查人员反映，为公安机关侦破案件提供线索。

（七）及时就医

个人在遭到性侵后，要勇敢地走进医院做全面的身体检查。对于身体不舒服的地方，要大胆地告诉医生，不要有所隐瞒，并及时做好防护措施。

（八）调整心态

发生被侵害事件后，受害人往往意志消沉，精神萎靡，心理负担加重，久而久之，就会产生厌世情绪，有些人会抱着“破罐子破摔”的心理，走上自甘堕落的道路，自尊心较强的人还会由悲愤而产生强烈的报复心理。受害人在吸取教训的同时，要及时调整心态，尽快从阴影中走出来，必要时可求助心理医生。

法律视角

性侵害的法律责任

《中华人民共和国刑法》第二百三十六条规定：

以暴力、胁迫或者其他手段强奸妇女的，处三年以上十年以下有期徒刑。

奸淫不满十四周岁的幼女的，以强奸论，从重处罚。

强奸妇女、奸淫幼女，有下列情形之一的，处十年以上有期徒刑、无期徒刑或者死刑：

（一）强奸妇女、奸淫幼女情节恶劣的；

（二）强奸妇女、奸淫幼女多人的；

（三）在公共场所当众强奸妇女的、奸淫幼女的；

（四）二人以上轮奸的；

（五）奸淫不满十周岁的幼女或者造成幼女伤害的；

（六）致使被害人重伤、死亡或者造成其他严重后果的。

安全演练

了解大学生性侵害

一、活动目的

了解性侵害的概念，树立“预防被害”的观念，学会采取正确的措施应对性侵害。

二、活动实施

全班学生分组，通过各种渠道收集与大学生有关的性侵害案例并回答以下问题：

（1）校园性骚扰为何屡禁不止？

（2）性骚扰对受害人会产生哪些危害？

（3）发生性侵害时应采取哪些防卫措施？

（4）发生性侵害后应采取哪些应对措施？

三、活动记录

各小组将收集的信息进行交流，并针对这些问题和答案谈谈大学生面临的困境。

任务三 珍爱生命，预防轻生

课程导入

桂林某高校大一女生失恋欲轻生，警校联动深夜冒雨寻人

2021 年 4 月，桂林雁山辖区某高校保卫处处长带队来到桂林市公安局雁山派出所，将一面印有“党建引领，金盾护校　闻警出击，救助神速”字样的锦旗送到派出所民警手上。

2021 年 4 月 15 日下午，雁山派出所值班室接到某高校保卫处通报：大一学生黄某有轻生倾向，现已联系不上，希望雁山派出所能帮忙寻找。接报后，值班副所长带领民警快速出警，了解到该学生向其舍友发信息称失恋了，言语表现出轻生倾向，目前黄某手机已无法打通，具体情况无法确认。生命至上，分秒必争，民警一边部署高校保卫处发动学生及黄某亲属查找，询问、通报情况；一边协调分局情报大队协助核查相关信息。

时间一分一秒地流逝，紧张的情绪也在蔓延。情报大队综合信息研判，黄某在桂林市七星区临江路福隆园附近。民警立即联系高校保卫处、学工处人员联合赶往该地一带核查找寻，16 日午夜 2 点 20 分，民警在桂林市临江路漓江边找到黄某，此时大雨滂沱，黄某已经全身湿透，若晚一步到达现场，后果将不堪设想。

现场民警及学校人员合力将其救起来之后，在现场对其进行了劝说教育，最终打消了黄某的轻生念头，后由高校保卫、学工处人员将黄某带回妥善照看并处理后续事宜。

（资料来源：https://baijiahao.baidu.com/s?id=1697735400820116600&wfr=spider&for=pc，有改动。）

一、认识生命

（一）生命的含义

图文

诗词欣赏——生命

生命主要包括新陈代谢、生长、发育、遗传、变异、感应、运动等。生长和发育是生命的基本过程，而新陈代谢则是其他一切生命现象的基础。人的生命由形体、心理（精神）和社会性三个因素构成。

心理学意义的生命的内涵比生物学意义的生命的内涵要丰富得多，人不是植物，也不是动物，而是一个复杂的生命体。生命是人类存在的载体；生命是创造万物的源泉。人的一生与生命同源，与生命同根，与生活同步。

（二）生命的特征

1. 生命的不可逆性

从胚胎起，生命便一直生长、发育以至衰亡。生命中走过的路程是不可逆的，做过的不如意的事情也是不可重新来的，正是基于生命的这种特征，人的生命才可贵。

生命对任何人来说都只有一次。人的生命随时都存在被毁灭的可能，瞬间的灾难就可能导致生命的消亡。因此，人应当珍惜这短暂的生命，思考如何在这短暂的生命中活出人生的意义，实现生命的价值。

2. 生命的不可换性

生命为个体所私有，相互无法交换，彼此不可替代。社会是由不同的个体组成的。个体是构成社会最基本的细胞，是有自己独特个性的。遗传学的研究表明，每个个体生命的遗传特征都是独一无二的。人正是在这种既实现自己的个体生命，又超越自己的个体生命的过程中不断地成长、发展、完善，实现和发扬自己生命的独特价值。

3. 生命的有限性

人的生命存在的时间有限，人的自然寿命一般为七八十岁，最多为百十来岁。个体都需要别人的帮助、支持和关怀。正是生命的有限性才促使人去努力思考、发奋创造、积极生活，以实现自己生命的意义。

（三）生命的存在形态

在所有生命中，人是超越一切其他生命现象之上的存在物。人的生命是其生物性、社会性与精神性的统一。生物性、社会性与精神性三种生命属性对应着人的自然生命、社会生命、精神生命三种生命的存在形态。

1. 生物性的存在

人是生物性的存在，生物性是人的生命的最基本的特性，是人生命的社会性、精神性存在的基础和前提。人作为一个自然生理性的肉体生命而存在，生长和发展必然要服从生物界的法则和规律。衣食住行、生老病死是每一个人无法逃避的。人要规划自己的人生，创造自己的价值，指导和提升生物性的存在。

2. 社会性的存在

每个人要想生存下去，就必须参与和融入社会活动，在与人的沟通、交往和互动中保存自己的生命，追求自己生命的意义，实现自己生命的价值。正是这种社会性存在使自己在面对千差万别、千变万化的社会生活时有一种生命的智慧和坚定的信念；使自己在面对有生有死、有爱有恨、有聚有散、有得有失的有限人生和命运时有一种豁达的胸怀和安然的态度。

3. 精神性的存在

人之所以为人，就在于人不仅是为了满足自己的自然生命而活着，还追求超越生物性存在的精神性存在。正是有了生命的精神性的存在，人的生命才有了人文意义和价值，才有了理性的意蕴和道德的升华。

二、生命的意义

生命的意义是关于生命的积极思考，是个人正在努力实现的生命目标。

生命的意义对人生发展的作用大致可以体现在四个方面：体会生活的意义、确立生活的目标、增强自我顽强性和促进心理更加健康。

（一）体会生活的意义

一个人只有能够理解并承担生活中的责任，才会感到满足和充实，才会真正体会生活的乐趣和意义。

（二）确立生活的目标

对生命意义的探求可使人在不同的人生阶段确立自己的生活目标，并在实现目标的过程中活得充实、丰富而精彩。

（三）增强自我顽强性

自我顽强性即对压力的承受能力和对挫折的耐受力。增强自我顽强性的关键是当个人在追求生活目标的过程中遇到障碍时，坚定沉着，不轻言放弃，不断尝试解决问题。

只有这样，才不会在压力和挫折面前产生无力感。

（四）促进心理更加健康

心理学研究表明，生命的意义对心理健康有着积极影响，缺乏对生命意义的理解与心理问题呈正相关关系，对生命意义的探索和情绪健康呈正相关关系，对生命意义的正确认识能够减轻生活中的消极事件对情绪的负面影响。

三、珍视生命的态度

生活是一种艺术，但至今还没有人敢自称是生活的艺术大师。鲁迅说："做人处世的法子，却恐怕要自己斟酌，许多人开来的良方，往往不过是废纸。"的确，生活的真谛是靠自己在生活中亲自实践、慢慢体会的。

下面四个词都传达了一种积极的、直面人生的态度，能帮助大学生对抗人生的虚无感，更好地追求美好生活。

（一）惜时

人生百年，若白驹过隙，倏忽而已。这样短暂的人生究竟应该怎样度过呢？当然是珍惜时间。如果等到垂垂老矣再来后悔自己虚度了光阴，则好比一个懒汉在快饿死的时候后悔自己没有好好种庄稼。珍惜时间等于延长生命，增加了人生更多的可能性。

（二）创造

德国诗人里尔克在《给一位青年诗人的十封信》中这样说道：如果你的日常生活是贫乏的，你怪不得它。你应该怪自己还不够像一个合格的诗人那样唤醒它的财富。因为对创造者来说，世界上没有贫乏而无关紧要的地方。虽然他谈的是诗歌创作的问题，但同样适用于解读人类普遍的生活，启发人们反思自己的生活方式。

在创造者眼中，没有平庸的生活，没有无聊的人生。创造者面对世界犹如初生，时刻沉浸在发现的欣喜中，时刻沉浸在尝试的新鲜感中，时刻沉浸在改造生活的喜悦中。有创造才会有活力，有创造才会有进步，创造是拥有美好生活的必备素质。

（三）充实

生活在这样的时代，人们需要积极主动地去学习，通过学习来充实人生。学习的内容有很多，不仅要学习各种知识、各种技能，还要学习各种生活的艺术。人们不仅要从书本中学习，还要从生活实践中学习。

读史使人明智，读诗使人聪慧。阅读是一把打开人类思想宝库的钥匙。通过阅读，人们不仅可以与古今中外的伟大人物对话，还能与历史长河中的普通人沟通；人们能感受到他人的生活方式、生命历程，感悟到人生的丰富多彩和人类心灵的深邃广袤，从而突破生命的局限，看到生命的各种可能性。

俗话说："读万卷书，行万里路。"旅行是另一种形式的阅读。旅行是一种生活空间的开拓，可以充实人们的生活，增加生命的厚度，拓展生命的广度。在旅行中，人们会见识一个新鲜的世界，体验一种新鲜的感觉。

在学习中，人们能找到信仰，充实自己的人生。

（四）快乐

追求快乐是人的本能。每个人都渴望快乐的人生，但快乐并不是随意能买来的商品，它要靠付出努力才能拥有，尤其是深层次的快乐。快乐是生活对人在积极创造生活、充实自我之后的一种馈赠。快乐也是一种心态。你对世界微笑，世界也会对你微笑。一个穷人跟一个富人相比，很难说谁更快乐。快乐与财富无关，只与一个人对生活和快乐的理解有关。

四、自杀行为的预防与干预

生命仅有一次，任何轻率的放弃都可能留下无法挽回的伤痛。在有关自杀的研究中，不同的学科对自杀的定义不一。在心理学中，自杀是一种自我毁灭的行为，个体将自杀看作解决问题的唯一方法。

（一）自杀的类型

自杀根据其发展过程，可分为情绪型自杀和理智型自杀。

1. 情绪型自杀

情绪型自杀又称冲动型自杀，是由明显的偶然事件引起的，在失控的激愤、悔恨、赌气、绝望、内疚、恐惧等激情状态作用下所产生的突然性自杀行为。这种类型的自杀进程快，发展期短，突发性强，难以预测和防范。

2. 理智型自杀

理智型自杀又称预谋型自杀，是个体经过长期的评价、判断和体验，萌发自杀意念，有目的、有计划的自杀行为。这种类型自杀进程较慢，发展期较长，在自杀发展过程中有比较复杂的思想和行为表现。

（二）大学生自杀的动机

大学生自杀的动机多种多样，主要概括为以下两种。

1. 逃避、解脱

个人通过自杀方式逃避现实，逃避惩处和责任，或从疾病或痛苦中得到解脱。例如，某大学生患有疾病无法治愈，选择自杀获得解脱；某大学生因为不能毕业，无颜面对父母，选择自杀。

2. 报复、操控

自杀被视作一种报复、操控的手段。个人通过自杀方式向外界示威，对发生冲突或嫉恨的对象进行报复，借此释放愤怒和敌对情绪，操控对方的人生，让对方生活在痛苦之中。

（三）大学生自杀的原因

近些年来，自杀原因一直是学者们研究探讨的重点问题。没有人会无缘无故地自杀，如果能找出自杀的背景，努力消除引起自杀的原因，就可以避免自杀行为的发生。一般研究认为，自杀是主观上或客观上无法克服的动机冲突或挫折情景造成的。近几年的调查研究表明，我国大学生自杀的原因主要有以下几种。

1. 抑郁症

北京心理危机研究与干预中心的研究显示，引发自杀的第一诱因是严重的抑郁症。我国抑郁症患者中年轻人占有极高的比例。哈佛大学精神病研究者阿瑟·克莱曼认为，年轻人缺乏应对困难的经验，容易患抑郁症，并由此引发更严重的心理危机。

2. 人际交往障碍

一些大学生因不懂得人际交往的技巧而使得自己的人际关系不协调，陷入苦恼和焦虑，并由此产生心理问题，心理问题又会让其人际关系更加不和谐，从而进入恶性循环，导致自杀。

3. 环境适应不良

少数大学生的经历可能导致性格偏激、孤僻、内向，不易合群，难以适应生活的变化。此外，学习方法、生活习惯等不适应也会造成部分大学生心情郁闷。如果这种情绪不能及时释放，长时间积压，就很容易导致大学生自杀。

4. 恋爱失败

少数大学生在恋爱观上存在一定的问题：接受感情草率，自我保护意识薄弱。当对方提出分手时，感觉身心受到了极大的欺骗，从而产生轻生的念头。

5. 原生家庭矛盾

部分轻生者成长于不幸的家庭中，他们严重缺乏父爱或母爱，缺少被关心和被理解，在心理上承受着来自各方面的不同程度的压力。他们身上有太多的不公平与不如意，其心理极易发生扭曲。

6. 网络不良信息误导

网络是一把双刃剑，在给人类带来便捷的同时，也带来了负面影响。互联网上的信息良莠不齐，既有积极进步的内容，也有影响大学生健康成长的消极内容。特别是网络传播的暴力和自杀信息会对大学生产生心理暗示，严重影响大学生健康生命观的形成。

（四）大学生自杀行为的预防措施

自杀是一种复杂的社会现象。大学生自杀既有社会和环境的原因，也有个人的原因。因此，预防大学生自杀，不仅需要学校各个部门积极配合，做好各个方面、各个层次的工作，还需要大学生自觉提高自身心理素质，提高解决问题、克服困难的能力和对挫折的耐受力。预防措施包括以下几个方面。

1. 科学认识自杀现象

在身边发生自杀事件之前，大多数人认为自杀是一个遥远而陌生的话题。当前，人们对自杀现象还缺乏科学的认识，存在一些错误的观念和认识，若不加以纠正，对预防自杀是十分不利的。

2. 正确对待各种压力，化压力为动力

大学生的压力主要有学习的压力、生活适应的压力、人际关系的压力、前途的压力以及经济的压力。在面对这些压力的时候，大学生不要惧怕、逃避。在一定程度上，压力对一个人有着积极的意义，大学生要学会管理压力，将压力化为动力，根据压力选择明智的解决方法，既不逃避，也不反应过度，提高自身心理素质，正确地应对各种压力。

3. 加强心理健康教育，培养大学生良好的心理素质

（1）普及预防自杀知识，做好自杀的预防。学校可以通过各种宣传和讲座，让广大师生了解自杀的危害，知道自杀的常见表现，树立预防自杀的意识，及时发现生活中具有较高自杀风险的人，并采取有效的帮助措施。

（2）建立心理普查制度及大学生心理健康档案。学校要对有心理危机的学生建立动态的监控机制，对那些处于心理高危状态的大学生要及时给予心理干预，预防恶性事件发生。

（3）做好日常心理咨询工作。学校应及时帮助大学生解决学习和生活中的各种心理困扰和心理障碍，把自杀意念消灭在萌芽状态。

安全演练

开展图书分享会

一、活动目的

阅读书籍，分享感悟，体会生命的变化无常，珍爱生命，笑对生活。

二、活动实施

1. 图书基本信息

书名：《活着》

作者：余华

出版社：作家出版社

图书简介：《活着》讲述了一位老人一生历尽世间沧桑和磨难的故事，演绎了一幕幕人生悲剧。该书展现了一个又一个人的死亡过程，掀起了一波又一波无边无际的苦难波浪，表现了一种面对生活磨难的可能的态度。活着本身很艰难，延续生命就得艰难地活

着，正因为异常艰难，活着才具有深刻的含义。没有比活着更美好的事，也没有比活着更艰难的事。

2. 阅读本书

请在阅读《活着》后谈谈自己的感受。

三、活动记录

活动记录如表 2-1 所示。

表 2-1 活动记录表

活动时间		活动地点	
参加人员		指导教师	
作者介绍			
我选择的精彩书摘			
我对作品的理解			
我对人生的感悟			

项目三 规范实验实训，维护校园安全

课前思考

随着社会生活水平的不断提高，大学生的校园生活日益丰富多彩，有趣的实验课、多样的体育活动等让大学生心驰神往。然而，在近年来发生的多起高校实验实训室安全事故中，有不少是师生实验实训时忽视安全问题造成的。因此，实验实训室安全问题不容忽视。

请思考：

（1）实验室存在哪些安全隐患？

（2）大学生在面对实验室安全事故时应该如何处理？

（3）大学生在参加体育、军训活动时存在哪些安全隐患？

（4）大学生在体育运动中应如何预防事故的发生？

学习指南

（1）了解实验室存在的安全隐患，分析实验室安全事故发生的原因，掌握预防实验室安全事故的措施，能够应对实验室安全事故。

（2）了解体育运动、军训安全事故发生的原因，能够预防运动安全事故的发生。

（3）了解实习实训期间的人身安全隐患，加强安全防范，加强对个人安全的保障。

任务一 关注实验室安全

课程导入

实验室事故盘点

2021 年 3 月 31 日，中国科学院化学所发生实验室安全事故，事故原因为反应釜高温高压爆炸，该事故导致一名研究生颅骨碎裂，当场死亡。

2021 年 7 月，南方科技大学安全工作委员会发布通报：7 月 13 日 15 时 17 分，该校慧园 6 栋化学系 302 化学实验室发生火情。现场一名博士后实验人员头发着火，已被第一时间送往医院检查，诊断为轻微烧伤，经处置已无大碍；现场未造成其他损失。

2021 年 7 月 27 日，中山大学药学院发生一起实验室安全事故。事发当天，该学院发布通报称，在清理此前毕业生遗留在实验室烧瓶内的未知白色固体时，一名博士生用水冲洗，烧瓶发生炸裂，炸裂产生的玻璃碎片刺穿该生手臂动脉血管。随后，该生被送到医院救治。该生伤情得到控制，无生命危险。

2021 年 10 月 24 日 15 时 52 分，南京航空航天大学将军路校区材料科学与技术学院材料实验室发生爆燃，引发火情。当地消防救援站第一时间到达现场进行处置，及时扑灭明火。学校第一时间将 11 名受伤人员送往医院救治，其中 2 人经抢救无效死亡。

（资料来源：作者整理。）

一、实验室存在的安全隐患

物理、化学等课程属于实验科学，在此类课程中设置实验课能增强教学效果，培养学生的观察能力、思维能力和实践能力。如今，实验室已成为大学生学习、研究的重要场所之一，而在实验中使用的设备、仪器、药品等都潜伏着一定的危险，稍不留神就会发生割伤、触电、中毒、烫伤、着火和爆炸等意外事故，或危及学生人身安全，或损害国家、学校财产。因此，安全教育是大学基础实验课的重要内容之一。大学生必须认真学习实验安全指导手册，养成安全实验的良好习惯。

二、实验室安全事故发生的原因

研究表明，当前大学生安全意识不强，很多学生在中学时做实验较少，动手能力较差，而进入大学则要求学生有较强的独立学习能力，能独立完成相关的实验，因此安全素质就显得尤为重要。如果大学生没有良好的安全素质，则不利于学习、身心健康。高校实验室发生安全事故的原因是多种多样的，可以分为两个主要因素：主观人为因素和客观环境因素。

（一）主观人为因素

实验室发生安全事故的主观人为因素包括以下三个方面。

1. 学生自身存在种种问题

学生安全意识淡薄，准备不充分，在实验和实习时存在很强的好奇心、消极情绪等。这必然带来很大的安全隐患，具体有以下几种情况。

（1）不知道安全的操作方法或不熟悉实验室的安全规则。

（2）技能或体力、知识欠缺，不能满足实习工作、实验活动的要求。

（3）为图方便或心存侥幸而不顾安全规则，不相信安全工作方法或防护器具的重要性，采用自以为是的工作方法。

（4）粗心大意、反应迟钝，不能随机应变，不能预感异常现象，不能及时控制事态。

2. 校内实习工厂的管理存在安全隐患

校内实习工厂存在的安全隐患有以下几种情况。

（1）实习工厂管理松懈，安全管理机构不够完善，安全生产制度没有得到很好的贯彻和落实。

（2）实习指导教师安全意识不强，不了解学情，在实验过程中没有逐一讲解可能出现的安全隐患，给实习生带来安全隐患。

（3）实习指导教师不在场，未能及时发现并制止失误操作，导致事故频发。

3. 高校安全教育缺失

高校在对学生进行安全教育和安全管理时存在以下几种问题。

（1）高校的安全教育流于形式，只停留在课堂，要求学生记住通用性的安全规章制度和安全防范的注意事项，并未对具体问题一一落实。

（2）在学生参加工厂实习时，校方实习指导教师没有对安全问题进行跟踪指导，因而也不了解学生在实习现场的工作状况。

（3）对于学生进入校外企业实习的情况，高校与实习企业之间缺乏良好的沟通，也未与企事业单位签订实习生安全协议，因此出现高校、企业双方的管理均不到位的现象。

（二）客观环境因素

发生安全事故的因素除了主观人为因素外，还有以下客观环境因素。

一是工作环境恶劣，如照明、通风效果不佳，噪声污染严重。

二是机器设备较差，如适当的安全防护装置缺乏，检修的设备缺乏，工具老化、品质差，实习车间和实验室不符合消防安全要求，等等。

三、实验室安全事故的预防措施

有些实验过程常常伴随高温、高压、有毒、易燃、易爆等危险。为防患未然，高校建立实验室的安全管理机构，创造安全的工作环境，制定完善的安全规章制度，加强安全教育及事故急救训练，实施定期安全检查，是防范和应对学生实验、实习事故的有效措施。

为了预防实验事故，高校制定的措施应包括以下三个方面。

（一）加强安全管理，建立健全安全防范制度

图文

涉及实验室安全国家法律法规选录目录

安全防范制度的建立，包括以下几个方面。

（1）建立学生实验、实习设备的安全检查机制，定期对那些可能引发事故的隐患进行自查自纠，在设备运行前后必须进行安检，防止器材、设备出现故障。

（2）高校应当制定规范的实验、实习安全操作章程，利用开展知识竞赛、制作宣传手册、在现场竖立警示标牌等广泛宣传，引起实习学生对安全操作的重视。

（3）在实验、实习教学过程中加强对指导教师和相关工作人员的管理，建立“首要责任制”，以明确相关人员责任。

（4）完善事故处理机制和责任制，如成立学生事故处理领导小组等，确保一旦发生突发事故，能依法妥善及时处理，从而减少损失，避免事态扩大。

（二）落实学生安全教育工作

对实习学生进行“三级安全教育”。“三级”即进入工厂前的“一级”、进入工种车间前的“二级”和上机操作前的“三级”。指导教师应反复强调安全问题，告知学生可能发生的危险，使其掌握实验设备和仪器的规范操作方法，熟悉实验、实习的流程。教师还应督促学生按章执行，确保学生养成良好的实验操作习惯，有效防止事故的发生。

（三）厘清高校与实习单位的权责关系

高校在处理与实习单位权责关系的工作时要注意以下三个方面。

（1）高校要与实习单位、实习生签订安全协议书，明确实习内容、实习时间及各自的责任，分工协作，要求学生实习期间严格服从高校实习指导教师、企业实习带班师傅的管理与安排。

（2）高校应主动与企业联系、沟通，考察学生实习的企业，详细设计学生的实习方案、内容，争取企业的支持。

（3）高校应建立学生安全实习保障制度，设立学生实习管理小组，时刻提醒指导教师注意学生的实践操作规范，增强指导教师的安全意识，同时建立相应的激励机制。

四、实验室安全警示标识类型

实验室安全至关重要，不管是实验前期的防护还是实验操作过程，都容不得半点马虎。实验室的安全常识需要每个人牢记于心，特别是实验室的安全标识，一定要认清。实验室中的几种常见安全标识如图 3-1 所示。

（a）常用危险化学品分类标识

（b）常见禁止标识

（c）常见警示标识

（d）常见指令标识

图 3-1　常见安全标识

身边新闻

实验室爆燃事故

2022 年 4 月 20 日，中南大学实验室内发生爆燃事故，该校材料科学与工程学院一名博士研究生在事故中身体皮肤大面积烧伤。

2022 年 4 月 27 日，中南大学发布了对本次事故的情况通报。

通报如下：

2022 年 4 月 20 日 10 时 50 分左右，我校材料科学与工程学院发生一起爆燃事故，该学院一名博士研究生受伤。学校第一时间将受伤学生送往医院救治。

事故发生后，学校高度重视，立即组织力量全力救治，目前该生病情稳中趋好。与此同时，学校启动了事故调查，目前正在调查过程中，将根据最终调查结果严肃处理。

感谢社会各界对学校的关心和对该生的关爱。学校吸取教训、举一反三，正全面开展安全隐患排查，进一步落实安全责任，努力营造安全稳定的校园环境。

（资料来源：https://www.sohu.com/a/541758444_121113785，有改动。）

五、实验室安全事故的处理办法

（一）常见实验室安全事故的处理办法

常见实验室安全事故主要有触电及火灾。实验中出现安全事故时，不要惊慌失措，要听从教师的指导和安排。

1. 触电

如果有人发生触电，应立即关闭电闸，切断电源，用绝缘体把触电者与电线分开；如果触电者心跳、呼吸停止，应立即将其送往医院治疗。

2. 火灾

如果火灾是乙醇引发的，应立即用毛巾、衣服覆盖扑灭，切勿用水扑救；衣服不慎被烧着时，要压盖灭火或就地打滚，不要因受惊而四处奔跑；在穿越浓烟逃生时，应尽量使身体贴近地面，并用湿毛巾捂住口鼻，沿着墙壁寻找安全出口。

（二）实验室意外伤害的紧急处理办法

实验室意外伤害包括割伤、烫伤、烧伤、化学灼伤及中毒等，处理办法如下。

1. 割伤的急救

用消毒棉签或纱布把伤口清理干净，小心取出伤口中的固体物，然后将红药水涂在伤口的创面上。若伤口较脏，可用 3% 的过氧化氢擦洗或用碘伏涂在伤口周围，切忌同时使用红药水与碘伏。伤口消毒后，用消炎粉敷于创面之上，并加以包扎。若伤口比较严重，出血较多，可在伤口上部扎上止血带，用消毒纱布盖住伤口，立即送往医院治疗。

2. 烫伤和烧伤的急救

烫伤和烧伤可用医用棉签浸 90% ～ 95% 的乙醇轻涂伤处，也可先用 3% ～ 5% 高锰酸钾溶液轻擦伤处，直至皮肤变为棕色，再涂上獾油或烫伤药膏。对于较严重的烫伤或烧伤，不要弄破水疱，以防感染，要先用消毒纱布轻轻包扎伤处，再立即送往医院治疗。

3. 化学灼伤的急救

化学灼伤与一般的烧伤、烫伤不同，其特殊性在于即使脱离了致伤源，如果不立即把污染在人体上的腐蚀物除去，这些物质仍会继续腐蚀皮肤和组织，直至被消耗完。因此，发生化学灼伤事故后，应迅速进行冲洗。冲洗时，不必强求用消毒液和药水，凉开水、自来水甚至河水、井水等都可应急，冲洗需要反复而彻底地进行。试剂溅入眼睛后，任何情况下都要先冲洗，冲洗时睁大眼睛，边冲洗边转动眼球，用流动的清水反复冲洗，紧急处理后送医院治疗。

4. 一氧化碳和重金属中毒的急救

在急救人员到来前，应迅速将一氧化碳中毒患者带离中毒现场，迁移至通风处，并松开其衣领，必要时对其进行人工呼吸。若患者发生铅、镉、汞等重金属中毒，在送往医院前最好让患者喝下鸡蛋清或牛奶这些可降低毒性的物质。

安全演练

开展实验室氢气泄漏的应急演练

一、活动目的

提高学生的实验安全意识，拓展学生的实验安全知识。

二、活动实施

（1）活动前，演练培训师为师生做“实验防护用品选用和泄漏安全处置”培训，介绍做安全防护的原因、实验防护用品及其选用、化学品泄漏安全处置等内容。

（2）全班学生分组演练，选定角色（发现氢气泄漏的实验人员、其他实验人员、应急人员等），进行场景模拟。

场景示例：在演练现场，一名实验人员发现氢气钢瓶泄漏后，及时通知实验室其他人员疏散，随后应急人员迅速赶到现场拉起警戒线。应急人员穿上防护装备，利用专业工具对泄漏现场进行应急处理，模拟事故发生后启动应急预案的全过程。

三、活动记录

活动记录如表 3-1 所示。

表 3-1 活动记录表

活动时间		活动地点	
活动准备			
应急演练基础知识			
我的角色			
演练过程记录			
活动评价	（演练培训师对每组学生在场景模拟过程中的行为进行评价，发现学生在应急演练中的优缺点）		

任务二 关注体育运动、军训安全

课程导入

一名大学生跑步时猝死

2022 年 3 月 24 日，山西财经大学通报一名学生跑步时猝死。

当日上午，该学生所在班级在坞城校区操场上体育课，任课教师组织全体学生做常规准备活动，进行集体慢跑。该学生慢跑 200 多米后突然倒地，任课教师与其他正在上课的教师迅速赶到该学生身边进行救治，并拨打校医院电话和“120”急救电话。校医院医务人员接电话后 5 分钟赶到现场进行施救，“120”急救车也在接报后 9 分钟赶到现场，在对该学生进行了现场急救后迅速将其送往医院。该学生经抢救无效，确认死亡。

（资料来源：http://news.sxufe.edu.cn/info/1002/17845.htm，有改动。）

体育教学是学校教育的重要组成部分，肩负着为祖国培养全面发展人才的使命，其基本任务是增进学生的身心健康、增强学生的体质。因此，保证学生的人身安全就成了体育教学的首要任务，也是每名体育教师义不容辞的责任。众所周知，体育运动是由角力活动、非正常体位活动、剧烈身体活动、器械活动、野外活动等构成的，是一项与危险同在的文化活动。学生作为体育运动中的初学者，增加了体育教学的不安全因素，所以体育教学既是确保安全的难点，又是安全教育的重点。因此，加强对学生的安全教育，落实防范措施，消除安全隐患是学校和体育教师的主要职责。

学生军训的目的是通过严格的军事训练提高学生的政治觉悟，激发学生的爱国热情，培养学生艰苦奋斗、刻苦耐劳的坚强毅力和集体主义精神，增强学生的国防观念和组织纪律性，让学生养成良好的学风和生活作风，掌握基本的军事知识和技能。它和体育教学在内容上具有相似性，都存在安全隐患。

为减少体育事故和军训事故的发生，教师和大学生都应该提高警惕，掌握更多的体育知识和运动技巧。

一、体育运动、军训安全事故发生的原因

（一）学生原因

学生原因有以下三种。

（1）学生未能真正理解体育运动的目的和意义，缺乏科学的锻炼方法，却“心血来潮”做某些高难度动作（这些动作平时很少练习或根本没有练习）。这种情况在男生中较为普遍。

（2）学生运动纪律很松散，没有做好充分的准备工作和严格区分运动场地。一些学生不听从教师的讲解和安排，固执己见，在没有保护的情况下做自己不熟悉的动作。

（3）学生忽略身体卫生常识教育和体格检查。例如，有些学生患有先天性心脏病，不了解生理卫生的常识，却参加长跑或高强度的军事训练，最后导致悲剧发生。

（二）学校原因

学校原因有以下两种。

（1）学校管理不够完善，对学生每天使用的体育场地、器材、设备不能定期检查、保养、修理和更换，造成任课教师“人人都得管，人人都管不好”的局面，器材、设施存在严重的安全隐患。

（2）学校经费投入不足，学校体育设施陈旧、老化，不能及时更新替换，运动场地、器材不符合国家或有关部门的安全标准且缺乏定期的检查和维修。

（三）教师原因

教师原因有以下两种。

（1）教师安排的教学内容、难度、强度等明显超过了学生的正常身体承受能力。

（2）教师在组织教学过程中出现过失，如教师未及时提醒学生体育课的注意事项、未充分进行运动前的热身、未采取必要的保护措施、上课过程中“放羊式”教学以及擅离职守等。

（四）突发情况

突发情况包括以下两种。

（1）在体育课中，除体育教师和受伤害学生之外，第三人的过错导致伤害事故发生。

（2）出现体育教师和学生不能预见、不可抗拒的事件。

二、体育运动、军训安全事故的预防措施

体育运动、军训中常见的运动损伤有擦伤、撕裂伤、挫伤、肌肉拉伤、关节韧带扭伤、骨折、脑震荡等。造成运动损伤的原因既有主观因素，也有客观因素，如思想麻痹大意、准备活动不充分、技术动作不当、运动量过大、身体疲劳、情绪低下、场地不平整等。大量的实践证明，做好体育运动、军训安全事故的预防措施，可以有效避免安全事故的发生。

（一）体育运动安全事故的预防措施

体育运动安全事故的预防措施如下。

（1）学生可以根据体育课的要求，或者自己的身体条件和兴趣爱好，选择适合自己的运动项目，坚持锻炼。

（2）参加体育锻炼时，一定要做好准备活动，使身体进入运动状态；如果身体没有活动开或肢体僵硬，就可能造成拉伤或器械碰伤、撞伤。

（3）参加体育锻炼时，要尽量选择平整场地锻炼，要始终保持脚踝的一定紧张，防止踩踏在不平的地方因脚踝松弛而扭伤。

（4）参加投掷项目时，注意观察器械区有无人员通过，在确认安全后将器械投出手；对于一些通过旋转技术投掷的器械，一定要在有护网的场地内进行投掷。

（5）使用单双杠、杠铃等器械进行锻炼时，要检查器械的螺钉、卡扣等是否牢固，避免发生意外。

（6）进行球类运动时，不要强迫自己做没有练习过的动作，防止撞伤、挫伤、扭伤。

（7）参加长跑运动时，要选择比较适当、舒适的衣服、运动鞋，防止在跑步中磨破皮肤或脚趾。

（8）参加滑冰或滑雪运动时，在失去平衡时要注意顺势摔倒、团身，保护自己，不要强硬对抗，防止由于冰刀、雪杖的碰撞、击打而意外受伤。

（9）在参加运动项目前，必须熟悉该运动项目的技术要求，了解该项目易发生运动损伤的技术动作与部位，充分做好准备，采取相应的措施。

（10）锻炼者要学会自我保护，练习危险动作时要有教练或有经验的保护者在旁边进行保护和指导，在有身体接触的单项比赛中不要与各方面条件悬殊的对手进行对抗，对自身易受伤或较弱的部位要格外小心、加强保护，不使用损坏的器械进行锻炼，不在场地条件太差的地方进行活动。

（二）军训安全事故的预防措施

军训安全事故的预防措施如下。

（1）军训前体检。在军训前进行体检很有必要，尤其是对那些体重过大、过瘦或患有慢性疾病的学生，应把体检的重点放在心肺功能上。

（2）调整军训时间。暑期后开学，南方城市仍普遍高温闷热，学校应根据天气情况调整军训时间，最好在早、晚进行，避开酷热时间，以防学生中暑或其他紧急情况发生。患有先天性心肺疾病或其他慢性疾病的学生最好不要参加军训。

（3）选择适合军训的服装。学校的相关部门绝不要为贪图便宜而选用材质很差的军训服，应尽可能选择透气性较好、较轻薄的服装，为学生的军训做好后方保障。

（4）军训强度要合理。学校和教官要严格遵守学生军训科目设置，不随意增加军训强度，不拿长时间、高强度的军训考验学生意志。

（5）实行人性化军训。教官应注意观察学生状况，对军训期间出现面色苍白、大量出汗、头昏、耳鸣、眼睛发花、注意力不能集中、心慌、胸闷、脉搏加快、全身无力等症状的学生，要给予体谅、关怀和理解，让他们暂停军训，或另安排军训内容。

（6）对于突发状况应酌情处理。如在流行性疾病或疫情暴发时期，学校应停止军训。女生在生理期或身体不适时，可以适当向教官提出请假要求。

三、体育运动、军训安全事故的应对方法

如果发生运动损伤，一定要及时治疗。学校可根据受伤类别和程度，采取不同的应急措施。

（一）皮肤擦伤、撕裂伤

擦伤是指皮肤表面被粗糙物擦破的损伤，最常见的是手掌、肘部、膝盖、小腿等部位皮肤擦伤。发生小面积的皮肤擦伤且擦伤处在一般部位时，可用紫药水或碘伏局部涂擦，无须包扎。如果是关节及其附近的皮肤擦伤，则应先局部消毒，用 0.01% ～ 0.05% 的新洁尔灭清洁创面，再涂上消炎软膏，以免局部干裂影响关节，影响锻炼。如果发生皮肤大面积擦伤，应先以生理盐水或用 0.01% ～ 0.05% 的新洁尔灭清洁创面，再局部消毒，最后盖上消毒凡士林纱布和敷料并包扎，必要时可加抗生素，预防感染。

皮肤撕裂伤是指皮肤受外力严重摩擦或碰撞所致的皮肤撕裂、出血。创伤较轻者，消毒后以胶布黏合或用创可贴敷盖即可；创伤面积较大者，则需要止血缝合和包扎，并到医院注射破伤风疫苗，以免引起破伤风感染。

（二）刺伤、切伤

刺伤、切伤是指运动中被尖锐器物刺破或刀割所致的伤。处理方法同撕裂伤，伤口小而浅者无须缝合，深而宽者缝合后可用破伤风抗生素。

（三）挫伤

挫伤是指在钝器的直接作用下，人体皮肤或皮肤下组织所受的伤，如运动时相互冲撞、踢打所致的伤。单纯的挫伤仅局部青紫、皮下淤血、肿胀、疼痛。挫伤部位常见于四肢，可伴有功能障碍。严重者可合并肌肉断裂、骨折、失血、内脏损伤和脑震荡，如果合并内脏损伤，则常伴有休克，救护者应及时将其送医院救治。伤者遭受挫伤后应注意休息，限制活动，在 24 小时内对伤处冷敷和加压包扎，抬高患肢；疼痛明显的，可服索米痛，外用风湿跌打膏、伤湿止痛膏等；48 小时后可开始理疗和按摩、活动肢体。必要时可使用抗生素药物，以预防感染。

图文

扭伤、挫伤、骨折怎么办？这里有一份急救指南

（四）肌肉拉伤

肌肉拉伤是指在外力直接或间接作用下，使肌肉过度主动收缩或被动拉长所致的肌肉纤维损伤或断裂。拉伤易发于下肢、肩胛、腰背部和腹直肌等部位。肌肉拉伤一般表

现出局部肿胀、疼痛，明显伴有肌肉紧张或痉挛，摸之发硬，活动时疼痛加重。若有肌肉断裂，则局部肿胀明显，伴有皮下严重淤血和功能障碍，也可摸到凹陷或异常膨大的断端。发生肌肉拉伤程度轻者可立即休息，抬高患肢，局部冷敷并加压包扎；若肌肉大部分或完全断裂，则应加压包扎并立即送往医院处理。

（五）关节韧带扭伤

关节韧带扭伤是指在间接外力的作用下，关节发生超常翻转活动造成关节内外侧韧带部分纤维断裂，易发于踝、膝、腕、掌、指、腰和颈椎关节等部位。踝关节扭伤的，应立即停止运动，对踝关节进行制动、加压包扎和冷敷。冷敷冰袋或冰块不可直接接触皮肤，以免冻伤。踝关节可采用粘胶带、石膏或护踝支具固定。受伤部位的制动、加压包扎和冷敷可有效减少韧带断裂部位的出血，缩短伤处愈合时间，减少日后血肿机化性疤痕，这是急性踝关节扭伤早期的应急处理方法。

安全提示

受伤后先冷敷还是先热敷

临床上，对于外伤造成的皮肤肿胀、疼痛、淤血等，在24小时内的，可以进行冷敷，主要目的是使局部的毛细血管收缩，有助于局部肿胀消退，减轻灼热疼痛的症状；超过24小时的，可以进行热敷，主要目的是扩张局部的皮下毛细血管，使局部的水肿或者淤血快速消散。如果发生腰肌劳损、落枕等情况，可先考虑热敷，这有利于缓解肌肉紧张的情况，减轻疼痛。

如果皮肤软组织感染在早期有红肿、发热、疼痛等症状，建议采取冷敷的方法进行治疗，主要是缓解发热、红肿的症状；如果局部感染病程较长，后期一般可以采取热敷的方法，促进炎症的吸收和消散。

（资料来源：https://www.youlai.cn/yyk/article/703999.html，有改动。）

（六）脑震荡

脑震荡是指头部遭受外力打击后脑神经细胞受到震动而引起的意识和机能的暂时性障碍。脑震荡会造成暂时性意识障碍和昏迷（时间从数秒到半分钟不等）、逆行性遗忘（受伤前后的经过不能回忆，但对往事记忆清晰），伴有头痛、头晕、恶心、呕吐，可持续数日，神经反射和脑脊液检查正常，血压、呼吸、脉搏基本正常。脑震荡患者应卧床休息，直至上述症状基本消失。可服用药物对症治疗，如服用止痛片、镇静药等。脑震荡患者有下列情况之一的，应立即将其送医院处理。

（1）一直昏迷不醒。

（2）虽然清醒，但头疼、呕吐剧烈。

（3）两眼瞳孔不对称。

（4）清醒后再次陷入昏迷。

这些症状均提示有颅内出血的可能。

（七）骨折

骨折由运动中身体某部位受到直接或间接暴力撞击造成。骨折是比较严重的损伤，但发病率很低。常见的骨折有小腿骨折、肋骨骨折、脊柱骨折等。骨折发生后，患处立即出现肿胀，并伴有皮下淤血，剧烈疼痛，肢体失去正常功能，肌肉产生痉挛；有时骨折部位发生变形，移动时可听到骨摩擦声。骨折严重时，会伴有出血和神经损伤、发烧、口渴甚至休克等全身性症状。若有人发生骨折，勿移动伤肢，应用夹板或其他代用品固定伤肢。若伤者伴有休克，应先进行处理，即按压人中穴，进行口对口人工呼吸或胸外心脏按压；若伤者伴有伤口出血，应同时实施止血和包扎，及时护送伤者到医院检查和治疗。

安全提示

骨折现场急救的重点：简单固定

如果发现受伤者有骨折的可能，现场人员一定要先使受伤部位制动，可以用制式夹板或就地取材（用木棍、竹片、树枝、手杖、报纸等做成夹板）对骨折处进行固定（见图 3–2）；如果这些条件均不具备，伤者自身身体也是良好的夹板。固定的目的是避免骨折处再次受损，减轻疼痛，减少出血，易于搬运。简单固定需要注意的几点事项如下。

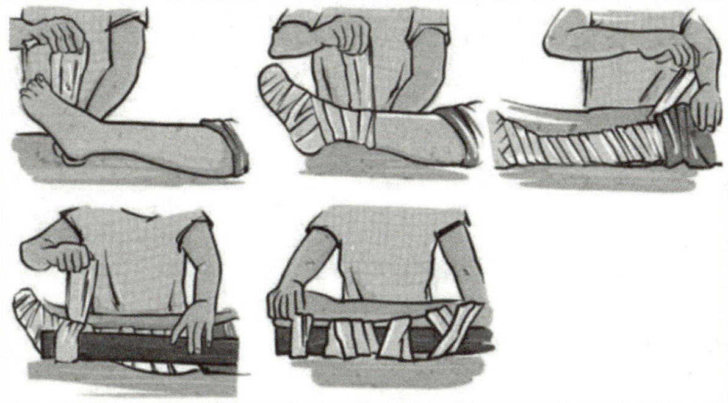

图 3–2　骨折固定示意图

（1）在上夹板前，凡是和身体接触的地方都要用棉花、软物垫好，避免身体因进一步压迫、摩擦而出现损伤。

（2）对于骨的凹凸处，四肢、躯干的凹凸处，骨折造成的畸形处，需要加足够厚的棉织品软垫，避免再度损伤。

（3）固定绑扎时只有将骨折处上下两个关节同时固定，才能限制骨折处的活动。夹板长度一定要超过骨折处上下两个关节。只有大腿骨折时夹板的长度是从腋下至足跟的，因为大腿肌肉丰厚，仅仅固定髋及膝关节难以固定牢固。

（4）固定绑扎的顺序是先固定骨折的近心端，再固定骨折的远心端；依次由上到下固定各关节处。下肢骨折和脊柱骨折时要将两脚靠在一起，中间加厚垫，用“8”字包扎方法固定。绑扎松紧度以绑扎的带子上下能活动1厘米为宜。四肢固定要露出指（趾）尖，以便随时观察末梢血液循环状况。如果指（趾）尖苍白、发凉、发麻或发紫，说明固定太紧，要松开重新调整固定。

（资料来源：https://zhuanlan.zhihu.com/p/40671244?utm_source=qq，有改动。）

（八）中暑

中暑是在高温环境下发生的一类疾病的总称。中暑的发生与周围环境温度有密切关系，一般当气温超过人体表面温度时，即有中暑的可能。但高温不是唯一的致病因素，学校所在地的湿度、气流和热辐射也与中暑有直接关系。空气湿度大、风速低及强烈热辐射均可引发中暑。即使在相同条件下，军训的强度、持续时间和个人健康状况也与中暑有关。南方高校的大一新生在军训期间容易中暑，那些在炎热酷暑的夏天进行体育锻炼的学生同样如此。中暑的主要症状为头痛、头晕、恶心、呕吐、面色苍白等。

当出现可能中暑和轻症中暑表现时，首先要做的是迅速撤离引起中暑的高温环境，选择阴凉通风的地方休息；多饮用一些含盐分的清凉饮料；可以在额部、颞部（太阳穴）涂抹清凉油、风油精等，或服用人丹、十滴水、藿香正气水等中成药。对出现血压降低、虚脱的重症中暑者，应立即将其从高温环境中转移至阴凉通风处外，然后迅速将其送至医院进行救治。

安全提示

军训时中暑了怎么办

中暑从轻到重，分为三种症状。

1. 先兆中暑

在高温环境下，出现头痛、头晕、口渴、多汗、四肢无力发酸、注意力不集中、动作不协调等，体温正常或略有升高。如果及时转移到阴凉通风处、降温、补充水和盐分，短时间内即可恢复。

2. 轻度中暑

除有先兆中暑的症状外，体温往往在38 ℃以上，伴有面色潮红、大量出汗、皮肤灼热或四肢湿冷、面色苍白、血压下降、脉搏增快等症状。及时转移到阴凉通风处，平躺解衣、降温、补充水和盐分，可于数小时内恢复。

3. 重度中暑

重度中暑按严重程度依次分为热痉挛、热衰竭和热射病，其中，热射病的死亡率高达 60%，是临床表现最严重的中暑。

（1）热痉挛。热痉挛是一种短暂、间歇发作的肌肉痉挛，可能与钠盐丢失相关。热痉挛常发生于初次进入高温环境工作，或运动量过大时，大量出汗且仅补水者。其临床表现为训练中或训练后出现短暂性、间歇发作的肌肉抽动。热痉挛有时易与热衰竭时过度通气致手足抽搐相混淆，后者常出现手足痉挛和四肢末端及口周麻木。

（2）热衰竭。热衰竭是指热应激后，以血容量不足为特征的一组临床综合征。在严重热应激情况下，体液、体内钠丢失过多，水、电解质紊乱，但无明显中枢神经系统损害表现。临床表现为多汗、疲劳、乏力、眩晕、头痛、判断力下降、恶心和呕吐，有时可表现为肌肉痉挛、体位性眩晕和晕厥，体温升高，但无明显神经系统损伤表现。热衰竭如果得不到及时诊治，可发展为热射病。

（3）热射病。热射病典型的临床表现为高热、无汗、昏迷，发病原因不同，临床表现也有所不同。中医学认为，暑和湿同属外邪，暑热让地气蒸发，多雨潮湿，因此暑邪常与湿邪一起侵袭人体。此时，邪气可从人的口鼻、肌肤而入，暑湿困脾，气血津液输布障碍，出现身热、困倦、四肢酸痛、口干、口苦、小便黄、胸闷、恶心及痱子、疖肿等皮肤病。如果不加以预防，容易伤及脾胃，甚至引起危症。

专家提醒，患者中暑后，要立即将患者移至阴凉通风处，解开衣服，平卧休息。病室温度应保持在 20 ℃～ 25 ℃。仅有先兆症状或轻症的中暑者，应口服 0.1% 凉盐水或清凉含盐饮料。

热射病早期仅表现为体温偏高，虽然出现意识障碍，但短时间内能保持清醒，严重的致死性损害在后续的几个小时才表现出来。因此，中暑后如果出现严重症状，体温飙升或意识模糊，应当立即就医。

对于重症中暑者，应采用放置冰袋或冷水、冰水擦身等物理降温法，以及按医嘱给予药物降温，并且每 5 ～ 10 分钟测量一次体温。

（资料来源：https://baijiahao.baidu.com/s?id=1742097268218902122&wfr=spider&for=pc，有改动。）

安全演练

练习伤员包扎技术

一、活动目的

让大学生掌握急救的简单技能，提高应急心理素质和应急能力。

二、活动实施

（1）准备活动中需要用到的材料，如绷带、三角巾和止血带等。

（2）查询相关资料，了解伤员包扎需要掌握的理论知识。

（3）根据所学的知识，用不同的包扎方法进行练习：简单螺旋包扎法、“人”字形包扎法、三角巾头部包扎法。

三、活动记录

活动记录如表 3-2 所示。

表 3-2 活动记录表

我选择的包扎方法	
具体操作步骤	
操作中存在的问题	
活动中的感悟	

任务三 关注实习实训安全

课程导入

学生实习时受伤，三方担责！

小张是某学校的学生，他根据学校的课程到 ×× 公司进行顶岗实习，在加班抢修设备时，不慎踩空从高凳上跌落，造成膝盖受伤。

随后，小张被送往医院治疗，住院治疗期间花费医疗费 4 万余元。×× 公司支付了 6 万元，4 万元用于支付医疗费，剩余费用用作第一次手术后的康复费用。

第二次手术时，小张花费了医疗费 2 万余元，×× 公司支付了 2 万元，后期康复费用由小张自己支付。随后，小张诉至某人民法院，要求学校及公司赔偿其医疗费、误工费、护理费、交通费等。

学校辩称：学校在安排学生毕业实习活动之前，已对学生进行了充分的安全教育与管理，同时小张与其监护人签订了《毕业生实习安全协议》《顶岗实习协议书》，还和公司签订了《校企合作实习三方协议书》，其中有诸多条款涉及实习安全责任。小张出现摔伤事故发生在实习期间，学校不是其实习活动的实际管理人，且事故发生在实习单位，学校无法进行实时监管。因此，学校与小张的损害发生无直接因果关系。事故发生时，小张距年满 18 周岁、成为完全民事行为能力人仅差三个月，应当对自己的行为危险性有认知能力。因此，小张对自己的摔伤也负有一定的责任。

公司则辩称：事发时，小张从高凳上摔下，涉案高凳高度仅仅为 1.2 米，不属于高处作业。小张摔伤，其自身也存在过错。

人民法院经审理认为，公民的健康权受法律保护。事故发生时，小张是学校的学生，基于学校的安排到公司实习，该实习是学校教学内容的延伸和扩展，学校对学生在实习单位的安全仍负有一定的安全教育和管理义务。

学校在小张进入实习单位后，未加强对学生的必要管理，负有疏于管理的责任，对其受伤的损害结果存在一定的过错，应承担相应的赔偿责任。

《职业学校学生实习管理规定》第十七条规定：除相关专业和实习岗位有特殊要求，并事先报上级主管部门备案的实习安排外，实习单位应遵守国家关于工作时间和休息休假的规定，并不得有以下情形：

（一）安排学生从事高空、井下、放射性、有毒、易燃易爆以及其他具有较高安全风险的实习；

（二）安排学生在休息日、法定节假日实习；

（三）安排学生加班和上夜班。

××公司在小张顶岗实习期间安排其在法定节假日实习加班，存在违反上述规定的情形。而且，在实习期间，公司负有进行安全教育和相关培训的义务，并应提供安全的工作场所，以保障其在实习期间的人身安全。

小张基于实习到公司进行与其所学知识内容相关的实际操作，公司未尽到安全隐患的提醒和注意义务，对小张受伤的损害后果存在过错。

除此之外，事故发生的时候，小张已年满17周岁，应当具有一般的生活常识和日常经验，应当对其行为可能产生的危险具有预见能力。其未尽到审慎注意义务，导致自身从高凳上坠落受伤，对其受伤自身也应承担一定的责任。

综上所述，人民法院根据各方当事人对本案损害发生的过错程度，酌情确定××公司对小张本次受伤造成的损失承担75%的责任，学校承担15%的责任，原告自行承担10%的责任。

（资料来源：https://m.thepaper.cn/baijiahao_13928163，有改动。）

实习实训是职业教育的重要教学环节，但受多种社会因素的影响，职业院校学生实习期间的安全风险难以完全避免。随着职业院校学生实习规模的进一步加大，人身安全问题也越来越突出。

一、实习人身安全防范

实习就是在实践中学习。在经过一段时间的实习后，大学生应了解如何将自己所学的知识应用于实践中，学校和用人单位也可以根据大学生在实习中的表现鉴定其之前学习的效果。实习是职业教育重要的教学环节，对大学生来说，既是专业学习和技术技能训练的必备途径，也是锤炼意志品质、提前熟悉岗位、引导融入社会的重要方式，必须高度重视。

在实习的过程中，学校、实习单位、学生重视实习的质量、关心实习的成绩，但也不要忽视实习中的安全问题。一般而言，大学的实习有生产实习、医学实习和教育实习等。下面重点讲解生产实习、医学实习、教育实习应该注意的安全问题。

（一）生产实习安全

生产实习是指大学生在生产现场以管理员、工人、技术员等身份，直接参与生产过程，将专业知识与生产实践相结合的一种课外实践活动。

近年来，大学生生产实习安全事故时有发生，如有的大学生在进行化学实验时皮肤被化学品腐蚀，有的大学生在操作车床过程中手指被切断，有的大学生甚至在生产事故中不幸失去生命。大学生生产实习安全事故发生的原因，不外乎两大类：一是环境因素，二是个人因素。

1. 环境因素

环境因素主要包括以下四个方面。

（1）工厂设备出现故障，如设备破损、断裂等。

（2）工厂的安全防御系统不完善，如工厂防护安全网出现破裂。

（3）生产环境中存在粉尘、放射性物质、毒性较强的化学药品等。

（4）生产中临时出现的安全问题，如高处坠落物、塌方、物体打击等。

2. 个人因素

个人因素主要包括以下三个方面。

（1）实习生在未明确了解工作操作规范和程序的情况下，违规操作，引发危险。

（2）实习生未按照操作规程进行操作或违规将危险物品带入生产地，引发危险。

（3）实习生存在侥幸心理，急于表现，未按照正确程序操作引发生产安全事故等。

具体不安全行为可参考《企业职工伤亡事故分类标准》中的相关规定。

（二）医学实习安全

本项目内容提及的医学实习是指高等医学类院校的学生在医院以实习医生、护士等身份直接参与医疗工作，将专业知识与生产实践相结合的一种课外实践活动。医学生在医学实习过程中必须做到以下几点。

1. 按章程办事，遵守医学道德，为患者提供医疗安全保障

医学实习生必须做到按章程办事并且遵守医学道德。具体而言，有以下两点要求。

（1）必须按章办事，严格遵守医院的各项规章制度和相关的技术操作规定。医学实习生应当清楚，自己在尚未取得医师资格证之前，无权单独开处方、诊断书、医嘱、检查申请单、病假证明等，也不能擅自主张为患者实行医学诊断或治疗，有任何想法或疑问都应当询问指导医生的意见，以防发生医疗事故。即使是特殊情况需要，诊断结果或开出的处方、各类证明也应当经上级医生审核、同意并签名后才能使用。

（2）必须遵守医学道德。具体而言，医学实习生在实习过程中必须做到以下两点。

第一，保护患者的隐私权。医学实习生在实习过程中，要特别注意尊重和保护患者的隐私。近年来，因实习生观摩医疗引起的争端逐渐增多，实习生在实习过程中必然要进行医疗观摩，但应掌握观摩尺度，遵守职业道德。特别是男性医学实习生在检查女性患者时，如进行妇科检查时，应保证有第三人在场，以免发生医患纠纷。

第二，严格遵守保护性医疗制度。未经上级医生允许，医学实习生不得擅自将一些特殊患者或自己不太清楚的问题告诉患者或家属。不得随意对患者、患者家属、患者单

位发表任何有关病情的意见，以免发生医患纠纷。

2. 自我预防，提高自身安全意识

医生、护士每天需要面对多而繁杂的疾病，在救治他人的过程中，需要和各种病毒零距离接触，较容易受到病毒侵扰。因此，医学实习生应当特别注意医疗预防，提高自身安全意识。

（1）预防流行病毒及传染病毒。医学实习生在实习的过程中，应当增强自身的安全保健意识，尤其是在发热门诊与传染病房实习的医学生。在实习过程中，医学实习生除了要严格按章程办事之外，还要特别注意做好个人的疾病预防工作。一旦发现自己有任何不适症状，要马上进行身体检查，防止被病毒感染。

（2）X 射线防范安全。现代医学不仅保留了传统的医学方法，还发展了先进的医学技术，依靠 X 射线进行医学治疗就是其中的一种。虽然医院在为患者提供 X 射线医学治疗与检查的服务中配备了较为完善的防护设施，但是如果医学实习生长期接触这些设备或是在操作过程中处理不当，都有发生职业性损伤的危险。因此，医学实习生在操作前一定要接受严格的岗位培训，务必熟悉操作理论知识，熟练掌握操作技巧；在操作中严格遵循操作规范，避免让自己受到伤害。

（三）教育实习安全

与生产实习、医学实习相比，教育实习的安全系数较高一些，一般教育实习生只需要在校内完成专业授课任务和实习班主任的工作就可以了。由于教育实习生面对的是心智尚未完全成熟的青少年，因此在实习过程中也需要注意以下几个方面的安全问题。

1. 教学安全

在教育实习生实习过程中，任课教师要充当实习班主任的角色，不仅要完成教学任务，还要完成育人任务。在教授课程、管理班级的过程中，实习生会处理一些学生的问题。在面对这些学生时，实习生要对全体学生一视同仁；在教育学生的过程中，态度要温和，语气要和蔼，绝对不可以体罚学生，以防引发学生心理问题或教学事故纠纷。

2. 活动安全

在实习过程中，实习班主任会在班会课上组织学生参加一些活动，部分实习生也会参加学校组织的运动会等大型文体活动。这时，实习生应当将安全放在首位，在确保学生安全的情况下组织他们参加活动。在活动过程中，如果学生受伤或发生其他安全事故，应当及时向上级领导汇报，并及时送学生就医，防止事态进一步恶化。此外，实习生不能带领学生参加户外活动，以防学生发生安全意外。

（四）实习安全事故的预防措施

由于实习单位的环境和日常生活与大学校园的教学和生活差异甚大，所以不少实习生往往意识不到危险的存在，尤其是理工科学生在实习期间往往要进行各种机器操作，

开动各种生产设备，容易发生安全事故。因此，为了保障实习的顺利完成，实习生应从各个方面做好预防，避免出现安全事故。

1. 树立实习人身安全意识

大学生在参加实习活动之前，应积极接受学校和实习单位组织的安全教育，牢固树立“安全第一”的思想，做到事事、处处、时时注意安全。在实习过程中，要严格遵守实习单位的安全生产规章制度和操作规程，正确使用劳动防护用品；自觉接受实习单位的安全生产教育和培训，掌握本职工作所需的安全生产知识，提高自身的安全生产技能，增强安全事故预防和应急处理能力。

2. 重视乘车的安全

由校车接送的实习生应按指定位置乘坐，行进中不将头和手伸出车外，不向车窗外乱扔杂物，看管好自己的行李。实习单位分散或路途较近、班车不接送的实习生要时刻提高安全防范意识，遵守交通规则。

3. 听从指挥，服从分配

在实习现场进行具体操作时，一是要听从技术人员和指导教师的指挥，严格按操作规程办事，注意人身安全，爱护仪器设备；二是要服从技术人员和指导教师的分配，不能挑三拣四讲条件，更不能因此与技术人员或指导教师发生争执、口角甚至严重冲突。

4. 严格遵守操作规程

实习生应在指导教师或熟练技工的指导和示范下，严格按照各项安全操作规程及工艺规程进行操作，未经允许不得乱动任何机器设备。开动机床设备前，应看清安全操作规程，并遵章操作。离开机床、停电或机床拆修时，应及时关闭电源。

安全提示

企业员工安全生产行为规范

（1）服从安全、环保管理。

①要求必须做的事（遵守事项）坚决要做。

②规定不能做的事（禁止事项）坚决不做。

③制度在被修订前（原有制度）必须执行。

④安全专业管理人员的意见（没有制度）必须服从。

（2）确保“5S”状态：提高素养、做好整理、整顿、清扫、清洁。

①忙而不乱，多而不脏。

②完成现场作业，随时清理现场。

③自己负责的物料（品）有义务自己整理。

④自己产生的垃圾自己清理，并分类放入垃圾池。

（3）在指定场所吸烟，不乱丢烟蒂；严禁在易燃易爆场所吸烟。

（4）严格按要求穿戴和使用劳保用品。

①工作服旧而不破，衣扣、衣袖、护腕要扣牢。

②进入生产现场要佩戴安全帽、防尘口罩、防护眼镜、手套、耳塞等防护用具，安全帽带应系牢。

③登高时必须挂安全带。

④不穿拖鞋、短袖进入生产现场。

⑤部门负责人、班组长有义务指导该部门员工安全操作。

⑥对于不理解的操作和认为不安全的操作事项，在施工前必须找相关人员问清楚并做好安全防范才允许工作；做到不蛮干、不冒险干、不抱侥幸心理；看清标识，不盲目施工。

（5）遵守交通规则，不驾驶（骑、乘）无牌无证车辆；驾驶（骑）车时注意观察，注意避让行人。不乱停乱放，不超速行驶，不酒后驾驶，不疲劳驾驶。

（6）驾驶车辆前，应对车辆的安全技术性能进行认真检查，不要驾驶有安全隐患的车辆。

（7）驾驶摩托车、电动车时必须戴好安全帽。

（8）不进入与自己无关的场所，不摆弄与自己无关的设备；手上有水时不操作电气设备。

（9）电气操作人员作业时必须戴绝缘手套、穿绝缘鞋；检修、维修机械设备时必须先停机、停电。

（10）严禁戴手套操作旋转的机械设备，按对应的作业标准从事对应的工作。

（11）工作前预知危险，采取防范措施；发现隐患，及时报告。

（12）在厂区走动请走正规通道，不翻越栏杆，不擅闯警（禁）区，不双手插于口袋中。

（13）作业中相互监督、互相提醒、团结合作；管理人员做好表率，作业人员自觉作业。

（资料来源：https://www.hnslsdxy.com/sxzx/page/contentshow.aspx?id=2022041794348635，有改动。）

5. 遵守实习纪律

实习期间应按时作息，不缺勤，不迟到，不早退。离队活动时，实习生应该向实习队伍负责教师（队长）请假，请假外出时不得到江、河、湖、海等场所游泳，女生在夜间不要单独外出活动。

二、实训人身安全防范

（一）实训的含义和优点

1. 实训的含义

实训即“实习（践）”加“培训”，是指通过模拟实际工作环境，在教学中采用来自真实工作项目的案例，理论结合实践（更强调学生的参与式学习），使学生能够在最短的时间内在专业技能、实践经验、团队合作能力等方面得到提高。

2. 实训的优点

传统的课堂教学往往以教师讲授为主，在教学过程中以教师为中心，教学效率高，更适合理论类课程的教学；企业顶岗实习是把学生直接安排到工作岗位上，在工作中学习，更适合以动手操作为主的职业训练。而实训结合了两者的优势，既注重理论知识的学习，又锻炼学生动手操作的能力，有利于学生提高专业技能，增加实践经验，为今后的工作做好铺垫。

实训是根据企业真实的岗位需求，针对性地进行项目开发训练，采用师傅带徒弟的方式，学生学到的是实操。封闭实训三个月相当于积累一年工作经验。按照职业教育的普遍原则理论分析，实训一般是参观流程，感性认识，主要是加深对工艺流程的视觉印象，一般不要求动手操作。

（二）实训室安全管理制度

（1）实训室负责人为本实训室安全管理责任人。

（2）实训室是实训教学场所，未经允许，其他人员不得进入实训室。严禁学生无教师陪同进入实训库房，严禁学生掌管实训室及库房钥匙。

（3）学生实训前要认真阅读实训指导书，进入实训室后必须遵守实训室各项规章制度，听从安排。

（4）学生要在实训教师的带领下进入实训基地，使用实训室设备时必须严格按照操作规程使用，爱护设备设施。实训过程中不得串位、脱岗，不得触动与实训内容无关的设备、仪器、工具等。

（5）爱护仪器设备、节约使用材料。对所使用的仪器设备，认真填写使用记录，发现问题及时报告。故意造成设备、仪器和工具损坏的，应按有关规定赔偿，视情节轻重给予责任人纪律处分。

（6）易燃、易爆药品应专人专柜存放保管，并符合危险品的管理要求。剧毒药品应由两人保管，双锁控制，存放于保险箱内。应建立易燃、易爆、剧毒药品的使用登记制度。

（7）实训操作必须注意安全，凡使用高压、燃气、电热设备或易燃、易爆、剧毒药品试剂，操作人员不得离开岗位。要经常检查消防器材，确保完好有效，保持内外通道畅通，熟悉逃生线路。

（8）实训过程中产生的废固、废液、废气、有毒有害的包装容器和微生物污染物均应按属性分别妥善处理，以保证环境和实训室人员的安全与健康。

（9）任何人发现不安全因素，应及时报告，迅速处理。

（10）进入实训基地要保持安静，每次使用设备、仪器和工具后，应将其整理还原，保持好实训室卫生清洁，关闭电源、水源，待实训基地工作人员检查后方可离开。

安全演练

开展实习安全大调查

一、活动目的

帮助学生熟悉实习实训活动中的安全隐患，提高学生的安全意识，提高规范操作的意识和技能。

二、活动实施

调查本专业实习过程中可能会出现的安全问题，总结在实践中应该注意的安全问题。

三、活动记录

活动记录如表 3-3 所示。

表 3-3　活动记录表

我的专业	
实习中用到的劳动防护用品	

续表

需要掌握的安全操作注意事项	
实习中可能遇到的问题	
解决方法	

项目四 时刻提高警惕，守护个人财产

课前思考

财产安全是指拥有的金钱、物资、房屋、土地等物质财富受到法律保护的权利的总称。当代社会，大学生的财产安全引起了广泛关注，宿舍盗窃、大学生校园贷、电信诈骗等造成财产损失的事件屡见不鲜，严重侵犯大学生的财产权益，扰乱了高校正常的管理秩序。大学生应树立自我保护意识，凭借财产安全防范常识，对财产的不法侵害进行事前预防、适时防卫及事后保护。

请思考：

（1）高校校园中威胁学生财产安全的因素有哪些？

（2）如果你遭遇了盗窃、抢劫等事件，你会怎样做？

（3）你对校园网贷了解多少？你对大学生盲目追求奢侈品消费有何看法？

学习指南

（1）了解高校盗窃案件的特点和主要手段，掌握校园盗窃的防范措施，学会应对盗窃案件。

（2）了解各类诈骗的作案手段、常见骗术等，提高自己的防范意识，能够识别各种常见诈骗伎俩，防止受骗。

（3）在理财与贷款的过程中，能正确区分正式机构和“钓鱼”机构，远离网络贷。

（4）了解大学生赌博的危害，筑牢反赌防线。

任务一
警惕高校校园盗窃案

课程导入

贵阳花溪警方破获一起校园盗窃案嫌犯

2022 年 3 月 16 日晚，花溪区某学校发生了一起盗窃案件，两名学生书包里的现金被窃。无独有偶，一个星期后，又有学生失窃，两次被窃金额共计两千余元。

接到学校报警后，民警立即赶赴案发现场展开调查，调取校内及外围监控，经深入研判和大量工作，迅速确定了犯罪嫌疑人杨某某的身份，于 3 月 29 日将其抓获归案。

经审讯，犯罪嫌疑人杨某某对其夜间进入教室，盗窃学生现金的犯罪事实供认不讳。

据犯罪嫌疑人交代，自己因为心情不好，当晚在校园门口买了两瓶酒到学校教学楼楼顶喝酒，喝到凌晨 12 点时，觉得口干，便到教室找水喝，当进入教室时看见座椅上的学生书包，遂打开书包，看到现金后随即窃走。过了一个星期，犯罪嫌疑人再次到教学楼楼顶喝酒，喝完酒后来到教室进行了同样的盗窃行为。

（资料来源：https://gaj.guiyang.gov.cn/zx/bmdt/202204/t20220402_73229526.html，有改动。）

盗窃是指以非法占有为目的，秘密窃取国家、集体或他人财物的行为。盗窃历来是社会关注的治安热点，也是高校治安防范的重点。在高校校园发生的各类案件中，盗窃案占 90% 以上。

一、高校校园盗窃案件的特点

（一）时间的选择性

为了降低盗窃风险，不法分子在作案时间的选择上进行了充分考虑，大多选择在作案地点无人的空隙实施盗窃。不法分子作案时间与说明如表 4-1 所示。

表 4-1　不法分子作案时间与说明

作案时间	说　明
学生上课期间	特别是在上午第一、二节课期间，学生宿舍内一般无人，是不法分子在学生宿舍盗窃作案的高峰期
课间休息时间	课间时间较短，很少有学生回宿舍。不法分子特别是内盗人员会利用该时机窃得财物后继续回教室上课，给人造成没有作案时间的假象
夜深人静时	学校一般有规定的熄灯时间，不法分子会趁夜深人静时入室盗窃，特别是有些学生睡觉时不锁宿舍门，更是给不法分子创造了作案条件
学生军训，举行大型活动或校园内发生突发事件时	由于宿舍内活动人员少，大学生往往将注意力集中到某件事上，无暇顾及其他事情，不法分子往往乘虚而入，浑水摸鱼

（二）目标的明确性

高校校园盗窃案件尤其是内盗案件，作案人的盗窃目标往往会很明确。大学生每天都生活、学习在同一个空间，学生间戒备心较弱，物品随便放置，贵重物品放在柜子里也不上锁，这使得不法分子盗窃时很容易得手。

（三）技术的智能性

在高校校园盗窃案件中，作案主体具有特殊性，以高学历、高智商的人居多。他们能利用自己的专业知识和技能自制作案工具，在实施盗窃的过程中运用技术的程度较高，其盗窃手段明显高于一般的盗窃人员。

（四）作案的连续性

校园盗窃案件发生后，受多种因素影响，很难对盗窃人员进行及时抓捕。有的大学生因被偷盗的数额较小而不上报，有的大学生因发现是熟人作案而私下处理，等等。这些原因导致破案具有一定的滞后性，让作案分子存在一定的侥幸心理，极易屡屡作案，形成一定的连续性。

二、高校校园盗窃的主要手段

（一）宿舍盗窃的手段

因为学生集体宿舍的贵重物品、现金较集中，所以学生宿舍发生盗窃案的概率相对较大。简单来说，宿舍入室盗窃的主要手段如表 4-2 所示。

表 4-2 常见的宿舍盗窃手段

类　型	说　明
顺手牵羊	不法分子往往乘人不备将大学生放在桌上、床上的钱、手表及文具等，或者晾晒在阳台的衣服偷走。这种盗窃手段不需要撬门、撬窗，实施方便
撬锁入室	不法分子乘室内无人之际，撬坏门锁，入室盗窃
溜门盗窃	不法分子乘室内无人、房门未锁之际，溜进门来将物品盗走
翻窗入室	不法分子往往乘窗户敞开之际，破坏纱窗，进入室内
窗外“钓鱼”	不法分子乘宿舍内无人或室内人员睡觉之际，用竹竿、木棒等工具在窗户外边将室内的包、衣物等物品钩走

除了上述盗窃手段之外，还有偷配钥匙预谋行窃的，以找人、卖东西等名义混入宿舍伺机行窃的，等等。

身边新闻

流窜多省盗贼被擒

刘某流窜多省作案，专偷高校学生宿舍的财物，刚在长沙作案就“栽了”。2022年6月14日，三湘都市报记者从长沙市公安局获悉，该局近日成功破获系列高校学生宿舍被盗案。

2022年5月，长沙某高校学生宿舍发生电脑被盗案件。长沙公安机关迅即开展侦查，于近日将犯罪嫌疑人刘某抓获归案。

刘某交代，今年他流窜广西、广东和湖南衡阳、郴州、湘潭、株洲等地多所高校的学生宿舍，盗窃笔记本电脑、平板电脑、手机、数码相机等。

长沙公安机关已追回被盗电脑109台，犯罪嫌疑人刘某已被刑事拘留。

（资料来源：https://baijiahao.baidu.com/s?id=1735589167351424291&wfr=spider&for=pc，有改动。）

（二）其他场所盗窃的手段

高校校园盗窃案件除发生在宿舍之外，还常发生在食堂、图书馆、浴池、运动场、公共汽车或火车等场所。

1. 食堂盗窃

不法分子趁大学生与同学边吃饭边聊天或独自吃饭看手机时，盗窃容易被忽略的放在桌面或掉在地上的钱包、手机、饭卡、钥匙等。

2. 图书馆盗窃

有的大学生为了占座位而将自己的书包、笔记本电脑等贵重物品放在桌面上，不法分子趁机将其盗走。

3. 浴池盗窃

不法分子趁大学生洗澡时，盗窃他们放在公用衣柜里的手机、钱包等贵重物品。

4. 运动场盗窃的手段

不法分子趁大学生运动时将外套、书包等随意放置在运动器材旁边，无人留意之际，盗取个人财物。

身边新闻

校园足球球场盗窃

2022 年 1 月 14 日，阮某报警称，他在海珠区某大学足球场踢足球时将手机放在足球场球门附近台阶上，踢完球后发现手机被盗，另外还有 5 人的手机及平板电脑被盗，6 人被盗的物品价值约 2 万元人民币。警方接报后展开侦查，抓获了嫌疑人。据嫌疑人供述，他发现学生在运动时把物品随处放置无人看管，便在无人留意的情况下盗取了 5 部手机和 1 台平板电脑。

（资料来源：https://baijiahao.baidu.com/s?id=1724930294985670170&wfr=spider&for=pc，有改动。）

5. 公共汽车或火车上盗窃

每年寒暑假期间，返乡学生多，大学生因旅途颠簸、身心疲惫，容易放松警惕而成为被盗窃的目标。另外，随着电子产品的普及，很多大学生在出行时喜欢用手机听音乐或玩游戏，疏忽对个人财物的保管，给了不法分子盗窃财物的机会等。

法律视角

关于盗窃罪的若干法律规定

《中华人民共和国刑法》中对盗窃罪做出了如下规定：

第一百九十六条　盗窃信用卡并使用的，依照本法第二百六十四条的规定定罪处罚。

第二百一十条　盗窃增值税专用发票或者可以用于骗取出口退税、抵扣税款的其他发票的，依照本法第二百六十四条的规定定罪处罚。

第二百五十三条　邮政工作人员私自开拆或者隐匿、毁弃邮件、电报的，处二年以下有期徒刑或者拘役。

犯前款罪而窃取财物的，依照本法第二百六十四条的规定定罪从重处罚。

第二百六十四条　盗窃公私财物，数额较大的，或者多次盗窃、入户盗窃、携带凶器盗窃、扒窃的，处三年以下有期徒刑、拘役或者管制，并处或者单处罚金；数额巨大或者有其他严重情节的，处三年以上十年以下有期徒刑，并处罚金；数额特别巨大或者有其他特别严重情节的，处十年以上有期徒刑或者无期徒刑，并处罚金或者没收财产。

第二百六十五条　以牟利为目的，盗接他人通信线路、复制他人电信码号或者明知是盗接、复制的电信设备、设施而使用的，依照本法第二百六十四条的规定定罪处罚。

第二百六十九条　犯盗窃、诈骗、抢夺罪，为窝藏赃物、抗拒抓捕或者毁灭罪证而当场使用暴力或者以暴力相威胁的，依照本法第二百六十三条的规定定罪处罚。

第二百八十七条　利用计算机实施金融诈骗、盗窃、贪污、挪用公款、窃取国家秘密或者其他犯罪的，依照本法有关规定定罪处罚。

三、高校校园盗窃的防范措施

动画

宿舍防盗

防盗的基本方法无外乎人防、物防、技防等，而其中最有效、最可靠的方法是人防。针对高校校园盗窃案件，大学生应当增强自我防盗意识，掌握科学的防盗知识。

（一）居安思危，提高自我防范意识

大学生要增强防范意识，掌握防盗的基础知识，了解作案人的基本规律与特点，这是有效预防盗窃案件、保证自身财物安全的基础。

（二）遵守纪律，落实学校安全规定

大学生应严格遵守学校有关部门制定的管理制度，不能为了个人的一时之便而置学校的纪律于不顾，否则会给自己和他人造成财物损失。大学生在校期间不要随意让他人留宿；要爱护公共财物，保护门窗和室内设施完好无损。

（三）提高修养，养成良好生活习惯

加强自身财物保管是减少被盗的有效途径。大学生在校期间，应注意团结同学，与人友好相处，在宿舍、班级形成互帮互助的良好风气；要谨慎交友，防止引狼入室。

四、高校校园盗窃案件发生后的处理措施

高校校园盗窃案件发生时，大学生必须学会采取果断、有效的措施以应对财物盗窃，

挽回个人财产损失。

（一）保护现场，及时报案

一旦发现有被盗的情形，应该立即封锁和保护现场，禁止任何人进入，然后通知学校保卫部门或公安机关，因为真实现场的痕迹、指纹、破坏程度都是公安机关日后破案的重要依据。

（二）发现可疑人员，及时控制

大学生一旦发现可疑人员，一定要沉着冷静，主动上前询问，如果发现其回答有问题，要设法将其稳住，必要时组织学生围堵，并及时向有关部门报告，防止盗窃人员伤及学生。在当场无法抓获盗窃人员的情况下，应记住盗窃人员的特征，包括年龄、性别、身高、胖瘦、相貌、衣着、口音、动作习惯、佩戴饰物等，以便向公安部门提供破案线索。

（三）及时报失，配合调查

发生盗窃案件后，要配合公安部门侦破案件，如果发现存折或银行卡丢失，要马上到银行挂失。知情人员应当积极配合公安部门的调查取证工作，如果知情不报，就会贻误破案时机，使不法分子逍遥法外。

安全演练

开展校园防盗知识宣传

一、活动目的

了解高校校园盗窃案件，树立防盗意识，熟悉防盗措施。

二、活动实施

校园盗窃案件时有发生，严重危害学生的财产和人身安全。为了增强学生的防盗意识，维护校园安全，请学生以班级为单位，分小组开展校园防盗知识宣传。各小组自行制定宣传方案，完成表 4-3。

表 4-3 校园防盗知识宣传方案

时间		地点	
活动目的			
宣传主题			
宣传方式（海报、标语、宣传册等）			
宣传渠道（微信公众号、微博、抖音等线上渠道和线下渠道）			
活动流程			
预期效果			

任务二 防范高校校园诈骗

课程导入

一在校大学生自导自演诈骗同学 12 万余元

抱着试一试的态度，李某在某个赌博网站注册并投了几百元，一开始确实赚到了钱，尝到甜头的他投入了更多钱，不料输得越来越多。为了把本钱赢回来，他向母亲要钱、向同学借钱，全部投入网络赌博，但都输掉了。

后来，李某遇到了同校的王某，萌生了骗取钱财的想法。他伪造了一张有许多存款的微信零钱包截图，称这是自己从网上一个软件赌博赢来的，并说服王某给他转了 1500 元投入网上赌博，答应赢钱后一起分。

不出意料，这次又输了，但李某还是不死心，他在微信里与王某说：“兄弟，告诉你一个坏消息和一个好消息。坏消息是那个赌博软件的工作人员被公安机关抓了，好消息是我们的钱还可以退回来，但需要交押金。”

王某回复："啊！怎么会这样！你等我想想……"

后来，李某申请了一个QQ号，假装是那个被抓的赌博软件的工作人员。李某把伪装的聊天截图发给王某看："我是××软件的工作人员，现在我被抓了，你也脱不了关系。你给我转钱，我就不会把你供出来……"

就这样，王某为了把事情"摆平"，通过微信或李某提供的银行卡号先后转了12万余元给李某，而李某则将诈骗所得全部用于网上赌博，最后全盘皆输。

王某意识到自己被骗了，多次向李某讨钱无果后，把这件事告诉了家人，其家人准备到公安机关报警。李某这才后悔不已，在母亲的带领下来到公安机关投案自首。

（资料来源：https://baijiahao.baidu.com/s?id=1733252426689439876&wfr=spider&for=pc，有改动。）

在日常生活中，不法分子通常利用大学生社会阅历少的特点对大学生实施诈骗。

高校校园诈骗是指以大学生为作案目标，以非法占有为目的，用虚构事实或隐瞒真相的方法骗取数额较大财物的行为。这类诈骗案件一般不使用暴力，而是在一片"祥和""愉快"的气氛下进行的，大学生往往比较容易上当。

诈骗案件发生后，学生会因身心遭到沉痛打击而心情烦躁、心灰意冷或者陷入经济困境，影响正常的生活和学习。

一、高校校园诈骗案件的特点

（一）流动作案，警方难以确定案发地点

高校校园诈骗案件往往以流动作案为主要形式，不法分子进行犯罪活动没有规律性，这给警方确定案发地点及开展侦破工作带来了很大的困难。

（二）骗财骗色案件多发

在高校校园诈骗案件中，女大学生被骗财骗色的案件时有发生。女大学生生活经验和社会阅历相对不足，思想单纯，易感情用事，自我防范意识薄弱，不法分子会充分利用这一特点骗取在校女大学生的信任和好感，进而实施诈骗行为。

（三）事后往往不了了之

由于发生在高校校园的诈骗案件多是流动性作案，所以案件发生后侦破难度系数大。另外，高校校园诈骗案中的受害人多是大学生，有的还是担任学校重要职务的学生干部，他们为了顾全名誉，宁愿忍受其害，任由不法分子逍遥法外。大学生大事化小、小事化了、爱面子的做法给了不法分子以可乘之机。

二、新型诈骗手段

随着互联网的飞速发展、信息技术的不断提高以及电子支付的普及和推广，人们的生活越来越便利的同时，新型网络诈骗手段也层出不穷。近年来，电信网络诈骗的受害

人群从老年人、受教育程度较低群体向中青年、高学历、高收入人群蔓延。在校大学生易成为网络刷单、兼职类诈骗侵害对象，虽然他们具备一定的网络知识，但社会经验不足，容易被各类虚假信息欺骗。

（一）电信网络诈骗

电信网络诈骗是指不法分子通过电话、短信、网络等方式诈骗公私财物的犯罪行为。与传统诈骗犯罪相比，电信网络诈骗有非接触式犯罪、对象不特定等特点，危害性更大。为掩盖欺骗性，不法分子还会紧跟社会热点精心设计骗术，针对不同群体“量体裁衣”、层层设套，使人防不胜防。电信网络诈骗的主要手段如表 4-4 所示。

图文

“五大反诈利器”有效防范电信网络诈骗

表 4-4 电信网络诈骗的主要手段

类　型	表　现
网络兼职诈骗	通过互联网虚假宣传，用刷网络广告、“刷单”、收敛会费等手段进行诈骗
假冒身份诈骗	借助电话或者 QQ、微信等网络通信工具，冒充受害人的领导、亲友等身份，编造各种理由骗取钱财
网络购物诈骗	借助虚假购物网站发布虚假的商品销售信息，以所谓的“超低价”“走私货”“免税货”“违禁品”名义出售各种产品
网上中奖诈骗	借助电话、短信、微信等方式发送虚假中奖信息，以风险抵押金、税款、代办费等名义骗取钱财

安全提示

防范“消费返利”风险　谨防利益受损

工业和信息化部、公安部、商务部、中国人民银行、国家市场监督管理总局等部门提示：一些第三方平台打着“创业”“创新”的旗号，以“购物返本”“消费等于赚钱”“你消费我还钱”为噱头，承诺高额甚至全额返还消费款、加盟费等，吸引消费者、商家投入资金。此类“消费返利”不同于正常商家返利促销活动，存在较大风险隐患。

1. 高额返利难以实现

返利资金主要来源于商品溢价收入、会员和加盟商缴纳的费用，多数平台不存在与其承诺回报相匹配的正当实体经济和收益，资金运转和高额返利难以长期维系。

2. 资金安全无法保障

一些平台通过线上、线下途径，以“预付消费”“充值”等方式吸收公众和商家资金，大量资金由平台控制，存在转移资金、卷款跑路的风险。

3. 运营模式存在违法风险

一些平台虚构盈利前景、承诺高额回报，授意或默许会员、加盟商虚构商品交易，直接向平台缴纳一定比例费用，谋取高额返利，平台则通过此方式达到快速吸收公众资金的目的。部分平台还采用传销的手法，以所谓“动态收益”为诱饵，要求加入者缴纳入门费并“拉人头”发展人员加入，靠发展下线获取提成。平台及参与人员的上述行为具有非法集资、传销等违法行为的特征。

此类平台运作模式违背价值规律，一旦资金链断裂，参与者将面临严重损失。按照有关规定，参与非法集资不受法律保护，风险自担，责任自负；参与传销属违法行为，将依法承担相应责任。请广大公众和商家提高警惕，增强风险防范意识和风险识别能力，防止利益受损。同时，对掌握的违法犯罪线索，可积极向有关部门反映。

（资料来源：http://news.sohu.com/a/529196174_121106869，有改动。）

（二）虚假投资理财类诈骗

虚假投资理财类诈骗的受害人多为具有一定收入、资产的单身群体或热衷投资、理财、炒股的人群。诈骗分子的主要犯罪手法如下。

（1）诈骗分子通过多种渠道锁定受害人并骗取其信任。锁定受害人的方式包括通过社交软件寻找受害人并建立联系，发布股票、外汇等投资理财信息网罗目标人群，通过婚恋交友平台确定婚恋关系以骗取其信任，等等。

（2）在获得受害人信任后，诈骗分子采用冒充投资导师、金融理财顾问，或谎称有特殊资源可获得高额理财回报等方式，引诱受害人加入“投资”群聊、听取“投资专家”直播课、接受“股票大神”投资指导。

（3）诈骗分子将诱导受害人在其提供的虚假网站或 App 上投资，前期小额投资可获得返利，一旦受害人加大资金投入，就会发现无法提现或全部亏损，被诈骗分子拉黑，且相关的虚假网站、App 软件随之无法登录。

三、高校校园诈骗案件的防范

大学生要密切关注媒体报道和网络曝光的诈骗案件，全面了解各种作案手法，时刻牢记电信运营商通过短信推送的安全提示信息，以及银行和公安机关通过网站、公众号不定期发布的风险防范要点，经常提醒家人亲友提高警惕，避免财产损失。

（一）妥善保管个人信息

很多诈骗手段以获取受害人的隐私信息为先决条件和必经步骤，因此从源头杜绝隐私外泄至关重要。在非必要情况下，大学生不应向陌生人提供身份证号码、工作单位、家庭住址、职务等重要信息。大学生应保管好个人账户信息，不将身份证照片或号码保存在手机中。大学生在相关网站输入账号、手机号码、查询支付密码等重要信息前要谨慎核实域名真实性，不点击可疑链接，不连接来历不明的无线网络，不扫描非正规渠道获取的二维码，谨防钓鱼陷阱。大学生要安装正版手机安全软件，谨慎连接公共无线网络，避免手机被监听、泄密等风险，实现安全联网。

（二）加强账户安全管理

大学生要提高银行账户安全性，给自己的账户上好“锁”。大学生应保管好相关复印件、“睡眠卡”、交易流水信息。大学生与他人聊天内容涉及财物时一定要格外注意，平时使用 QQ 也需要格外注意安全。

（三）培养良好的支付习惯

大学生接到熟人通过短信、微信、微博、QQ、邮件、语音等形式发送的转账请求，或询问银行卡、网银密码等重要信息时，一定要通过视频或电话核实确认。当陌生人或长期失联的“熟人”要求汇款时，大学生须保持谨慎、多方求证，遇到可疑情况及时向公安机关、银行、电信运营商等机构咨询；确需向对方转账的，应尽量选择次日到账方式，事后再次核实；有异常的，及时申请撤销。如果大学生习惯使用移动端支付，应选择安全性较高的支付产品，并安装正版应用软件，同时避免在与移动端支付软件绑定的银行卡中存放过多资金。

（四）提高风险防范意识

受害人风险意识薄弱是多数电信网络诈骗最终得逞的直接原因，基本的防范措施即要做到不贪婪、不轻信。大学生要警惕网络上各类标榜“低投入、高收益、无风险”的投资理财项目，切勿盲目追求高息回报；不要随意在网络上办理贷款和信用卡，不交纳保证金，如有需要，请到正规的银行办理。

大学生不要轻信网络上的“高佣金”“先垫付”等兼职工作，不要轻信没有留固定电话和办公地址的招聘广告。另外，不要点击以色情图片、视频等为诱饵的诱导链接，否则会激活手机中的病毒，从而被远程盗取资金。

此外，大学生还应注意，近期国际电话、虚拟电话诈骗较多，这些号段来电时一定要提高警惕。

（五）做好事后补救措施

大学生一旦遭遇诈骗，应在第一时间拨打“110”报警，报警时应详细告知诈骗分子的银行账号、电话等相关信息，并及时申请撤销转账。中国人民银行规定，除向本人同行账户转账外，个人通过 ATM 机转账的，发卡行在受理 24 小时后办理资金转账，个人在 24 小时内可向发卡行申请撤销转账。

法律视角

《中华人民共和国刑法》对诈骗罪的规定

《中华人民共和国刑法》第二百六十六条规定：诈骗公私财物，数额较大的，处三年以下有期徒刑、拘役或者管制，并处或者单处罚金；数额巨大或者有其他严重情节的，处三年以上十年以下有期徒刑，并处罚金；数额特别巨大或者有其他特别严重情节的，处十年以上有期徒刑或者无期徒刑，并处罚金或者没收财产。

安全演练

防诈骗宣传

一、活动目的

提高学生安全防范意识，预防和减少诈骗案件。

二、活动实施

班级学生分组通过各种渠道了解以下信息：

（1）诈骗的手段有哪些？

（2）诈骗的典型案例有哪些？

（3）辨别诈骗的方法有哪些？

（4）遇到诈骗怎么办？

各小组将收集的信息制作成宣传文案并张贴在班级宣传栏中。

三、活动记录

活动记录如表 4-5 所示。

表 4-5　活动记录表

信息整理	
文案整理	
防诈骗小妙招总结	

任务三 强化网络贷款风险防范意识

课程导入

大学生网贷出借网友要不回 法官悉心调解助力双方和解

章某是一名在镇江上学的大学生，通过网络结识了远在辽宁的江某，不久，江某就以各种理由提出借款请求。出于善意，章某进行了出借。但借钱容易还钱难，每当章某催要欠款时，江某总是以“再借点，过几天一并偿还”为条件，要求章某继续出借款项，否则就不予回复。在不到一年的时间里，江某共向章某借款41笔，总金额达30000元。然而，章某来自贫困地区，本身经济条件一般，出借款项的大部分是从网贷平台贷款后再转借给江某，每天都要承担高额利息。章某因此十分焦虑，经多次与江某联系催促还款无果后诉至人民法院。

人民法院民一庭法官承办案件后，立即根据章某提供的电话与江某联系，然而江某的电话总是处于关机状态，邮寄的起诉状副本、开庭传票等材料也被退回人民法院。考虑到原告急须归还网贷平台贷款，而被告远在1000多公里之外，虽然案件采取公告送达方式能够办结，但是判决书的执行必然也困难重重。承办法官决定通过调解方式让当事人主动协商矛盾、自动履行还款事宜，真正定纷止争。

于是，法官多次主动添加江某的微信，在获得通过后，了解到江某是因大学毕业后，在创业阶段受骗损失数百万元才无法履行对章某的还款义务。之后，法官从情、理、法相结合角度出发，希望江某充分认识到章某暂时没有收入来源又要承担高额利息的困难，主动与其沟通、和解，分期分批归还欠款。同时，法官告知江某，如果江某拒不配合法院诉讼、执行相关程序，将会受到一定约束，如进行罚款并被列入失信人员名单等。法官经过一个多月的反复沟通，章某与江某达成了庭外和解协议。章某向人民法院邮寄了一份撤诉申请书，表示双方已经达成和解。

（资料来源：https://m.thepaper.cn/baijiahao_14435638，有改动。）

一、了解校园网贷

校园网贷可看作民间借贷的校园网络版，网站或App作为一个中介平台为资金提供方和需求方提供信息匹配，并对其身份及交易信息的真实性进行审查。

校园网贷多为 P2P（peer to peer lending）模式，就是由某个企业搭建网络平台，“你有钱，他要钱，我搭个台来撮合”。

法律视角

校园网贷的法律规定

根据《中国银监会关于银行业风险防控工作的指导意见》，网络借贷信息中介机构不得将不具备还款能力的借款人纳入营销范围，禁止向未满 18 岁的在校大学生提供网贷服务，不得进行虚假欺诈宣传和销售，不得通过各种方式变相发放高利贷。

校园网贷具有以下特点。

（一）与传统贷款业务相比，贷款手续简易

在很多贷款平台，学生只需要输入身份证号、学号、一卡通信息、学信网账号这些证明申请人的大学生身份的信息，以及父母、室友、辅导员的基本信息等资料，就会有后台工作人员通过电话来进行询问与核对，信息属实的，就可以拿到金额不等的贷款。从开始申请到贷款到账，可能只需要半个小时。

（二）表面利息低，实际利率高，且有高额的手续费用

有些平台除设置明面上的月利率外，还会增加一定比例的服务费和押金，押金从贷款中扣除，而一旦逾期不能还款，违约金与罚息的比例也非常高，有的平台会收取贷款金额的 0.5% 作为违约金，有的平台每天要收取所有未偿还价款总金额的 1% 作为违约金，还有少数贷款平台会收取贷款余额的 7%～8% 作为违约金。因此，即使最初的贷款数额并不很高，如果出现不能按期偿还的情况，最终本金加上利息、罚息、服务费和违约金，也可能是一大笔钱。

如果大学生确实存在贷款的需要，一定要去正规银行办理，理性消费，拒绝不良校园网贷。学校应正确引导学生理性消费，树立正确的价值观和消费观，进一步提高大学生网贷风险防范意识，认清不良校园网贷的危害，自觉远离不良校园网贷，促进安全、稳定、文明、和谐校园建设。同时，大学生要拒绝与自身经济条件和支付能力不相匹配的消费行为和消费观，警惕各种形式的“债务陷阱”。

安全提示

校园网贷诈骗套路知多少

套路一：以好处为诱饵，引诱贷款

诈骗分子以“给好处费”为诱饵，让大学生以自己的名义在网贷平台贷款，事后给大学生几百元至数千元不等现金作为“好处费”，承诺所有贷款均由自己来还，与

帮其贷款的大学生毫无关系，然而一旦贷款成功，便人间蒸发。

套路二：发布虚假广告，骗取押金

诈骗分子在搜索引擎上大量散布虚假网络贷款信息，待大学生搜索到该公司信息后与其联系，伪造贷款合同，要求大学生缴纳数千元的保证金，有的还会继续以信誉不足等为由，多次要求学生向其转账。

套路三：骗取学生信息，迅速转账

诈骗分子会先通过各种手段，如制作虚假贷款申请表获得大学生手机暂时使用权、银行卡以及个人信息，将银行卡与自己的微信、支付宝等绑定后再交还学生，并以该大学生名义在网贷平台多次办理大学生贷款，时刻关注到账信息，一旦到账迅速转移，随后销声匿迹。

套路四：谎称有“黑户”漏洞，套现分红

诈骗分子谎称大学生分期贷款可以操作为银行内部的“黑户”，不用还款。这种方式主要是让大学生分期贷款购买高端电子产品后再低价出售，套现后诈骗分子成功“分红”，事后贷款平台催大学生还款时，诈骗分子已不知去向。

套路五：额度小，期限短

“额度小”是为了迎合大学生的借款需求，“期限短”是为了间接提高贷款利息。从短期借贷的总利息看，不会很高，但是如果真正计算贷款成本，费用是非常高的，因为它还包括手续费及其他费用。若借款学生未按时还款，逐日累积，还款能力将受影响。

套路六：采用“砍头息”

给借款人发放借款时，贷款公司（或贷款平台）会从本金中扣除一部分钱，这部分钱就是“砍头息”。例如，甲借给乙 5 万元，但在付给乙钱时，甲会扣除 5000 元作为利息，也就是说，乙实际拿到手的钱只有 4.5 万元。

套路七：还不起款，给你介绍还款路径

若借款学生无法按时还款，放款人往往会主动为其介绍路径，而该路径就是向另外一家贷款公司借钱还上一家公司的欠款。这意味着借款人将签下更高额的欠款合同，易引发“连还贷”。少数大学生网络借贷后，拆东墙补西墙，债务越积越多，后患无穷。

套路八：规避法律风险做假流水

高利贷是不受法律保护的。为了规避这一风险，一些贷款公司先将承诺的款项打入借款人的账户，再让借款人取出来，从中取走一部分，借款人拿到手的钱并没有承诺的那么多，而实际还款金额却是承诺的借款数额。

套路九：贷款合同免责条款无本万利

校园贷款平台的服务协议中都有免责条款，明确有些情况是网贷平台不承担责任也不赔偿的。例如，电信设备出现故障不能进行数据传输的，黑客攻击、电信部门有技术调整或故障、网站升级、银行等原因造成服务中断或者延迟的。在实际操作中，网贷平台完全可以利用这些免责条款不承担应承担的责任。

（资料来源：https://www.bzzyjsxy.cn/s.php/baowei/item-view-id-12792. html，有改动。）

二、防范网络贷款陷阱的措施

随着信息技术的快速发展，一种新兴的金融贷款模式——网络贷款应运而生。网络贷款于2007年在我国上海最先出现，之后迅速传播到全国各地。大学生往往被其低门槛、宽审核的放贷程序所吸引，成为网络贷款的主体。

网络贷款的特点鲜明、方便快捷，但网络贷款自身经营存在缺陷、政府监督不力、社会信用体系不完善、消费者对网贷的认识不足等原因导致了诸多安全问题的出现。个人防范网络贷款风险可以从以下几点出发。

（一）树立正确的价值观和消费观

大学生要树立正确的价值观和消费观，养成诚实守信的美德，强化风险防范意识，拒绝盲目冲动消费。对自己的偿债能力，大学生应该有一个合理的评估，不盲目消费，不过度借贷，主动纠正超前消费、过度消费的行为及攀比等错误观念，树立合理消费、理性消费、适度消费的观念。在日常生活中，大学生应该问自己几个问题：我是否具备理性消费意识？这笔消费对我而言是必需且必要的吗？在规定的期限内，我是否能按时还款？我是否能承担逾期还款的后果？大学生应养成节俭及投资的习惯，如每个月存下一些钱，重要的不是能存下多少钱，而是养成一个终身受用的好习惯。

（二）提高个人信用意识

大学生应该提高个人信用意识，在向合法的借贷公司借贷后，要按时偿还所欠的贷款，重视个人征信档案的建立。大学生应主动学习并掌握一定的金融知识，合理规划消费和收入的关系，重视信用档案对个人进入社会发展后的影响。

（三）提高校园网贷辨识度

针对当前网络贷款平台，大学生应提高鉴别能力，对于那些贷款门槛低、利率低、贷款快的平台要警惕，不要有投机心理和侥幸心理，应通过查询网贷平台是否具有合法的注册资质、良好的经营状况或咨询公安机关是否有该网站的不良违法记录等途径来进行甄别。

安全演练

大学生财产安全防范

一、活动目的

通过本次活动，帮助大学生懂得珍惜自己的财产，具备财产安全防范意识。

二、活动实施

近年来，各类校园网贷、欺诈事件频发，引发了社会各界的广泛关注。一个个鲜活的案例暴露出部分在校学生金融知识缺乏、金融风险防范意识淡薄、消费理念畸形等问题。在这一背景下，请做好下列准备。

（1）收集“校园贷”与“套路贷”的概念，以及如何识破“套路贷”的套路和如何增强财产安全识别与防范能力等方面的知识。

（2）全班学生分组，利用网络或其他资源收集关于“校园贷”“套路贷”的相关案件，查询国家对于校园网络贷款业务的态度。每组选派一名代表将本组收集的信息展示出来，阐述“校园贷”“套路贷”的危害和解决方法，倡导大家树立正确的价值观和消费观。

（3）学生对此次活动中学到的知识进行总结，设计一份关于远离“校园贷”“套路贷”的海报。

三、活动记录

活动记录如表 4-6 所示。

表 4-6 活动记录表

<table>
<tr><td>姓　　名</td><td></td><td>班　　级</td><td></td><td>指导教师</td><td></td></tr>
<tr><td>小组成员及分工</td><td colspan="5"></td></tr>
<tr><td rowspan="4">知识整理</td><td>“校园贷”与“套路贷”的概念</td><td colspan="4"></td></tr>
<tr><td>如何识破“套路贷”的套路</td><td colspan="4"></td></tr>
<tr><td>如何增强财产安全识别与防范能力</td><td colspan="4"></td></tr>
<tr><td>其他知识</td><td colspan="4"></td></tr>
<tr><td>相关案件整理</td><td colspan="5"></td></tr>
</table>

续表

国家对校园网贷的态度	
“校园贷”“套路贷”的危害和解决方法	
我的海报	
活动感悟	

任务四 远离赌博

课程导入

几名大学生设赌局被判刑

几名大学生设赌局行骗，最终结局当然是法网难逃。某区人民检察院受理了一起与赌博（得州扑克）有关的案件，经审查后，依法对涉案人员提起公诉。

1. 案情简介

叶某、李某和徐某是朋友、室友，三人同为“90后”且都喜欢打得州扑克，出于营利的目的，三人共同约定好通过作弊的手段赢取他人赌资，结算后平分。

徐某联系了同学黄某和王某二人作为赌局的荷官，负责洗牌发牌、清点筹码等工作，又同叶某、李某一起邀请身边的朋友至其共同住所，以玩得州扑克的方式多次聚众赌博，并在赌局内使用作弊工具赢得大额赌资。

2. 作弊手法

据检察官介绍，作弊工具包括外观酷似白色充电宝的扫描仪、遥控器、微型耳机和手机。

赌局开始前，叶某会事先佩戴好微型耳机，将手机连接扫描仪，等到赌局开始后，叶某打开扫描仪扫描对手的手牌，数据经由遥控器传回手机，手机将数据分析的结果通过耳机播报给叶某。

叶某得到分析结果后，便根据自己手牌的大小选择大量下注、小量下注或者是弃牌，李某和徐某通过判断叶某的操作以及彼此间互相使眼色的方式得之叶某及对手手牌的情况，从而达到配合叶某赢取赌资的目的。

3. 涉赌人员被警方抓获

叶某等三人开设的是高端赌局（赌局最低下注额更高或者无限制，赌局的输、赢金额比起一般赌局要大许多），一次作弊就能赚数万元，甚至十几万元，因此隔三岔五就呼朋唤友上门打牌。

小区内经常有陌生人频繁出入叶某等人开设的“赌场”，这样的异常情况引起了小区居民和管理处的注意。

没过多久，当地公安机关便接到相关举报，通过侦查确认了叶某等人聚众赌博的犯罪事实，当场将一众涉赌人员抓获。

4. 五名被告均被判刑

经审理查明，犯罪嫌疑人叶某、李某和徐某三人在 2021 年 10 月至 11 月多次聚众赌博，且三人通过作弊获利超 17 万元。

受邀作为荷官的黄某和王某，两人数次参与赌博，多次分别收受服务费 3000～5000 元不等。经核实，两人对叶某、李某和徐某的作弊行为并不知情。

归案后，叶某等五人如实供述自己的罪行，认罪认罚，叶某、李某和徐某三人亦主动退赔诈骗所得金额。

此案经人民法院一审审理，判决如下：

被告人叶某、李某和徐某犯赌博罪、诈骗罪，数罪并罚，分别执行有期徒刑三年，并处罚金人民币五万元；被告人黄某犯赌博罪，系从犯，判处拘役五个月，并处罚金人民币 5000 元；被告人王某犯赌博罪，系从犯，判处拘役四个月，并处罚金人民币 3000 元。

值得一提的是，该案中的五名涉案人员都是二十来岁的年轻人，也都是接受过高等教育的大学生。

（资料来源：https://baijiahao.baidu.com/s?id=1752348000085168966&wfr=spider&for=pc，有改动。）

一、赌博的概念

赌博是指以获取非法收入为目的，聚众进行以财物做抵押，就偶然的输赢决定财物所有权的行为。传统的赌博形式有麻将、扑克、骰子、投掷硬币、抽彩券、宾果游戏等。随着互联网的高速发展，花样百出的互联网赌博让人防不胜防。网络赌博比传统赌博更隐蔽便捷、更容易吸引民众参与，不受空间限制，参与人员广，涉赌资金多，社会危害更大。

二、赌博的危害

赌博会严重损害身体健康。赌博活动与金钱、财物的得失密切相关，会导致参与赌博者精神高度紧张，长此以往就会诱发严重的失眠、精神衰弱、记忆力下降等症状。

赌博会使学习成绩下滑。大量事例证明，参与赌博的大学生都会出现不同程度的学习成绩下降，而且陷入赌博活动的程度越深，学习成绩下降得就越严重。

赌博会严重影响人际关系。大学生长期进行赌博，昼伏夜出，无心与家长、老师、同学交往，长此以往，必然严重影响师生间的人际关系。

赌博会助长不劳而获的习气，久而久之会使人的人生观、价值观发生扭曲，容易诱发各种违法犯罪，危害社会治安。

三、常见的网络赌博方式

互联网技术和智能手机的普及颠覆了传统的赌博方式，利用互联网平台以娱乐、游戏等方式进行赌博的新型赌博活动开始出现。大学生群体对网络游戏好奇心强，但缺乏社会阅历，常常成为不法分子瞄准的对象。因此，大学生一定要认清赌博的本质，避免掉进不法分子精心设计的陷阱。

（一）利用微信红包组织赌博

微信红包功能一经推出，便迅速受到微信用户的喜爱，春节向亲朋好友发微信红包已成为一种时尚。但是，一些不法分子利用人们好奇心强、想暴富的心理，通过红包功能组织赌博，微信红包成了网络赌博的载体。参加微信红包赌博的人必须经群内好友推荐，并交纳一定数额保证金才能参与游戏。最常见的微信红包赌博就是以抢红包的方式骗人入局。红包分普通等额红包和拼手气红包。依据拼手气红包的随机性和开放性，不法分子钻营各种赌博游戏，手法也不断翻新。在微信红包赌博中，通常由发起者建立赌博微信群并制定赌博游戏规则，以对群成员参与赌博实施严格控制。其实，微信红包赌博跟其他网游一样，"外挂""免死"总是如影随形。如果大学生被莫名其妙地拉进陌生微信群玩"红包接龙"游戏，一定要提高警惕，以免深陷其中，难以自拔。

身边新闻

4 人涉嫌开设赌场罪被刑拘

微信红包本是亲友间娱乐、沟通的一种方式，但一些不法分子竟将其当成了赌博的工具。2022 年 2 月，长沙市公安局雨花分局成功打掉一个通过微信群组织开展微信红包接龙的新型赌博团伙，抓获涉案人员 11 名，扣押涉案手机 12 台，查实涉案金额 80 余万元。

2022 年 2 月，长沙市公安局雨花分局跳马派出所接群众举报：有人在微信群内组织“红包接龙”进行赌博，数额较大。

经查，以文某为首的 4 名犯罪嫌疑人组织不特定参赌人员，开设多个微信群，进行“红包接龙”赌博活动。该团伙分工明确，有的负责拉人进群，有的负责群管理，有的负责游戏规则的制定发布。根据事先制定的游戏规则，团伙一名成员为微信群群主，每次在赌博开始时由群主首先发 99 元的红包，数量 5 个，抢得金额最少的参赌人员以此接力，群主有“免死”权，首发一次红包之后，可只抢不发，以此来从中获利。为避免群内参赌人员不按规则赔付，犯罪嫌疑人还特别设立了一个监控账号，并对每名参赌人员收取 99 元的押金。

雨花分局已对涉嫌开设赌场罪的文某等 4 名犯罪嫌疑人采取刑事拘留措施，对参与赌博的王某等 7 名违法嫌疑人予以行政处罚。

近年来，网络赌博手法不断翻新，花样越来越多，金额越来越大。雨花公安提醒：微信“抢红包”变相赌博，无论赌法怎样变，其目的都是引诱那些妄想通过赌博、不劳而获的赌徒上钩，结局都是越陷越深。群主纠集成员进行“抢红包”赌博，涉嫌开设赌场犯罪，群成员“抢红包”涉嫌赌博违法。希望广大群众自觉抵制并远离网络赌博，一旦发现此类抢红包赌博群，可以直接进行投诉、举报。

（资料来源：https://baijiahao.baidu.com/s?id=1725703003424365598&wfr=spider&for=pc，有改动。）

（二）利用网络游戏开设赌局

全球网络游戏产业飞速发展，在推动社会经济增长的同时，也为网络赌博提供了发展空间。一些不法分子利用网络游戏平台进行赌博，常见于一些棋牌类游戏中。玩家需要用真金白银购买“豆豆”“金币”“游戏币”等虚拟货币与其他玩家对赌。例如，2020 年 8 月，石嘴山市平罗县警方成功破获一起特大网络赌博案，全国涉案参与赌博人员 5 万余人，涉案资金 3500 余万元。该案的主要犯罪嫌疑人于 2018 年注册成立某网络科技有限公司，主要从事网络游戏开发运营。2018 年底，公司聘用游戏开发人员先后开发了“黄河娱乐”“逍遥娱乐”等 8 款棋牌手游，后将 8 款手游交与一个运营团伙，该运营团伙通过微信朋友圈发布推广链接、人传人、拉人头等方式发展、拉拢代理和玩家，利用棋牌手游从事网络赌博，赌资通过微信红包等方式进行结算。

（三）利用网络彩票开设赌局

网络彩票是利用网络直接参与博彩的一种彩票，参与博彩属于违法行为。很多流行的网络彩票是私彩、黑彩，通过境外服务器操纵赌博过程。这种彩票鼓吹赚钱快捷，设立的奖金也高于正规彩票，在其后台程序控制下彩民最开始均有收益，而后就一直亏损。我国的彩票发行是由财政部审批，民政部、国家体育总局下设的彩票管理中心组织发行，一般是以实体门店方式进行销售。互联网兴起后，一些彩票发行机构和实体门店通过互联网终端销售彩票，销售金额突飞猛进。但互联网销售彩票存在诸多问题，自 2015 年以来，已经被财政部等严厉禁止。

身边新闻

北海侦破一起特大网络赌球案

2022 年 11 月 29 日，北海市公安局铁山港分局侦破了一起特大网络赌球案，刑事拘留 9 名嫌疑人。这也是卡塔尔世界杯开赛以来，北海市破获的首起赌球案件。

据了解，该网络赌博团伙利用不同赌球网站对一场球赛同一盘口下的赔率差距，通过“找料（内幕）”对一场球赛的“盘口”赔率分别进行投注，从而赚取“水位”差。这种网络赌球方式又称“打水”，即赌足球赛事时利用不同赌球网站对一场球赛同一盘口下的“水位（赔率）”差额，通过在网上“找料”对一场球赛的“盘口水位”分别进行投注，从而赚取“水位”差的投注方法。经查，该团伙于 2022 年 2 月开始从事网络赌球“打水”活动，累计投注金额达 1000 余万元，非法获利 200 余万元。

“足球世界杯拥有众多的球迷，每届世界杯都有人利用这个机会从事赌博活动，非法获利。”专案组办案民警介绍。2022 年 11 月下旬，铁山港分局对辖区开展线索摸排时，发现有人利用赌博网站进行赌球且资金流水巨大。了解情况后，该分局立即联合相关部门抽调精干力量成立专案组开展侦查。专案组克服时间紧、赌博网络信息庞杂、涉案人数众多、人员分散等困难，线上线下同时行动，全面掌握了以陈某为首的特大网络赌博团伙犯罪事实。基本摸清了该团伙从 2022 年 2 月开始就通过互联网网站的形式开设赌场组织赌球活动，并摸清了该团伙在北海、南宁两地的详细人员信息、组织架构、开设赌场窝点及活动规律。

专案组加大侦查力度，线上线下密切配合，结合网上综合信息研判，最终成功发现该团伙重要成员陈某等人每天在南宁市某住宅小区内操作发放赌博账号、核实投注金额以及具体操作网络赌博“打水”的活动情况。

根据侦查掌握的情况，铁山港警方专案组充分研究案情，兵分两路分赴北海、南宁两地开展摸排侦查，伺机实施抓捕。11 月 29 日 23 时许，收网时机成熟，两组人员统一开展收网抓捕行动，抓获了陈某等9名犯罪嫌疑人，当场缴获电脑、手机等作案工具以及涉案账本、现金、银行卡等物证书证一批。

“我以为开设的信誉账号不需要充值就可以下注的方式很安全，没想到还是被你们找到了。”经审讯，陈某如实供述了网络赌球的犯罪行为。陈某交代，从2022年2月开始，他纠集了叶某等8人，按照“找料”“操盘手”“找网”等分工组成团伙进行网络赌球。他负责通过从赌球网站寻找“信誉庄家”开设信誉账号，随后将开设的账号交给“操盘手”，“操盘手”根据他在网络等渠道“找料”进行下注买球，等球赛结束后再跟庄家结算赌资从而获利。

陈某等9名犯罪嫌疑人已被公安机关依法刑事拘留。

（资料来源：http://k.sina.com.cn/article_1926394011_72d2709b01901bcz2.html，有改动。）

四、筑牢预防赌博的防线

筑牢预防赌博的防线需要多方合作，人人都是禁赌宣传官，只有全民共同禁赌治赌，才能共享绿色健康的网络环境。

（一）优化家庭环境

家长要充分认识家庭教育的重要性，树立正确的教育观、亲子观、成长观，营造良好的家庭氛围，增强家庭的凝聚力。要做到要求上宽严适度、目标上难易相当、方法上循序渐进，不要给孩子太大的压力，但也不要对其不管不顾，任其“自由发展”。

（二）创造良好校园环境，充分发挥学校安全教育的主导作用

学校和教师应牢固树立以人为本的思想，真正做到一切为了学生。开展多样化的心理健康活动和文娱活动，让大学生保持该有的年轻活力。针对当前高校学生的思想道德水平和法律知识水平适当开班授课，使学生树立正确的世界观、人生观和价值观。学校管理部门要切实做到优化学校周边环境，确保学生安心学习，切实保障学生生活。

（三）建立和谐社会环境，确保大学生健康学习生活

在优化社会环境方面，要做到严肃管理和严肃处置相结合，动之以情与严惩不贷相结合。相关部门要充分发挥职能，对涉及赌博的场所及行为依法予以严厉打击。要加强文化市场监管，坚决查处传播赌博的出版物，坚决查处含有诱发青少年赌博的有害游戏软件产品等。

（四）树立健康的世界观、人生观和价值观

“千里之堤，溃于蚁穴。”所有的赌徒心理都是从开始的“玩一玩”逐渐升级为“赌

瘾”的。大学生要正确认识自我，从根本上意识到赌博对身心的危害，确立远大的人生目标和正确的人生方向，从思想上筑牢抵御赌博侵害的保护墙。

大学生应积极参加健康向上、丰富多彩的活动，充实自己的业余生活，提高自己的生活品位，在感到忙碌和充实的时候，自然而然就不会对赌博等有害行为产生兴趣。在任何场合和情况下，都坚决不参加任何形式的赌博活动。发现身边的亲戚朋友参与赌博时，也要从关心的角度出发，采取适当的方式进行劝阻，无效的话，可上报学校或相关部门。

身边新闻

一名大学生充当网络赌博平台代理被判刑

“走上这条路是自己的法律意识太淡薄了，我作为一名大学生，没有认真去了解法律，才会走上违法犯罪的道路，希望我能作为一个反面教材来警示大家……无论是赌博还是拉人赌博，都是违法犯罪，害人害己。”这是来自被告人蒲某某在庭审中的最后陈述。三穗县人民法院以开设赌场罪判处被告人蒲某某有期徒刑3年，缓刑3年，并处罚金人民币5000元。

据悉，被告人蒲某某出生于1995年，从小成绩优秀，2014年以优异的成绩考上大学。在偶然中，被告人经他人介绍了解到网络赌博平台网站，并在网站上参与赌博。在知道做网站代理可以获取提成后，从2018年11月8日开始，蒲某某注册成为“亚博”网络赌博平台的代理，并通过微信群发展黄某某、盘某某等人成为会员在“亚博”网络赌博平台上参与赌博。经统计，其在担任代理期间发展的会员参赌资金达157185.81元，从中获利40736元。

法院经过审理认为，被告人蒲某某以营利为目的，担任赌博网站代理并参与赌博网站利润分成，情节严重，其行为已构成开设赌场罪。鉴于被告人归案后如实供述其犯罪事实，并自愿签署认罪认罚具结书，且其家属代为退回违法所得，故对其从轻处罚。综合蒲某某的犯罪事实、性质、情节以及对社会的危害程度，遂做出如上判决。

（资料来源：https://m.thepaper.cn/baijiahao_17003798，有改动。）

安全演练

开展关爱身心健康，远离赌博活动

一、活动目的

营造健康、文明的校园环境，促进学生文明生活、健康生活，避免学生因为不良诱惑而误入歧途。

二、活动实施

全班学生分组分派任务，按照以下几个方面的问题进行材料收集与整理：

（1）赌博的危害有哪些？

（2）常见的网络赌博方式有哪些？

（3）目前有哪些新的赌博方式？

三、活动记录

活动记录如表 4-7 所示。

表 4-7 活动记录表

问题答案	
活动感悟	

项目五 遵守交通规则，安全文明出行

课前思考

交通事故是造成大学生伤亡的主要原因之一。随着经济和交通的发展，大学生交通安全客观形势严峻，而且大学生的交通安全意识淡薄。因此，大学生应树立正确的交通安全意识，了解相关的交通安全常识，正确掌握交通事故中的救助方法，最大限度地防范交通事故的发生，减轻交通事故的伤害。

请思考：

（1）你目睹过校园交通事故吗？

（2）目前大学生交通安全面临哪些问题？

（3）大学生需要掌握的交通安全常识有哪些？

（4）发生交通事故后，大学生该如何自救？

学习指南

（1）了解大学生交通安全面临的主要问题，整理常见的大学生交通事故类型。

（2）掌握交通安全常识，学会报警电话的使用方法。

（3）树立交通安全意识，能够在交通事故中自救和互救。

任务一 了解大学生交通安全

课程导入

两学生夜骑单车一死一伤

2021 年 6 月 26 日晚 8 时左右，袁先生正在岳麓山锻炼，忽然听见从山顶传来连续不断的铃铛声，抬头看时，只见一辆自行车载着两个人逆着人流从眼前划过，人们赶紧散开，生怕被撞。

自行车在下坡过程中通过一个曲折的弯道时，因急拐而突然失控，直接往前冲出路面，两名年轻男子瞬间被甩了出去，碰撞到道路右侧的绿化树后摔下斜坡。

两名男子都是湖南某学院的学生，骑车的男子姓汪，经医院抢救无效于当日死亡。坐在后座的男子姓黄，是汪某的大学室友，在事故中受了伤。

黄某后续描述说："我骑过汪某的自行车，感觉刹车效果不好，他自己也知道车闸有问题。岳麓山的路比较陡，弯度也大，我们也知道不能骑自行车，但是想寻求刺激，于是在下山时就抱着侥幸心理骑一段感受一下。"他还说："我们要是戴头盔会好点吧。"

经司法鉴定，事故发生时汪某骑行的两轮自行车的车把未发现异常，但是自行车的车闸不符合标准要求。

岳麓区交通警察大队认定汪某的行为违反了有关规定，是发生此次事故的根本原因，应负此次事故的全部责任。

（资料来源：https://3g.163.com/dy/article/HCTHS47G0553E1FJ.html，有改动。）

一、交通安全的概念

交通安全是指人们在道路上进行活动、玩耍时，要按照交通法规的规定，安全地行车、走路，避免发生人身伤亡或财物损失。交通事故不仅造成大量人员伤亡，给无数家庭带来不幸，还严重影响经济发展和社会稳定。每一名大学生都应该学习和了解交通法规与交通安全常识，增强自我保护意识，严格遵守交通法规，规范交通行为，防止和杜绝交通事故的发生。

二、大学生面临的交通安全问题

交通运输业的迅速发展，在方便人们生活的同时，也带来了交通安全问题。目前，大学生交通安全存在以下几个问题。

（一）交通安全客观形势严峻

近年来，随着经济的发展、汽车数量的急剧增加，道路交通日趋复杂，交通事故时而发生。我国成为世界上交通事故严重的国家之一。

1. 校园及周边车辆日益增多

交通运输业的发展和私家车的普及使校园周边道路安全环境日益恶化。高校日益开放，与社会的互动日益频繁，使得校园内的人流量、车流量急剧增加。许多高校教师开始用私家车代步，电动自行车更是普遍，而学生也经常骑车上课，甚至开车上课。这些不断增加的车辆虽然给人们的出行带来了便利，但是也带来了极大的安全隐患。

2. 高校内外交通环境复杂

学校内外不尽如人意的交通环境是引发大学生交通事故的客观原因之一。从高校的地理位置看，大多数高校设在交通便利之处，路上车水马龙，往来行人络绎不绝，学生的交通安全成了突出问题。校内道路建设、校园交通管理也滞后于高校的发展，其突出表现为校园道路比较窄，交叉路口没有设置信号灯，无交通管理人员。再加上校园内人员居住集中，上下课时容易形成人流高峰，高校的交通环境日益复杂，交通事故频发。

（二）部分机动车驾驶员素质低下

机动车驾驶员作为道路交通安全管理的基础和源头，其素质的高低直接决定了道路交通事故的发生率。但是，随着机动车驾驶员队伍的日益壮大，部分驾驶员素质低下的问题日益凸显。有些驾驶员法律意识淡薄，安全观念不强，违法违规开车现象严重。公安部曾指出，机动车驾驶员违法是交通事故的主要原因。

身边新闻

疲劳驾驶出事故

2023 年 2 月 13 日 6 时 50 分许，一辆赣 F73201 重型半挂牵引车 / 赣 F270D 挂车，行至 G93 成渝环线高速公路 522.9 千米重庆往泸州方向路段处（四川合江境内），冲破中央隔离护栏与对向车道行驶的四川牌照小型普通客车（核载 7 人，实载 6 人）发生碰撞，造成小型普通客车上 6 人死亡。

经初步调查，2 月 12 日 5 时许，肇事车运送韵达快递货物从广东揭阳埔田收费站进入高速公路，经广西、湖南、贵州、重庆前往四川自贡，驾驶人涉嫌疲劳驾驶，已被警方控制。

（资料来源：https://www.igfntx.com/9302.html，有改动。）

法律视角

交通肇事罪

根据《中华人民共和国刑法》第一百三十三条规定：违反交通运输管理法规，因而发生重大事故，致人重伤、死亡或者使公私财产遭受重大损失的，处三年以下有期徒刑或者拘役；交通运输肇事后逃逸或者有其他特别恶劣情节的，处三年以上七年以下有期徒刑；因逃逸致人死亡的，处七年以上有期徒刑。

（三）大学生交通安全意识淡薄

不管是在校内还是在校外，发生交通事故主要的原因之一是思想麻痹、安全意识淡薄。大学生掌握的交通安全知识不足，自我约束能力较差，随意横穿公路、不走人行横道、不按交通信号灯通行等现象时而发生。特别是在学校周边，部分学生凭着“人多力量大”，无视交通法规。例如，大部分高校门前都有一条交通主线，上下课时间学生成群结队经过路口，部分学生不管红绿灯，只要有空隙就穿行而过。少数学生成群闯红灯，致使驾驶员无法按照交通信号灯通行，只能与穿行学生互相争道。这种双方都不遵守交通规则的状况，极容易导致交通事故的发生。一旦发生事故，穿行于车辆中间的学生便成为最大的受害者。

三、常见大学生交通事故的类型

（一）步行被交通工具碰撞

不少大学生交通安全意识薄弱，步行时不注意查看往来车辆，而是追逐打闹，或者左顾右盼、心不在焉，甚至边走路边看书，抑或戴着耳机听音乐。在这样的情况下，极易被机动车或非机动车碰撞，导致交通事故。

1. 步行被非机动车碰撞

目前，在城市里，自行车和电动自行车仍然是人们的主要交通工具。在上下班的高峰期，道路拥挤，行人被自行车或电动自行车碰撞的现象时有发生，特别是电动自行车，已经成为事故多发车型，因行驶速度快、制动性能较差而被称为“马路杀手”。大学生无论是在校内还是在校外，走在人行道上，都要注意前后车辆，防止被撞伤。

2. 步行被机动车碰撞

机动车是交通事故中对大学生危害最大的车辆。此类车“杀伤力”较大，一旦发生交通事故，受害者的伤残率和死亡率都极高。无论是在校内还是在校外，大学生都要遵守交通规则，树立交通安全意识，积极防范交通事故的发生。

（二）搭乘交通工具发生事故

大学生离校、返校，外出旅游，社会实践，寻找工作等都要乘坐各种长途或短途的交通工具。大学生乘坐交通工具发生交通事故的情况时有发生，有时甚至造成群体性伤亡，教训深刻。

（三）驾驶交通工具发生交通事故

1. 驾驶非机动车辆发生交通事故

近年来，骑自行车的学生越来越多，楼前、楼后一排排的自行车成为高校校园的一道风景。随之而来的是非机动车交通事故的增多。一些学生骑车时不遵守交通规则，横穿马路，强行超车，甚至在骑车途中互相追逐，比谁速度快，遇上道路拥挤、车辆多、行人多、路面滑，就难免发生交通事故。另外，有些学生的自行车车闸损坏或车铃不响也是发生事故的一大原因。

2. 驾驶机动车辆发生交通事故

开车已经成为很多在校大学生希望掌握的一项技能。但是，有些学生驾车时间短、缺少经验，一旦遇到紧急情况就六神无主、手忙脚乱，很容易导致交通事故。有的学生违规驾驶、酒后开车，或翻车造成驾驶员和乘车人死伤，或撞死撞伤行人，或与其他车辆相撞，引发交通事故。

安全演练

开展身边交通情况调查

一、活动目的

了解交通安全基础知识及周围环境，分析交通状况，树立交通安全意识。

二、活动实施

调查自己身边的交通情况，并根据观察、收集的信息完成表 5-1。

表 5-1　我身边的交通情况调查

时　　间		地　　点		调查对象	
交通情况	交通工具				
	拥堵时段				
	交通秩序				

续表

拥堵原因	
改善意见	

任务二 学习交通安全常识

课程导入

飞机坠毁事件

2022 年 3 月 21 日，东方航空云南有限公司波音 737-800 型 B-1791 号机执行 MU5735 昆明至广州航班，在广州管制区域巡航时，自航路巡航高度 8900 米快速下降，最终坠毁在广西壮族自治区梧州市藤县埌南镇莫埌村附近。飞机撞地后解体，机上 123 名旅客、9 名机组成员全部遇难。

（资料来源：http://www.news.cn/politics/2022-04/20/c_1128578339.htm，有改动。）

交通事故频繁发生，是由人、车、路、环境和管理等多种道路交通因素造成的。其中，人为因素导致交通事故的比例最大。驾驶员、乘车人、骑车人、行人等的不当行为成为引发交通事故的重要原因。大学生应了解交通安全常识，从自身做起，积极防范交通事故。

一、行路安全常识

步行是人类基本的活动方式之一，是交通系统中必不可少的交通方式，是短距离出行的主要选择。在步行时，尤其要注意安全，防范意外事故的发生。

步行外出时，要注意行走在人行道内，在没有人行道的地方要靠路边行走。横过马路时，须走过街天桥或地下通道，若没有过街天桥和地下通道，应走人行横道。在马路上行走，不要边走路边看书，要注意观察来往车辆。在没有人行横道的地方过马路时，要注意来往车辆，不要斜穿、猛跑。通过十字路口时，要听从交通警察的指挥并遵守交通信号。在设有护栏或隔离墩的道路上，不得横过马路。不要进入高速公路行走。

安全提示

远离大货车

因为大货车驾驶员存在视觉上的盲区，所以在通过路口时千万不要抢先超越正在转弯的大货车，应尽量与大货车保持足够远的安全距离，越远越好，不要为了一时之快与之抢行。此外，超载大货车很容易在急转弯中失控，万一发生侧翻，后果不堪设想。大货车行驶盲区如图 5-1 所示，A、B、C 区为半盲区，D、E 区为全盲区。

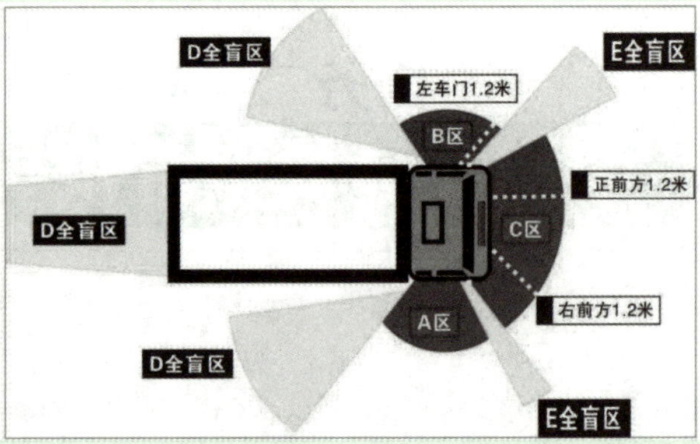

图 5-1 大货车行驶盲区

（资料来源：作者整理。）

另外，大学生在行走中要格外注意高空坠物。在日常生活中最好养成一个习惯：尽量不在高楼下方走。必须通过时一定要多留心，先观察楼上有没有悬挂危险物，如果有悬挂危险物，要避开行走或加快速度通过，不徘徊，不停留。要贴着墙根行走，因为高空坠物的运动轨迹是一条抛物线，靠着墙根一般不会被砸到。大风天是高空坠物的高发期，高楼上可能会有物品被风刮落，因此建议大风天尽量避免出行。

二、乘坐交通工具安全常识

（一）乘坐公共汽车安全常识

公共汽车是大学生出行的重要交通工具。在乘坐公共汽车时，要注意做到以下几点。

（1）待公共汽车停稳后先下后上，依次上车。如果人多拥挤，最好等候下一班车。不要跟着进站车辆奔跑。

（2）不在未征得驾驶员同意的情况下，随意直接从后门上车，如果此时正值驾驶员准备关闭车门或发动起步，极易发生车门夹伤等事故。

（3）在上车过程中，将携带的包裹置于胸前，以免被挤掉或被车门夹住。携带物品时不把物品放在妨碍车内乘客通行的位置，以免出现突发情况时给车内乘客逃生造成障碍。

（4）在车辆行驶中，不和驾驶员闲谈，防止分散驾驶员的注意力。严禁抢夺驾驶员的方向盘，强行下车。不将头和手及身体的其他部位伸到车窗外面。

（5）坐着的乘客保持坐稳姿态，不在车辆行驶过程中随意更换座位，以免意外受伤。站立的乘客抓好扶手，不站立在车门的禁止站立区域。携带背包的乘客将包放置在身前，注意包内物品，防止散落。不在车内追逐、打闹，禁止吸烟。

法律视角

妨害安全驾驶罪

2020 年 12 月 26 日第十三届全国人民代表大会常务委员会第二十四次会议通过了《中华人民共和国刑法修正案（十一）》。在《刑法》第一百三十三条之一后增加一条，作为第一百三十三条之二：对行驶中的公共交通工具的驾驶人员使用暴力或者抢控驾驶操纵装置，干扰公共交通工具正常行驶，危及公共安全的，处一年以下有期徒刑、拘役或者管制，并处或者单处罚金。

（二）乘坐长途汽车安全常识

乘坐长途汽车除了要具备乘坐公共汽车应该具备的安全常识外，还应注意以下几点。

1. 乘坐安全车

乘坐长途汽车时，应该到当地长途汽车站买票坐车。不乘坐无牌无证（未依法注册登记）车、报废车、非法营运车（如“摩的”和三轮车等）、低速载货汽车、拖拉机、超速车、超员超载车和驾驶员酒后及疲劳驾驶的车辆，这几类车辆缺乏安全保障，一旦发生事故，很难挽回损失。

2. 忍住困倦不睡觉

乘坐长途汽车一般时间较长，在不断的颠簸之下，乘客极易困倦，一会儿便昏昏睡去。此时若驾驶员遇到紧急情况突然刹车，巨大的惯性可能会给乘客造成伤害。因此，大学生在坐长途汽车时要忍住倦意、打起精神，注意观察前方情况。

3. 系好安全带

安全带是降低交通事故损害程度的一种切实有效的装置。大学生在乘坐汽车时，要尽可能坐在有安全带的座位并系上安全带。

身边新闻

安全带的重要性

2021 年 11 月 6 日 7 时 20 分许，李某驾驶大型普通客车载 6 名乘客，沿洛阳市伊滨区科技大道由西向东行驶至薰衣草庄园门口处时，追尾正在等待信号灯放行的孔某某驾驶的重型半挂牵引车。该起交通事故造成6名乘客受伤，两车不同程度受损。在该起交通事故中，大客车内的6名乘客均未系安全带，导致自身不同程度地受伤。

（资料来源：https://www.sohu.com/a/524960469_121118801，有改动。）

另外，下车时也要提高警惕。在汽车还没有停稳时，不要急于从正在行驶的汽车上跳下，以免发生意外，必须等车辆停稳后再顺序下车。下车时，不要拥挤，先看车门左右有无来车，以免发生事故；下车后，不从车前横穿马路。乘坐的大客车发生故障或交通事故时须在车行道停车，车上乘客应迅速离开车辆和车行道，到安全地点等待。

（三）乘坐网约车安全常识

网约车的出现改变了人们传统的出行方式，也在改变人们的生活方式。在互联网的支撑下，网约车的确整合了资源，充分弥补了公共交通的不足，从某种程度上来说，确实有利于服务人们。但是，由于监管力度不够、网约车平台自身缺陷等因素，网约车同样存在一定的风险性。在乘坐网约车时，大学生需要注意以下几点。

（1）上车前，一定要核对车辆信息，包括车辆的型号、颜色、车牌号，并且将信息告知自己的紧急联系人。如果实际信息和订单信息不符，应拒绝搭乘。

（2）一定要告知亲友自己大概的乘车路线，并随时保持联系。

（3）提前查看行程的大概路线，随时注意驾驶员的行驶方向。在要求驾驶员按照导航驾驶，避免绕路的同时，自己也要打开手机导航软件，确保路线一致。如果发现驾驶员绕路，应及时反映给驾驶员或者立即取消订单要求下车。

（4）车程较长或目的地偏僻时，一定要给家人或朋友打电话，告知亲友车辆信息。尽量找男性朋友电话聊天，可以将聊天的语音、电话或视频的声音外放并提及路程的实际情况。

（四）乘坐火车安全常识

火车是人们出行的主要交通工具。由于票价相对便宜，安全性较高，因此成为很多长距离出行者的首选。乘火车时，大学生应注意以下几点。

（1）等车时，要遵守车站秩序，听从值班人员安排，不可因时间紧而穿行铁轨走近路，更不可钻车、跳车。

（2）列车进站时，要退离到安全线之外。列车没有停稳时，不要往前拥挤，以免被火车卷到站台下发生事故。

（3）火车开动时，送行者要退到安全线之外，更不可为了与车上的亲友握手、送东西等随车向前跑动。

（4）火车开动后，不要站在车辆连接处，以免火车突然转弯或晃动被挤伤、夹伤；不要将头、手伸出窗外；不要向车外抛物，谨防伤害车外的人；倒开水时不能倒得过满，以免火车晃动而溅出伤到人；较重的物品、锐器、杆状物品、玻璃制品要放在座位下面，以免砸到、扎到乘客。

安全提示

这些物品可以带上火车吗?

1. 鱼

鱼、虾、蟹、贝、软体类水产动物作为食品且经封闭箱体包装的，可以随身携带。

2. 自酿酒

白酒包装密封完好、标志清晰且酒精体积百分含量大于或者等于 24%、小于或者等于 70% 的酒类饮品累计不超过 3000 毫升，可以带上火车。注意散装类酒水（如散装白酒、自制米酒等）不能通过安检进站上车。

注意：酒精浓度大于 70% 的酒类饮品属于易燃易爆物品，禁止托运和随身携带。

3. 家里的宠物

宠物狗、宠物猫、乌龟、仓鼠、金鱼等活体动物均不可以携带进站乘车。

注意：除了持工作证明的导盲犬，任何活体动物，不论体型大小，都不能带进车厢。

4. 鸭子

活鸭不能带上火车；对于肉禽食品的鸭子，需要妥善保管并密封保存好方可携带乘车。与此类似，携带腊肉、火腿、腊肠等食品乘车时都需要妥善保管好。

5. 食用油

花生油、菜籽油、香油经判别确属食用油的产品可以携带，但需要密封包装、妥善保管，以免污染列车环境和卧具。

6. 10000 毫安时的充电宝

标志清晰的充电宝、锂电池，单块额定能量不超过 100 瓦时可以携带乘车，含有锂电池的电动轮椅除外。以 3.7 伏电压充电宝为例，100 瓦时相当于 27027 毫安时左右的容量。

7. 蓄电池

硫酸、盐酸、硝酸、氢氧化钠、氢氧化钾、有液蓄电池（含氢氧化钾固体、注有酸液或碱液的）、汞（水银）等物品，禁止托运和随身携带。

8. 榴梿

榴梿、螺蛳粉等气味较大的食物，可以在密封包装后携带乘车，但是不能在车上食用。

（资料来源 https://www.jfdaily.com/sgh/detail?id=951812，有改动。）

（五）乘坐飞机安全常识

大学生乘坐飞机出行时，要注意以下几点。

1. 尽量选择直飞航班

在选择飞行班机时，首先要注意的是尽量选择直飞班机。统计数据显示，大部分空难发生在起飞、下降、爬升或在跑道上滑行的时候，减少转机次数可降低遇到飞行意外的概率。

2. 选择可靠的飞机机型

在选择飞机机型方面，应该选择30个座位以上的飞机。飞机机体越大，受到国际安全检测标准越多、越严，而在发生空难意外时，大型飞机上乘客的生还概率比小型飞机的要大。

3. 熟记安全指示

不同机型飞机的逃生门位置有所区别，乘客上了飞机之后，应该花几分钟仔细听空服人员介绍安全指示，这样在碰到紧急情况时，才不会手足无措。

4. 不要随身携带大件行李

近年来，越来越多的乘客为了节省等待领行李的时间，喜欢把大件行李随身带上飞机，这是不符合飞行安全的行为。飞行安全专家说，如果飞机遭遇乱流或发生飞行事故，座位上方的置物柜通常承受不住过重物件，掉落下来的行李会砸伤乘客的头部甚至导致乘客死亡。

5. 系紧安全带

在飞机翻覆或遭遇乱流时，乘客系紧安全带能得到更多一层的保护，不至于在机舱内四处碰撞。

6. 听从指挥

当意外发生时，一定要听从空服人员的指挥，因为空服人员在飞机上的首要任务就是维护乘客的人身安全。

7. 不要携带危险物品

不要携带危险物品（如汽油罐等）乘坐飞机。

三、驾驶交通工具安全常识

（一）骑自行车安全常识

应在熟练掌握骑车技术以后上路。骑自行车上路前，应该进行安全检查，查看自行车车各部件是否安全有效，特别是自行车的车闸是否灵敏有效。另外，要了解交通常识，如应在非机动车道行驶；转弯前应减速慢行，观察情况确保安全后，伸手示意通过；通过陡坡、横穿四条以上机动车道或途中车闸失灵时，必须下车推行；下车前，须伸手上下摆动示意，不可妨碍后面车辆行驶；在没有划分路线的道路上，机动车在中间行驶，自行车应靠右行驶，不能逆行。

（二）驾驶机动车安全常识

大学生开车，首先要严格贯彻出行前、行车中和收车后的“一日三检”制度，确保每天行车安全。车辆起步前，要看清楚汽车的上下、左右、前后，开转向灯，鸣喇叭，平稳地慢慢起步。行车过程中，要注意一些安全细节，如一定要系好安全带等。借道行驶的车辆驶回原车道时，应看清路上其他车辆的行驶情况，开启转向灯，确认安全后再驶回原车道。回车前，应选择合适的行驶位置，当预测车辆位置不理想时，要立即减速缓行或停车，切勿犹豫不决，更不能抢行和强行。车辆通过视线不良的弯道时，应减速、鸣喇叭、靠右行驶。夜间行驶在没有交通警察指挥的交叉路口时，要变换远、近光灯示意其他车辆或行人注意；夜间行驶或在容易发生危险的路段行驶，以及遇有沙尘、冰雹、雨、雪、雾、结冰等气象条件时，应当降低行驶速度。驾车时不要戴耳机、耳塞或听广播。

另外，如果机动车是同道行驶，后车应当与前车保持足以采取紧急制动措施的安全距离。有下列情形之一的，不得超车：前车正在左转弯、掉头、超车的；与对面来车有会车可能的；前车为执行紧急任务的警车、消防车、救护车、工程救险车的；行经铁路道口、交叉路口、窄桥、弯道、陡坡、隧道、人行横道、市区交通流量大的路段等没有超车条件的。

安全提示

下雨天如何安全驾驶？

夏季多阴雨天气，但道路上的车辆数量并不会因此减少，这样便加大了驾驶难度，滋生了安全隐患。那么，如何在下雨天安全驾驶呢？

1. 安全排查

（1）检查轮胎和气压，确保轮胎适合下雨天行驶。在下雨天车辆最受影响的是轮胎，要确保轮胎气压始终达到在雨中驾驶的标准。

（2）雨季来临前检查汽车。安全行驶很重要的一个措施是定时检查汽车，这对车辆在下雨天行驶尤为重要。当道路潮湿时，刹车失灵或者蓄电池没电将是非常危险的。

（3）更换雨刮片和雨刮水。在雨季来临之前，要更换雨刮片和雨刮水。

2. 驾驶技巧

（1）双手放在方向盘上。换挡后一定要将双手放在方向盘上。尤其是下雨天，因为在超大车时，大车引起的气流会增加左右相邻车辆的横向力，在这种情况下，方向盘通常会抖动，如果双手没在方向盘上，车辆很容易跑偏造成交通事故。

（2）使用雨刷和除霜器。下雨天驾驶车辆时需要打开雨刷器，同时因为挡风玻璃很容易起雾，所以在下雨天宜使用除霜器。

（3）使用雾灯。在下雨天能见度非常低的情况下，要打开雾灯。在下雨天的夜晚，开远光不是个好方法，远光不仅会刺激对面驾驶员的眼睛，而且会被雨雾折射，降低能见度。

（4）切勿过快，慢下来行驶。下雨时，道路会变得湿滑，轮胎牵引力减小。因此，驾驶员不能像平时开车那样快，还要更早地踩刹车。另外，要保持自己的车和前车之间有足够的距离，以便有足够的空间制动。

（5）打滑需保持冷静。下雨天车轮打滑，意味着一个轮子失去与道路的接触。当发生这种情况时，驾驶员可能会感觉到方向盘抖动，并且看起来好像暂时失去对车辆的控制，这个时候，最重要的是将双手牢固地放在方向盘上，平静地纠正转向，点踩刹车，不要猛踩。任何极端的操作，如猛踩刹车、猛打方向盘，只会加剧打滑的程度，使驾驶员很可能完全失去对车辆的控制。

（资料来源：https://gaj.benxi.gov.cn/xqfj/bxsgajxhfj/aqff1/content_477743，有改动。）

四、交通事故应急常识

无论是步行、开车还是乘车，如果发生交通事故，一定要保持清醒的头脑。

（一）先判断，后选择

发生交通事故时，要先对事故的轻重和性质进行判断，再选择解决事故的方法。一般情况下，解决交通事故问题或是自行协商解决，或是报警解决。

交通事故未发生人员伤亡时，如果双方对交通事故的事实及发生原因没有争议，双方可以自行记录交通事故的时间、地点、当事人驾驶证号码、车牌号等一系列相关信息，然后由双方签字确认，撤离现场，协商赔偿事宜。如果双方对交通事故的成因和赔偿有争议，则应迅速报警，等待交警前来解决处理。

如果交通事故发生了人员伤亡，驾驶员或其他未受伤人员要及时对伤员进行抢救，并迅速报警。

（二）注意防火，加强防范

车祸往往和火灾一起发生。受到猛烈碰撞后的车辆极易起火，轻则损害车辆部件，重则车辆报废。交通事故发生后，如果车体撞击较为严重，发动机部位出现冒烟现象，一定要及时从车上撤离并报警。

（三）保护现场，协助调查

对于交通事故的原始现场，不能随便改动，应尽量保持原状。如果需要解救伤员，一定要标明移动位置，方便交警了解、判断交通事故发生的原因、过程和责任。根据相关法律规定，交通事故发生后，当事人故意破坏、伪造现场或毁灭证据的，应当承担全部责任。

五、交通事故报警常识

（一）常用报警电话

公安报警电话：110

火警报警电话：119

医疗急救指挥中心电话：120

交通事故报警电话：122

（二）报警电话的使用方法

（1）就近报警，越快越好。

（2）拨打“110”“119”“120”“122”免收电话费，任何形式的公用电话都可直接拨打。

（3）手机报警无须加区号。

（4）在欠费状态或待机状态下，固定电话、手机等通信工具可以呼叫所有紧急救助电话。

（5）“110”“119”“120”“122”四台联动，遇到重大灾祸时，拨打任何一个都能得到帮助，但必须说清需要什么性质的救助。

（6）打报警求助电话时，必须争分夺秒，语言清楚、准确，最忌语无伦次。因此，报警者一定要保持镇定，抓紧时间把事情说清楚，无关的话不要讲。

（7）详细说明事故的地点、时间，受伤或死亡人数及车辆的损伤情况。

安全提示

大学生交通出行安全提示

2021 年 12 月 2 日是第 10 个全国交通安全日。公安部道路交通安全研究中心针对我国大学生群体的交通安全现状，总结出 10 个出行风险，并从步行、乘车、骑行以及驾驶机动车四个角度给出安全提示。

1. 步行风险

（1）过马路不走过街设施。

安全提示：

①要通过过街设施横过道路，优先选择人行天桥或地下通道。

②不要因为“从众心理”、过度自信或着急上课等横穿马路。

（2）步行时不注意观察。

安全提示：

①道路不是绝对安全的，步行时不要有看手机、听音乐、看书等分心行为，要密切注意观察车辆的状态。

②过马路时要按照信号灯的指示通过，并注意左右观察来往车辆，在通过时注意避让转弯车辆。

2. 乘车风险

（1）乘坐非法营运车辆。

安全提示：

①出行时要选择正规营运车辆，检查车辆及驾驶人的营运资质。

②非法营运车辆可能存在多种风险隐患，如车辆安全性能不达标、未购买乘客交通安全保险等。一旦发生交通事故，人身安全就无法得到保障。

（2）乘坐超员车辆。

安全提示：

①日常出行、外出旅游或离校返校时要注意所乘车辆的核载人数、拒绝乘坐超员车辆。

②乘车后发现有超员情况时，要及时下车换乘其他车辆并拨打举报电话。

（3）开车门前不注意观察。

安全提示：

下车时用距离车门较远的那只手开车门，上半身自然转动，视线随之移向后侧，然后将车门打开一条小缝，仔细观察并确保安全后再下车。

3. 骑行风险

（1）不戴安全头盔。

安全提示：

①骑乘电动自行车要戴好安全头盔，并系好帽带。

②骑行前检查头盔是否破损或变形，如有损坏，要及时更换。

（2）无视大货车内轮差。

安全提示：

①骑行时要与大货车保持2米以上的横向距离。

②发现并行的大货车转弯且横向距离不够时，要立即向远离车身方向逃离避险。

4. 驾驶机动车风险

（1）特殊天气行驶时操作不当。

安全提示：

①在雨雪天气驾驶机动车时，切忌猛踩刹车。

②在驾驶技能不够熟练的情况下驾车突遇雨雪天气时，要适当提前降低车速。

（2）酒后驾驶。

安全提示：

①饮酒后禁止驾驶机动车，即便是低酒精含量的鸡尾酒饮品也不能驾驶机动车。

②摩托车属于机动车，饮酒后也不能驾驶。

（3）无证驾驶。

安全提示：

①无证驾驶属于严重违法行为，即使完成了科目三考试，只要没拿到驾驶证，都不能驾驶机动车出行。驾驶摩托车也是同样的道理。

②上路练车要在规定场地、使用规定车辆并在教练员的陪同下进行。

（资料来源：https://m.gmw.cn/baijia/2021-12/02/1302703895. html，有改动。）

六、常用交通标志

交通标志是用图形符号和文字传递特定信息，用以管理交通、指示行车方向以保证道路畅通与行车安全的设施。它适用于公路、城市道路以及一切专用公路，具有法令的性质，车辆、行人都必须遵守。这里简单介绍以下几种常见的道路交通标志。

（一）警告标志

警告标志（见图 5-2）是警告车辆、行人注意危险地点的标志。它设置的位置与公路的计算行车时速有关，在农村、山区公路，一般应设在距离危险地点 20 ～ 50 米的地方。

交叉路口 1

交叉路口 2

交叉路口 3

交叉路口 4

向左急转弯

向右急转弯

反向弯路 1

连续弯路 1

两侧变窄

双向交通

窄桥

注意行人

图 5-2　部分警告标志

（二）指示标志

指示标志（见图 5-3）是交通标志中主要标志的一种，用以指示车辆和行人按规定方向、地点行驶。指示标志表示只准一切车辆向左（或向右）转弯，设在车辆必须向左（或向右）转弯的路口之前适当位置。有时间、车种等特殊规定时，应用辅助标志说明或附加图案。

图 5-3　部分指示标志

（三）禁令标志

禁令标志（见图 5-4）是禁止或限制车辆、行人交通行为的标志。它一般设置在需要限制或禁止的地方，除禁止停车标志外均应成对设置在限制或禁止路段的起终点和桥梁的两端。

图 5-4 部分禁令标志

（四）指路标志

指路标志（见图 5–5）用以指示市镇村的境界、目的地的方向和距离、高速公路出入口、著名地点所在等，传递道路方向、地点、距离信息的标志。

车道式交叉路口预告　路名　道路名称方向 1　道路名称方向 2　地点距离　地名

行政区划分界　道路管理分界　地点识别 – 飞机场　地点识别 – 加油站　地点识别 – 电动汽车充电站　地点识别 – 地铁

停车场（区）　错车道　港湾式紧急停车带　人行天桥　人行地下通道　无障碍设施

图 5–5　部分指路标志

安全演练

学习交警手势

一、活动目的

增强学生交通安全意识，掌握出行游玩中需遵守的交通规则。

二、活动实施

查找网络资源，学习交警维护交通秩序时的各种手势。可找一个安全的路口观察实际生活中交警是怎样指挥车辆和行人的，然后将学习到的知识在课堂上展示出来。

三、活动记录

活动记录如表 5–2 所示。

表 5-2 活动记录表

手势信号	文字说明
停止	
直行	
右转弯	
左转弯	
左转弯待转	
变道	
减速慢行	
靠边停车	

任务三 掌握交通事故中的自救与互救措施

课程导入

大学生合力抬车救人

2023 年 2 月 15 日 20 时 40 分，在茂名市茂南区高凉中路前路段，一名女子在骑电动自行车搭载10岁的儿子横过马路时被一辆正在掉头的白色轿车撞倒，女子直接摔倒在地，孩子连同电动车被卷入车底，左小腿被电动车卡住无法动弹。

“救救我的孩子！”女子被吓得大声哭喊。事发不到 1 分钟，一群素不相识的路人不约而同地加入抬车的队伍，整个过程不到 4 分钟，便将孩子从车底成功救出，交警和救护车也随即赶到。母子二人被送医检查，均是轻微擦伤，并无大碍。

茂名市公安局全城寻找这场救援的参与者。其中，有广东石油化工学院的周静微、湛江科技学院的陈智颖和湖南长沙职业技术学院的徐梓晴三名大学生，他们的伸手援助温暖了整座城。

目睹事故：害怕，但还是冲了上去

从监控上看，周静微是第一个冲上去救人的群众。周静微是广东石油化工学院的大三学生，在茂名读书已有三年时间。

2月15日晚，在她骑着电动车去上古筝课的路上，突然从左侧方传来“砰”的一声和非常大的金属划痕声。她立马就愣住了，被吓到了，便停了车。

“看到那个阿姨躺在地上，但她很快就爬起来，非常激烈地尖叫嘶吼，然后拍打那个小车的车窗。”周静微疑惑阿姨遭遇了什么事情。

“我走近了才知道她喊的是‘我的儿子’，虽然她没说在哪里，但我知道一定是在车底下。”她说，她目睹现场时有那么一瞬间，整个人的心跳都停了，但还是冲了上去。

周静微趴下来看了看车底下的小男孩儿，“小孩子戴着头盔，脸上没有表现得很痛苦，也没有哭喊，没有很明显的伤。我才稍微舒缓了一点”。

在周静微上前救人的几秒钟后，湛江科技学院的大三学生陈智颖也加入了救援队伍。

“听到‘嚓’一声，我就赶紧回头看，发现有人被压在车底下，就骑着自行车冲向对面车道，将自行车停到事故车旁边。”陈智颖目睹现场时感到很害怕，手在发抖，害怕压在车下的人会有生命危险。

但出于本能，他还是想上前看看有没有可以帮忙的地方。“我刚看到的时候，那辆车旁边有五六个人围着，到我停好车时，已经陆陆续续有十多个人围着了。”

他第一时间拨打了“110”电话，“高凉中路前路段红绿灯这里发生车祸，车底下压着一个人，快来救人”。“记得这时候现场也有人提出要不要合力抬车。”他说。

救人瞬间：“一起用手抬车”

开车路过的徐华锦和女儿徐梓晴几乎是与陈智颖同一时间冲到事故车旁边。徐华锦父女都是土生土长的茂名人，徐梓晴是湖南长沙职业技术学院大二学生。

徐华锦回忆说：“当时有人提出合力用手抬车救人，但大家都觉得人还不够多，害怕抬不起来会对小孩造成二次伤害，所以第一次救援便用了千斤顶来抬车。”

但尝试了两次后，他们发现千斤顶比较简易，车辆太重，还是无法抬起车。“干脆一起用手抬起车！”徐华锦建议。

“一秒、两秒、三秒，很快就有二十多个人一起过来了。大家都说等不及了，一起合力用手抬起车。”徐华锦说，虽然现场有些混乱，但是大家都不约而同地选择了合力抬车救人。

“1、2、3，起！”素不相识的他们，齐心合力喊着口号抬起车辆。

“我是在离小孩最近的一个位置，车抬起来时，我一只手撑着车身，一只手拉了小孩一把，希望快点把他救出来。”徐华锦说，女儿徐梓晴也走到车头一起出力。

从周静微目睹事发现场到众人用手抬车成功救人，前后不到4分钟的合力救人瞬间温暖了一座城。

（资料来源：https://baijiahao.baidu.com/s?id=1758721278215575934&wfr=spider&for=pc，有改动。）

研究表明，在交通事故造成的死亡中，大约50%的死亡发生在出现事故的一瞬间，大约35%的死亡发生在受伤后的一两个小时内，大约15%的死亡发生在受伤后的七天左右。因此，如果在交通事故发生时采取积极有效的自救措施，交通事故发生后采取积极有效的救助措施，则可以大大降低伤残率、死亡率。

一、交通事故中的自救

（一）发生交通事故时的自救

当遇到交通事故时，如果能够采取合理有效的措施，可以大幅降低事故带来的损失，特别是正确判断事故到来时的处境对于采取恰当的措施尤为重要。

1. 两车迎面碰撞时的紧急自救

如果遇到两车相撞，迎面碰撞的主要方位不在驾驶员一侧，驾驶员手臂应紧握方向盘，两腿向前蹬直，身体后倾，保持平衡；如果迎面碰撞的主要方位在驾驶员一侧或撞击力度大，驾驶员应迅速躲离方向盘，将两脚抬起，以免受到挤压而受伤。

2. 机动车落水时的紧急自救

在机动车入水过程中，车头较沉，所以应尽量从车后座逃生。如果水较深，车窗与车门受压力影响都无法打开，此时车厢内的氧气可供驾驶员和乘客维持几分钟，遇险者应将面部尽量贴近车上部，保证能呼吸空气，等待水从车的缝隙中慢慢涌入，当车内外的水压保持平衡时，打开车门即可逃生。

3. 机动车翻车时的紧急自救

在行驶中，车辆常常会由于侧滑、转向不足、转向过度等冲出路面、翻车。当车辆不可避免地要倾翻时，驾驶员应紧紧抓住方向盘，两脚钩住踏板，使身体固定，随车体旋转。车内乘客应迅速趴到座椅上，抓住车内的固定物，使身体夹在座椅中，稳住身体，避免身体在车内滚动而受伤。待车停下后，如果车门因变形或其他原因无法打开，应尽快敲碎玻璃，从车窗逃生。

4. 机动车意外失火时的紧急自救

行车途中机动车突然起火，驾驶员应立即熄火、切断油和电源，关闭点火开关后，立即设法组织车内人员离开车体。若车辆因碰撞变形而无法打开车门，可从前、后挡风玻璃或车窗处脱身。

5. 刹车失灵时的紧急自救

刹车失灵后，驾驶员可用手刹来制动，但不能猛拉手刹，否则可能会导致手刹的钢丝绳绷断，让制动失效，或车辆的后轮抱死，使车辆失控。应缓缓地拉起手刹的手柄，分多次拉紧、松开，再拉紧、再松开，使机动车减速停下来。需要注意的是，拉手刹手柄时，要摁紧手柄头部的保险按钮，这样可以使手柄在拉紧、放松的过程中操作自如，防止拉紧时手刹被锁死。

（二）发生交通事故后的自救

交通事故发生后的数小时，尤其是事故发生后的半小时被称为“生命黄金半小时”，如果能够及时采取正确的自救措施，一部分伤者的生命是可以被挽救的。据有关专家介绍，因交通事故而死亡的人中有 30% 如果在数小时之内得到正确的救助是可以活下来的。因此，发生交通事故后现场自救非常重要。

1. 大出血者的自救

如果交通事故导致自己颈部血管破裂，首先要做的是找到毛巾或其他替代品进行包扎，以免失血过多，在求救后静等医务人员救治。如果四肢伤残且有大出血，应取带子、绳子扎紧近心端，防止出现失血性休克。如果下肢骨折，可用带子、绳子扎紧近心端，若找不到此类物品，也可用手卡紧近心端，同时向他人呼救。

2. 肋骨骨折者的自救

如果自己感觉到剧痛且呼吸困难，则极有可能发生了肋骨骨折，此时千万不要贸然移动身体，否则可能导致碎骨进入肺叶，刺破肺泡，形成血气胸，引起肺栓塞，甚至死亡。如果手臂仍可以移动，能接触到手机，应及时打急救电话求救，或者呼喊他人帮助。

3. 内脏破裂者的自救

如果自己神志清醒，感到腹部疼痛并伴随有大出血等症状，应该考虑到有可能是肝、脾等内脏破裂。这时，自己应该判断周围的安全状况，如果车辆有燃烧、爆炸等危险出现的可能性，应缓慢地离开车辆，静静等候急救车的到来，不要随意走动，更不要长时间走动。

4. 肢体骨折者的自救

如果自己有肢体疼痛、肿胀、畸形等症状，应该考虑肢体骨折的可能性。骨折后，不要轻易移动伤肢，因为伤骨移动后会牵动血管和神经，极有可能导致血管和神经受损，给痊愈造成影响。即使要移动，也应该确保受伤的肢体不会发生相对移动才行。

5. 颈椎错位者的自救

如果感觉自己的颈椎或腰椎受到了冲击，并且活动不便，应该考虑有可能是颈椎错位。此时，应坚持请医务人员搬动、救助自己，因为人的脊柱中有很多神经，如果因搬动不当而受伤，就很有可能造成永久性的伤害甚至瘫痪。

二、交通事故中的互救

许多人缺乏急救知识，在面对交通事故中出血不止的伤员时，不知道如何帮助伤员止血待援。一般来说，现场抢救的基本顺序是：先呼救，再抢救；先抢救人员，后抢救财物；先抢救重伤人员，后抢救轻伤人员；遇伤员被挤压、夹嵌在事故车辆内时，不要生拉硬拖，而应先用机械工具拉开或切开车辆，再救出伤员。

（一）正确判断伤情和受伤部位

交通事故中的伤员可能是一个或多个，同一个伤员可能同时有多处受伤。所以，救援时应该分清主次、轻重、急缓。

1. 根据生命体征判断伤情

如果伤员神志不清，表明颅脑有损伤或伤情危重；如果伤员呼吸不规律、呼吸困难，或呼吸停止，表明有颅脑损伤或高位颈椎损伤、胸部外伤、呼吸道梗阻等危险伤情；如果伤员脉搏弱，或根本摸不到，表明出血多，损伤严重，处于休克状态；如果伤员两只瞳孔不等大或扩大，表明有严重颅脑损伤。对此伤情严重者，应抢先救治。

2. 根据重要脏器反应判断伤情

救援人员应根据重要脏器的反应判断伤者的伤情。如果伤者头部出血或血肿，意识不清，瞳孔改变，表明其颅脑有损伤；如果伤者胸部有伤口或擦伤，胸廓变形，呼吸困难，表明其胸部有损伤；如果伤者腹部压痛，肝区、脾区叩击痛，休克，表明其腹部有损伤；如果伤者脊柱畸形，四肢瘫痪（颈椎）或双下肢瘫痪（胸腰椎），表明其脊柱有骨折；如果伤者肢体肿胀、畸形，活动受限，表明其肢体有骨折。

（二）掌握正确的救护方法

1. 脑外伤救护法

在交通事故死者中，有50%以上的死者是因头部受伤而亡。而头部受伤死者中有60%～70%死于伤后24小时以内。如果大学生能掌握一定的急救知识，就很有可能使伤者转危为安。

（1）保持呼吸道畅通。对于脑外伤人员，不能随便移动，应马上清除伤者口、鼻、咽喉部的血液、黏液和分泌物；对于昏迷的伤者，应使其头后仰，脸偏向一侧，以防止舌根坠落，这有利于呕吐物排出和吸氧。如果受伤者呼吸暂时中断，应立即进行人工呼吸；如果伤者的脉搏消失，应对其进行心脏按压。

（2）耳鼻出血要侧卧。如果伤者有血液和脑脊液从鼻、耳流出，则一定要让伤者向患侧侧卧，即伤者左侧耳、鼻流出血液和脑脊液时，向左侧卧；反之，向右侧卧。

注意：不要将纱布、脱脂棉等塞在鼻腔或外耳道内，以防引起感染。

2. 胸外伤救护法

如果伤者是胸壁被擦、受挫等轻度胸外伤，经过止痛、热敷、服用舒筋活血药等治疗，几天即可康复。重度胸外伤表现为肋骨骨折，以及由此引起的血胸或气胸，这类伤情可引起伤者严重呼吸困难，甚至死亡。

对于呼吸时伤口有响声伤者，应立即采取措施阻止空气进入伤口。救助方法：先用铝箔膜或塑料膜密封伤口，再用胶布固定。如果一时找不到铝箔膜或塑料膜，可立即用手捂住，让伤者取患部向下卧位，等待救护车到来。即使胸部骨折出现各种各样的情形，如相连的几根肋骨同时骨折，也要尽快密封伤口，并让伤者取患部向下的卧位，等待救护车到来。

3. 昏迷救护法

如果伤员昏迷，应立即让其侧卧，清除其鼻咽部的分泌物或异物，使其保持呼吸道通畅，防止痰液吸入气管。对躁动者，应加强防护，防止其坠地，并将其紧急送往医院救治。

4. 扭伤救护法

如果伤者身体的某部位扭伤，应先用冰块或冷水冷敷 30 分钟左右，然后用纱布把手指或踝关节固定在舒服体位，抬高患肢。伤者腰部扭伤后，最好采取比较舒服的体位，将下肢垫高。

（三）正确搬运受伤者

调查得知，有近 20% 的交通事故伤员因不正确的搬运或没有得到及时救援而伤情加重，甚至死亡。因此，抢救人员应该掌握正确的搬运方法。

1. 脊柱损伤者的搬运

对脊柱损伤者，搬运必须平稳，防止出现脊柱弯曲。一般使用三人搬运，严禁背、抱或二人抬。搬运者动作要轻柔，托住腰臀部，用力要整齐一致，平放在硬质担架上。对怀疑有脊柱骨折或不能排除脊柱骨折者，必须按照有脊柱骨折情况对待。

2. 颈椎损伤者的搬运

在搬运颈椎损伤者时，必须先在地上放置颈托，对伤者进行颈部固定，以防伤者颈椎错位，损伤脊髓，发生高位截瘫。如果一时没有颈托，可用硬纸板、硬胶皮、厚帆布代替，仿照颈托将其剪成前、后两片，用布条包扎固定后再小心搬运。

3. 昏倒在座椅上的伤员的搬运

有的伤员受伤后昏倒在座椅上，对此类人员的搬运也要小心，应先在其颈部安放颈托，再将其颈及躯干一并固定在靠背上，之后拆卸所坐座椅，与伤员一起搬出。

现场急救后，应根据伤员伤情轻重缓急由急救车运送。千万不要现场拦车运送危重患者，否则伤员极有可能因采用不正确的半坐、半卧、歪侧卧等姿势而伤势加重，甚至死于途中。

安全演练

开展交通事故的自救与互救演练

一、活动目的

掌握交通事故中的急救方法，防止和减少交通事故中的人员伤亡和财产损失。加强大学生对安全形势的了解和对交通安全的重视。

二、活动实施

以班级为单位分组或分角色模拟交通事故的突发现场，小组成员共同讨论应对措施和急救办法，并根据活动实施情况完成表 5-3。

表 5-3 活动记录表

时　间		地　点	
小组成员			
事故设定			
应对措施			
急救知识			
实训心得			
活动评价	（教师对此次活动进行评价，指出实际操作中的优缺点）		

项目六 规范用火用电，消除消防安全隐患

课前思考

大学校园内火灾事故频发引人深思。学校消防安全工作是学校综合治理的重要内容，关系到学校财产安全和全体师生的生命安全。对于消防安全工作，我们应坚持预防为主、防治结合、加强教育、群防群治的原则，通过多种形式的消防安全宣传教育，严格落实消防安全责任制，杜绝一切火灾隐患，保障师生的生命财产安全和社会的和谐稳定。

请思考：

（1）你亲身经历过火灾吗？

（2）火灾事故一般是什么原因引发的？

（3）发生火灾时应如何自救？

学习指南

（1）了解火灾的类型，分析高校消防安全事故发生的原因。

（2）掌握火灾的预防、灭火的基本常识，认识消防器材并学会使用灭火器。

（3）深刻认识消防安全的重要性，采取有效措施预防火灾的发生，掌握火灾逃生自救常识。

任务一 了解火灾类型与事故成因

课程导入

高校校园火灾频频发生

2022 年 9 月 8 日，天河区华南农业大学泰山区 16 栋 1 楼发生火灾。辖区消防救援人员到场时，现场已无明火，消防员对现场进行排烟降温处置。起火建筑为学校宿舍楼，钢筋混凝土结构，共 8 层，着火部位为 1 楼高压变电房，燃烧物为变电机柜，燃烧面积约 1 平方米，无人员受伤。经调查，初步判断火灾是由变电房电表短路引起的。

2022 年 6 月 16 日凌晨，桂林一高校电动自行车充电棚发生火灾。视频显示，现场火势十分迅猛，并不断地向其他车辆以及变电箱蔓延。虽然许多车主赶忙来到事发现场，在火势进一步蔓延前将自己的车转移至安全地带，但是仍然有多辆电动自行车被烧得只剩骨架，该充电棚的棚顶也因火灾受损。

2022 年 6 月 4 日 18 时，湖南财政经济学院一男生宿舍突发火灾。经现场火情勘察，起火房间为该校男生宿舍楼 6 栋 2 层 223 室。该宿舍楼共 5 层，为钢筋混凝土结构。消防救援人员到场后铺设水带干线出水枪进行灭火。18 时 35 分，大火被扑灭。18 时 50 分许，该宿舍楼所有房间排查完毕，无人员伤亡。经调查，初步判断火灾由吸烟遗留火种引发。

2022 年 5 月，江苏常州一高校 5 楼宿舍起火。辖区消防站接警后紧急出动救援力量，消防员到达现场后立即疏散现场人员，同时开展火情排查。经了解得知，起火时宿舍内全员外出做核酸，但网购的充电式蚊香液（违禁电器）没有关闭，疑似是该设备过热引发了火灾，所幸事故未造成人员伤亡。

2022 年 4 月 3 日下午，广东省中医院大学城宿舍 K 栋某宿舍突然起火，消防员及时赶到并将火灾扑灭，火灾未造成人员伤亡。经初步调查，判断火灾为学生携带电动自行车电池在宿舍充电引发。

2022 年 3 月 2 日，清华大学紫荆公寓发生火灾，一间寝室被大火烧得面目全非，所幸未造成人员伤亡。3 月 2 日早 6 时许，紫荆学生公寓 9 号楼某房间中厅发生火情，学生区微型消防站、消防救援机构的人员赶赴现场，6 时 37 分大火被扑灭，无人员伤亡。经调查，对火灾情况认定如下：起火部位位于该房间中厅内西侧下方处，起火时间为 2022 年 3 月 2 日 6 时 1 分左右，起火原因为中厅内通电物品发生故障引燃周边可燃物（在起火位置处发现手机、电吹风、电子琴、热熔胶枪、照明灯具等电器残骸；综合调查询问、现场勘验、视频分析、物证鉴定等证据情况，排除放火嫌疑，火灾具有明燃特征，排除遗留火种、微弱火源等起火因素，未能锁定具体物品）。

2022 年 3 月，海南某大学的教师公寓楼一房间着火，现场过火面积约 3 平方米。据初步了解，火灾为点燃的蚊香所致，火灾造成两人浅二度烧伤。

2022 年 2 月 27 日上午 9 时，贵阳市乌当区贵州师范学院女生宿舍突然起火。消防救援人员到场时发现，起火点位于女生宿舍楼三楼的一间寝室内，里面的人员已经自行逃离，无人员伤亡及被困。后经询问现场人员，推断火灾可能是学生违规使用电器引起的。

2022 年 2 月 19 日下午 2 时许，江西某学院一女生宿舍突发火灾，从现场视频中看到的起火位置为宿舍楼 1 楼，大量黑烟从着火的宿舍窗户中涌出，现场不断有学生从宿舍楼逃离。学院综合办公室工作人员表示，火灾初步调查是变电阀电路老化引起的，他们发现起火后立即拨打了“119”火警电话，并没有造成学生伤亡。

（资料来源：https://mp.weixin.qq.com/s?__biz=MzUzMzU3MDgyMQ==&mid=2247599811&idx=2&sn=d088f2ca0267377586451 6239caa6377&chksm=faa2f2a9cdd57bbff1630f3c4f3f42974444c07ad6a6ca01660ae42f45044f77eb2c1e49f8ca&scene=27，有改动。）

火是人类赖以生存和发展的一种重要自然力，它不仅给人类带来了光明和温暖，还是人类社会发展的能源和动力。但是，大火无情，校园火灾成为威胁大学生生命和财产安全的重要因素。因此，熟悉火灾的类型与常见的火灾事故成因是非常重要的。

一、火灾的类型

火灾按照分法的不同可分为不同的类型。

火灾根据可燃物的类型和燃烧特性的不同，可分为 A 类火灾、B 类火灾、C 类火灾、D 类火灾、E 类火灾、F 类火灾，具体如表 6-1 所示。

表 6-1 根据可燃物的类型和燃烧特性划分的火灾类型

火灾类型	理　解	举　例
A 类火灾	固体物质火灾。这种物质通常具有有机物质性质，一般在燃烧时能产生灼热的余烬	木材、干草、煤炭、棉、毛、麻、纸张等引起的火灾
B 类火灾	液体或可熔化的固体物质火灾	煤油、柴油、原油、甲醇、乙醇、沥青、石蜡、塑料等引起的火灾
C 类火灾	气体火灾	煤气、天然气、甲烷、乙烷、丙烷、氢气等引起的火灾
D 类火灾	金属火灾	钾、钠、镁、钛、锆、锂、铝镁合金等引起的火灾

续表

火灾类型	理　解	举　例
E 类火灾	带电火灾	物体带电燃烧引起的火灾
F 类火灾	烹饪器具内的烹饪物引起的火灾	炒锅内动植物油脂燃烧引起的火灾

根据等级划分，可分为特别重大火灾、重大火灾、较大火灾和一般火灾，具体如图 6-1 所示。

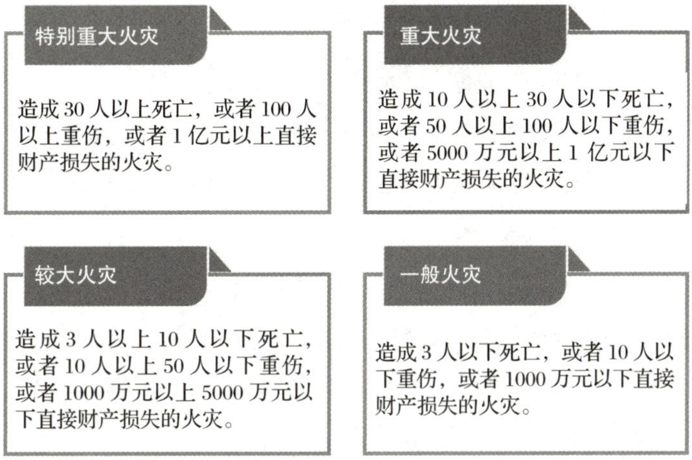

图 6-1　根据等级划分的火灾类型

二、高校火灾发生的原因

高校火灾发生的原因是多方面的，主要有以下几个。

（一）消防安全意识淡薄

大多数大学生专心于学业和科研，对其他事情关心较少，消防法治观念不强，或抱有侥幸心理，缺乏防范意识和安全意识，违规用火、用电等情况时有发生。

（二）违规使用明火或用火方法不当

一般可燃物如纸张、布等的燃点大多低于烟头的表面温度，若点燃的烟头没有及时掐灭，很可能引起火灾。因此，大学生无论是在宿舍、教室、实验室还是在图书馆等，都禁止吸烟。

个别大学生在宿舍内烧废纸等，若靠近蚊帐、衣服、垃圾桶等可燃物，火未完全熄灭而人离开了现场，火星就极易飞到这些可燃物上引起火灾。

（三）违规使用电器或使用电器方法不当

违规使用电器及使用电器方法不当都有可能引起火灾。

1. 违章用电

高校宿舍、教学楼、实验室等建筑物的供电线路、供电设备都是按照一定的情况设计的。在宿舍内使用大功率电器，如电加热棒、电炉、电饭锅、吹风机等，可致供电线路超载发热，线路老化而起火。违章乱拉、乱接电线容易损伤线路绝缘层，引起线路短路和触电事故。

2. 使用电器不当

可燃物靠近 60 瓦以上的灯泡，长时间烘烤易引起火灾；充电器长时间充电且被衣被等覆盖，不能散热，也易引起火灾；使用电器时，突然停电，未拔电源插头就离开宿舍，等来电时电器未被及时拔下而长时间工作，也易引起火灾。

（四）老旧建筑物失修，消防设施不完备、布局不合理

许多高校有着几十年甚至上百年的历史，不少建筑年代久远且年久失修，破损、老化严重，加上当时的建筑消防设施不完备、布局不合理且大量使用易燃材料，产生火灾隐患。

（五）高校人员复杂、流动性大，安全通道少

高校内的建筑物包括教学楼、宿舍楼、办公楼、实验楼、食堂等。建筑物相对集中，人员也密集。虽然大多数高校在建造学生宿舍楼时，考虑到消防需要而留有消防安全通道，但是少数单位从防盗或学生人身安全方面考虑，关闭了大多数消防出口，只留有一两个。有的学校为了便于管理，让男女生各住一半楼，在楼道中间加门，火灾隐患大大增加。

安全演练

消防隐患大调查

一、活动目的

了解火灾类型，清查火灾隐患，树立消防安全意识。

二、活动实施

在生活中，用火的地方很多，发生火情的概率也很大。为了提高学生的消防安全意识，加深学生对消防知识的理解，请全班学生以小组为单位对生活中的安全隐患进行调查整理，并提出整改意见。

三、活动记录

根据调查情况，完成表 6-2。

表 6-2 消防安全自查表

班 级		姓 名		
活动时间		指导教师		
我发现的安全隐患	理 由	我的整改意见		整改时限

任务二 火灾的预防与处置

课程导入

广西桂林兴安突发森林火灾

2023 年 1 月 28 日 21 时，广西壮族自治区桂林市兴安县溶江镇一甲村银矿山发生森林火灾，云南省森林消防总队广西驻防队伍出动 164 名指战员前往兴安火场扑救。

据了解，1 月 29 日 9 时，接桂林市应急局函请后，9 时 30 分，桂林全州、阳朔驻防队伍分别出动 53 人、59 人赶赴火场，12 时，云南省森林消防总队副总队长带前指 8 人前往火场指挥调度；正在南宁进行新消防员入职培训的新训二大队迅速启动跨区增援预案，转入一级战备。1 月 30 日 9 时，44 名由干部骨干组成的增援队伍从南宁向桂林兴安开进。

15 时 30 分，南宁驻防队伍负责人带 44 人抵达联指，根据联指统一部署，南宁驻防队伍主要担负扑打 1 号火场西南线火头，采取以水灭火方式架设蓄水池，以串并联泵的方式向西南线火头进行扑打。16 时 15 分，南宁驻防队伍向火场进发。

16 时 30 分，经勘查，西南 1 号火场西北风 3 级，气温 16 ℃，西南线、东南线有多处分散火点和部分断续火线，火头向西南方向蔓延，火线长约 1.6 公里。东北 2 号火场火线正在由地方扑火队和兴安县消防救援大队处置。

截至 1 月 30 日 21 时，桂林市兴安县森林火灾仍在紧张扑救中，银矿山现有两个火场，分别位于西南方向和东北方向，火线长约 1.6 公里，过火面积超 240 亩。

（资料来源：http://www.ahwang.cn/newsflash/20230131/2474199.html，有改动。）

火灾后果无法预测，因此做好火灾防范措施和在火灾发生后懂得如何灭火是非常重要的。

一、高校火灾的预防措施

高校火灾的预防措施包括两个方面。

（一）全面落实消防事故责任制，健全学校各项消防安全管理制度

高校要全面落实《中华人民共和国消防法》和《机关、团体、企业、事业单位消防安全管理规定》，明确各部门、各岗位的消防工作职责，落实消防工作责任，同时健全各部门各项消防安全管理制度，使各项消防工作有章可循。

（二）全面加强学校各个建筑单位的消防管理，落实各项火灾预防措施

学校需要落实的火灾预防措施主要包括以下几个方面。

1. 加强学生宿舍防火管理

学生在宿舍应自觉遵守宿舍安全管理规定，做到不乱拉、乱接电线；不使用大功率电器（以各院校实际规章为准）；使用充电器充电时，注意散热并避免电器长时间工作；不在宿舍内使用明火；不将易燃、易爆物品带往宿舍；不在宿舍焚烧物品；发现安全隐患及时向宿管人员或辅导员报告；爱护消防设施，不毁坏器材或将灭火器材挪作他用。

2. 加强教室、实验室防火管理

在实验室工作时，要严格遵守各项安全管理规定、安全操作章程等规定。使用仪器

设备前，应认真检查电源、管线、火源等设备情况，如装置是否妥当、有无损坏等。操作完毕后，应认真清理现场，如关闭电源、火源、气源、水源等，清除杂物特别是可燃物。使用易燃、易爆物品时，要严格遵守防火安全规定。

3. 加强公共场所防火管理

电影院、礼堂、超市、商场等是人群密集的公共场所，为了达到装饰效果，通常采用幕布、木质柜台、海报等大量可燃材料。公共场所的布景多为高分子材料，易燃且燃后会释放有毒气体，加上电气设备多，用电量大，一旦发生火灾，后果不堪设想。因此，在这些人员密集的公共场所，要遵守消防安全制度和有关规则，做到不吸烟或不随地丢弃火种；不使用明火照明；不随便触碰公共场所的电气设备开关；不把玩电线，以免触电或引起短路；不随意到放映室、舞台或柜台内触摸开关按钮等。

4. 加强防火巡查和检查，及时消除火灾隐患

高校应按照法律法规，认真履行消防工作职责，开展防火巡查和检查，有重点、有针对性地加强对学生宿舍的检查，严防安全出口上锁、违章用火用电现象的发生。对建筑物内部的消防设施要定期维护保养，消防控制室的值班人员要随时在岗，确保一旦发生火灾能及时有效处置。

5. 积极开展消防宣传教育培训，全面提高大学生的消防安全意识

高校作为教育场所，应加强对大学生的消防宣传教育工作，采用不同的宣传方式，使学生全面了解消防工作的重要性。通过演练、培训等各种活动，让学生全面了解火灾的危害性，提高学生预防火灾的自觉性和警惕性。

二、灭火的基本常识

在增强消防意识、做好火灾预防的同时，大学生还应掌握有效的灭火常识，将火灾造成的损失降到最低。

（一）火灾发展的阶段

任何一起火灾都有一个从小到大的发展过程。通常，火灾根据温度变化可分为三个阶段，即初起阶段、发展阶段和猛烈阶段。在救火过程中，应根据火灾发展的阶段采取相应的灭火措施。

1. 初起阶段

一般固体可燃物质起火燃烧后，在十几分钟内，燃烧面积较小，燃烧强度弱，速度不快，火焰不高，辐射热不强，烟和气体流动缓慢，火焰温度在 500 ℃左右。此时是扑救的最佳时机，只要火灾被发现及时，立即用灭火器材或就近寻找简易的工具便能把火扑灭。

2. 发展阶段

如果初起阶段的火灾没有被及时发现或扑灭，随着燃烧时间的延长，温度可超过700 ℃，周围的可燃物质或建筑构件被迅速加热，气体对流增强，燃烧速度加快，燃烧面积迅速扩大。

3. 猛烈阶段

如果火灾在发展阶段没有得到控制，燃烧时间会继续延长，燃烧速度不断加快，燃烧面积不断扩大，温度急剧上升，建筑构件的承重能力急剧下降。

（二）灭火的基本方法

灭火就是设法打破可燃物质、助燃物质和火源三者之间的必然联系。下面是几种常用的灭火方法。

图文

家庭灭火好帮手——食盐

1. 冷却法

冷却法是指将灭火剂直接喷洒到燃烧物上，使可燃物的温度降低到自燃点以下，从而使燃烧停止的方法。水和二氧化碳是常用的冷却灭火剂，水和液态二氧化碳可大量吸收燃烧热，使燃烧物的温度迅速降低，从而达到灭火的目的。这种方法常被用在日常的防火工作中。

2. 隔离法

隔离法是指将燃烧物与附近的可燃物隔离，把附近的可燃物转移到安全地带，控制火势蔓延的方法。这种方法包括灭火时迅速将没有燃烧的物质转移到安全地带，关闭输液管道、管道阀门和设备阻止可燃气体、液体进入燃烧区，拆除邻近建筑物等，适宜于扑救任何的固体、液体、气体火灾。例如，大兴安岭发生特大火灾，将火势蔓延方向的林木进行砍伐，控制火灾的发展，就是采取的隔离法。

3. 窒息法

窒息法是指采取适当的措施，阻止空气进入燃烧区或用惰性气体冲淡、稀释空气中的含氧量，使燃烧物因缺氧而熄灭的方法。这种方法适用于扑救封闭式空间、生产设备装置及容器内的火灾。例如，平时灭火时采取的用石棉被、湿麻袋、沙土、泡沫灭火剂覆盖在燃烧物上灭火，就是利用的窒息法。

4. 抑制法

抑制法是指将化学灭火剂喷入燃烧区参与燃烧反应，终止燃烧的链反应而使燃烧物停止燃烧的方法。这种方法常用的灭火剂有干粉灭火剂和卤代烷灭火剂。

消防工作中采取哪种灭火方法，应根据实际情况而定。任何一种方法都不是独立存在的，往往要综合使用几种方法。

安全提示

哪些火灾不能用水扑救？

（1）碱金属火灾不能用水扑救。因为碱金属遇水后能使水分解生成氢气并放出大量热，容易引起爆炸或火势扩大。

（2）碱金属的碘化物和氢化物火灾不能用水扑救。例如，碳化钾、碳化钠、碳化铝和碳化钙以及氢化钾、氢化镁遇水能发生化学反应，放出大量热，可能造成火势扩大和爆炸。

（3）密度小于水的和不溶于水的易燃液体起火时，原则上不可用水扑救。

（4）贵重资料、文物着火后，尽可能不用水扑救，以防造成水渍损失。

（5）电器发生火灾不能直接用水扑救。扑救电器火灾要先切断电源，再用水或泡沫灭火器扑救。在无法断电的情况下，千万不能用水或泡沫扑救，因为水和泡沫都能导电。

（6）油锅起火时，不能用水扑救，应当迅速将切好的冷菜沿边倒入锅内使火自动熄灭，或者用锅盖盖到起火的油锅上，使燃烧的油火接触不到空气缺氧熄灭。

（7）熔化的铁水、钢水和浓三酸（硫酸、硝酸、盐酸）不能用水扑救，因为水蒸气在 1000 ℃以上时能分解出氢和氧，有引起爆炸的危险。

（资料来源：https://www.hnslsdxy.com/sxzx/page/contentshow.aspx?id=20220417100048403，有改动。）

三、灭火器的认识与使用

常见的灭火器材有泡沫灭火器、干粉灭火器（见图 6–2）、二氧化碳灭火器等，各种灭火器有各自不同的特点和使用方法。

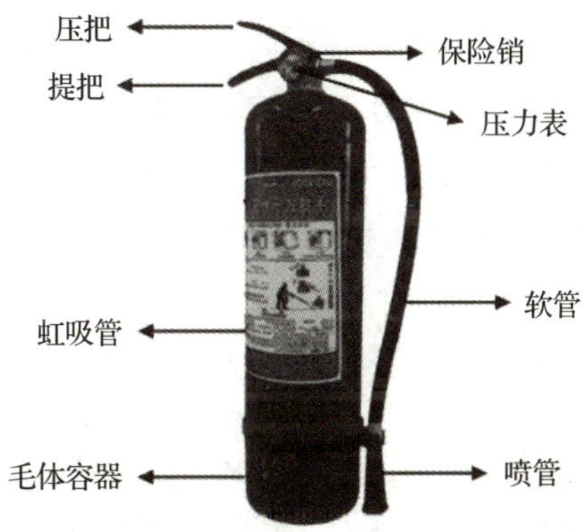

图 6–2 干粉灭火器的结构

发生火灾时，使用灭火器灭火是最快捷、最有效的灭火方法。但灭火器的种类很多，按其移动方式，可分为手提式和推车式；按驱动灭火剂的动力来源，可分为储气瓶式、储压式、化学反应式；按所充装的灭火剂，可分为泡沫、干粉、卤代烷、二氧化碳、酸碱、清水等灭火器。所以，当火灾发生时，选择合适的灭火器进行灭火是十分必要的。

（一）泡沫灭火器

1. 适用范围

泡沫灭火器适用于扑救一般 B 类火灾，如油制品、油脂等火灾，也适用于 A 类火灾，但不能扑救 B 类火灾中的水溶性可燃、易燃液体的火灾（醇、酯、醚、酮等物质火灾），也不能扑救带电设备火灾、C 类火灾（煤气、天然气、甲烷、乙烷、丙烷、氢气等火灾）、D 类火灾（钾、钠、镁、铝镁合金等火灾）。

2. 使用方法

（1）手提式灭火器使用方法。可手提筒体上部的提环，迅速奔赴火场。这时应注意不得使灭火器过分倾斜，更不可横置或颠倒，以免两种药剂混合而提前喷出。当距离着火点 10 米左右时即可将筒体颠倒过来，一只手紧握提环，另一只手扶住筒体的底圈，将射流对准燃烧物。在扑救可燃液体火灾时，若已呈流淌状燃烧，则将泡沫由远而近喷射，使泡沫完全覆盖在燃烧液面上；若在容器内燃烧，应将泡沫射向容器的内壁，使泡沫沿着内壁流淌，逐步覆盖着火液面，切忌直接对准液面喷射，以免射流的冲击力将燃烧的液体冲散或冲出容器，扩大燃烧范围。在扑救固体物质火灾时，应将射流对准燃烧最猛烈处。灭火时，随着有效喷射距离的缩短，使用者应逐渐向燃烧区靠近，并始终将泡沫喷在燃烧物上，直到扑灭。灭火器在使用时应始终保持倒置状态，否则会中断喷射。手提式泡沫灭火器应存放在干燥、阴凉、通风、取用方便之处，不可放在靠近高温或可能受到暴晒的地方，以防止碳酸分解而失效；在冬季要采取防冻措施，以防止冻结；应经常擦除灰尘、疏通喷嘴，使之保持通畅。

（2）推车式灭火器使用方法。在使用推车式灭火器时，一般由两人操作，先将灭火器迅速推拉到火场，在距离着火点 10 米左右处停下，一人在施放喷射软管后，双手紧握喷枪并对准燃烧处；另一人则先逆时针方向转动手轮，将螺杆升到最高位置，使瓶盖开足，再将筒体向后倾倒，使拉杆触地，并将阀门手柄旋转 90 度，即可喷射泡沫进行灭火。若阀门装在喷枪处，则由负责操作喷枪者打开阀门。

（二）干粉灭火器

1. 适用范围

碳酸氢钠干粉灭火器适用于易燃、可燃液体、气体及带电设备的初起火灾；磷酸铵盐干粉灭火器除可用于上述几类火灾外，还可扑救固体类物质的初起火灾，但不能扑救金属燃烧火灾。

2. 使用方法

当用干粉灭火器扑救可燃、易燃液体火灾时，应对准火焰腰部扫射，如果被扑救的液体火灾呈流淌燃烧，应对准火焰根部由近而远左右扫射，直至把火焰全部扑灭。如果可燃液体在容器内燃烧，使用者应对准火焰根部左右晃动扫射，使喷射出的干粉流覆盖整个容器开口表面；当火焰被赶出容器时，使用者仍应继续喷射，直至将火焰全部扑灭。在扑救容器内可燃液体火灾时，应注意不能将喷嘴直接对准液面喷射，以防止可燃液体溅出而扩大火势，造成灭火困难；如果可燃液体在金属容器中燃烧的时间过长，容器的壁温已高于扑救可燃液体的自燃点，此时极易造成灭火后复燃的现象，若与泡沫类灭火器联合使用，则灭火效果更佳。灭火时，可手提或肩扛灭火器快速奔赴火场，在距燃烧物 5 米左右处放下灭火器，若在室外，应选择在上风方向喷射。若使用的干粉灭火器是外挂式储压式的，操作者应一只手紧握喷枪，另一只手提起储气瓶上的开启提环；若储气瓶的开启是手轮式的，则向逆时针方向旋开，并旋到最高位置，随即提起灭火器。当干粉喷出后，迅速对准火焰的根部扫射。若使用的干粉灭火器是内置式储气瓶或储压式的，操作者应先将开启压把上的保险销拔下，然后一只手握住喷射软管前端喷嘴部，另一只手将开启压把压下，打开灭火器进行灭火，如图 6-3 所示。若使用有喷射软管的灭火器或内置式储压式灭火器，应一只手始终压下压把，不放开，否则会中断喷射。

视频
干粉灭火器的使用步骤演示

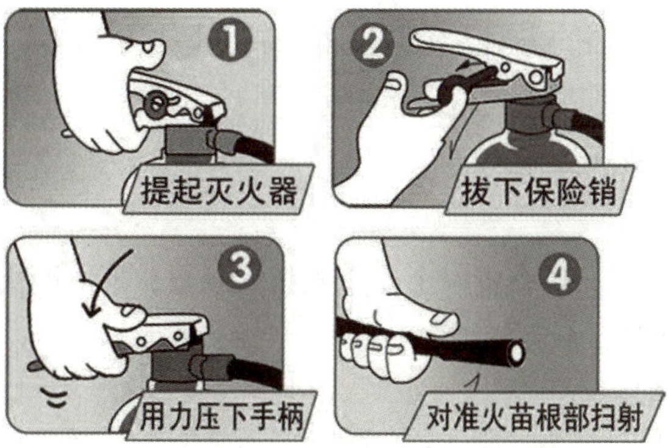

图 6-3 干粉灭火器的操作方法

（三）二氧化碳灭火器的适用范围和使用方法

1. 适用范围

二氧化碳灭火器主要用于扑救贵重设备、档案资料、仪器仪表、600 伏以下电气设备及油类的初起火灾。

2. 使用方法

灭火时，将灭火器提到或扛到火场，在距燃烧物 5 米左右处拔出灭火器保险销，一只手握住喇叭筒根部的手柄，另一只手紧握启闭阀的压把。对没有喷射软管的二氧化碳灭火器，应把喇叭筒往上扳 70° ～ 90°。不能直接用手抓住喇叭筒外壁或金属连线管，以防手被冻伤。当可燃液体呈流淌状燃烧时，使用者应将二氧化碳灭火器的喷流由近而远向火焰喷射。如果可燃液体在容器内燃烧，使用者应将喇叭筒提起，从容器的一侧上部向燃烧的容器内喷射，但不能将二氧化碳射流直接冲击可燃液面，以防可燃液体冲出容器而扩大火势，造成灭火困难。要注意的是，二氧化碳灭火器在室外使用时，应选择在上风方向喷射，并且将手放在钢瓶的木柄上，以防冻伤；在室内窄小空间使用时，操作者在灭火后应迅速离开，以防窒息。

安全演练

灭火器使用实战演练

一、活动目的

增强全体师生的消防意识，提高全体师生对火灾扑救的处理能力，使学生学会正确使用灭火器。

二、活动流程

1. 专职消防员指导讲解

教师对学生讲解灭火器的类型、构造、灭火原理及使用方法等内容。

2. 灭火展示

消防员向学生展示灭火操作。

3. 布置场景

学生与教师、消防员一起布置一个安全的起火场景，形成明火燃烧态势，若不及时控制，就会造成火势蔓延，危及师生安全。

4. 学生开展消防急救

学生分两组，一组扮演报警者与接警者，另一组扮演灭火队。

（1）报警。发现火情后，立即大声呼唤并拨打“119”，向接警中心讲清楚失火单位的名称、地址、起火位置、火势情况、起火范围等，注意听清对方的问题并正确回答。

（2）灭火。灭火人员在消防员的指导下，在保证自身安全的前提下，携带灭火装置，依据起火原因与起火材料选取恰当的灭火器，实施灭火抢救。

5. 活动总结

消防员对此次活动进行总结，对活动中发现的问题进行说明，阐述消防安全的重要性。

任务三 学会火场逃生

课程导入

两名被困火场学生“教科书式”的自救

房间发生火灾后，浓烟封堵了逃生通道，如何自救呢？2022年1月26日，湖南省张家界市桑植县两名被困学生利用所学消防知识自救待援，成功获救，得到消防救援人员的点赞。

当日上午9时23分，桑植县消防救援大队接到报警，澧源镇文明路一住宅7楼发生火灾，2名人员被困。接警后，文明路消防救援站立即出动消防救援人员赶往现场。3分钟后，消防救援人员到达现场。经侦察发现，起火处在客厅，火势凶猛，有2人被困在卧室内，现场浓烟滚滚，情况十分危急。

经过近半小时紧张扑救，大火被完全扑灭，没有造成人员伤亡。消防救援人员询问得知，2名被困人员都是学生，当时正在卧室睡觉，突然听见客厅有异响，打开门后发现客厅已浓烟滚滚，火势很大，随即关上卧室门，拨打“119”报警并跑到窗户旁呼救，又用窗外雨水浸湿的毛巾捂住口鼻，等待消防救援人员到来。

消防部门提醒，在浓烟和大火封堵逃生通道时，应留在房间内躲避，必要时向门上泼水降温，使用湿毛巾堵塞门缝，避免毒烟进入，同时快速拨打“119”求救。在等待救援的过程中，要戴上防烟面罩或用湿毛巾捂住口鼻，防止吸入毒烟。

（资料来源：https://baijiahao.baidu.com/s?id=1723178011364682397&wfr=spider&for=pc，有改动。）

火灾发生后，火势的发展、烟雾的蔓延是有一定规律的，但火场也是千变万化的，如果被火围困，一定要抓住有利时机，利用一切可以利用的工具、物品，想方设法迅速撤离火灾危险区。在众多人员被大火围困的时候，一个人的正确行为往往能带动更多人跟随，可以避免大批人员的伤亡。因此，大学生应该了解和掌握火灾逃生的基本常识，当突遇火灾时，不仅能保护自己的生命，也有助于引导其他人做出正确行为，避免出现更大的伤亡。

一、火灾逃生自救常识

当发生火灾时，稍有不慎就会危及生命，所以一定要理智地选择逃生方式。不同的楼层、不同的位置、不同的现场环境、不同的火势，逃生方式都可能不一样。一定要沉着冷静，迅速对各种逃生方式进行评估，确定其可行性后再进行逃生自救。

（一）沉着冷静，选对路线

平时要了解火灾逃生的基本方法，留意安全出口及疏散通道的位置，熟悉几条逃生路线。发生火灾时，首先要准确判断起火方位，然后迅速沿楼梯向着火层以下疏散撤离，千万不要向上撤离。当楼房突然发生火灾时，首先要让自己保持理智，切不可惊慌失措，以免选择错误的逃生路线。

（二）贴地疏散，防止中毒

发生火灾时，会迅速消耗空气中的氧气，散发大量的有毒气体，很容易造成受困人员中毒或窒息死亡。因此，当你被困于火场时，不要躲进床底、柜橱等地方。若必须穿过烟雾逃生，应尽量用浸湿的衣物、湿毛毯、湿被褥披裹身体，用湿毛巾捂住口鼻部位，减少有毒气体的吸入，防止烟雾中毒、窒息死亡。同时，身体贴近地面（因为接近地面的空气氧气含量较高，且毒气较少，可大幅度提高生存概率）顺墙向远离烟火的安全出口方向疏散。如果室内有防烟面罩，逃生时一定要将其戴上。

（三）舍弃财物，不要回跑

发生火灾时，不要留恋财物，要尽快逃出火场。切记逃出火场后绝不能回跑。

（四）不进电梯，改走楼梯

逃生时切不可乘坐电梯，因为火灾发生时很容易断电，进入电梯就等于进入了“牢笼”。应选择火情不大、能见度较好的楼梯、应急疏散通道等迅速向下撤离。

（五）采取措施，逃生自救

发生火灾时要充分利用房内的门窗、阳台、落水管等逃生自救。当楼梯、通道被烈火、浓烟封闭时，可通过窗户、阳台，逃往相邻建筑物或进入没着火的房间，并关闭房门和窗户，防止进烟。如果条件允许，可将门窗缝隙用湿布条塞严，等待救援。如果身上着火，千万不要奔跑，可就地打滚，或用厚重衣物覆盖压灭火苗。如果烟味很浓，房门已经烫手，说明大火已封门，此时应用毛巾、被子将门缝塞严，泼水降温，呼救待援，千万不要盲目跳楼。

（六）紧急时刻，厕所避险

当被困火场无法逃生时，可以选择进入卫生间避险。关闭门窗，用被子堵住门窗缝隙，有条件的可向门窗上浇水降温。实践证明，这种办法是极为有效的，可以获得很高的生存机会。

（七）想方设法，呼叫救援

当被困火场无法逃生时，应靠近窗户向外挥动色彩鲜艳的衣物，或扔抛沙发垫、枕头等软物或其他小物品，呼叫救援。若是在夜晚，可打开手机、手电筒等灯光指引被困人员位置，大声呼叫，发出求救信号，等待救援。

（八）保持冷静，避免踩踏

教学楼、宿舍等人员密集场所发生火灾时，由于人员众多，撤离时很容易造成踩踏事件，因此要保持镇定，选择正确的出口，有序撤离，减少人员伤亡。在逃离火场时，千万不要在不清楚方向的情况下跑动，以免踏空或绊倒。

（九）结绳自救，脱离险境

当宿舍发生火灾，救援人员没有到达，情况万分危急时，受困人员可迅速用绳子或把床单撕成条状连起来，用水浇湿，一端紧紧拴在门窗和室内稳固物体上，另一端沿窗口下垂直至地面或较低的楼层的窗口、阳台处，顺绳下滑逃生。

（十）如遇明火，逆风快跑

当遇到明火时，应根据火灾发生时的风向来确定疏散方向，迅速逃到火场上风方向躲避火焰和烟气。

二、常见消防安全标志

消防安全标志由几何形状、安全色、表示特定消防安全信息的图形符号组成，设置在与消防安全有关的醒目的位置，用于表明消防设施的性质和位置。正确认识和了解各类消防安全标志，能够有效地加强师生对不安全因素的注意，并且在火灾发生时能够快速地进行扑救、自救和疏散逃生。

（一）火灾报警装置标志

火灾报警装置标志及其含义如表 6-3 所示。

表 6-3 火灾报警装置标志及其含义

标 志	名 称	含 义
	消防按钮	标示火灾报警按钮和消防设备启动按钮的位置
	发声警报器	标示发声警报器的位置

续表

标　　志	名　称	含　义
	火警电话	标示火警电话的位置和号码

（二）紧急疏散逃生标志

紧急疏散逃生标志及其含义如表 6-4 所示。

表 6-4　紧急疏散逃生标志及其含义

标　　志	名　称	含　义
	安全出口	提示通往安全场所的疏散出口
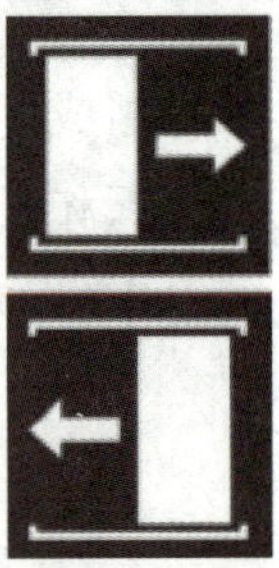	滑动开门	提示滑动开门的位置及方向
	推开	提示门的推开方向
	拉开	提示门的拉开方向
	击碎板面	提示需击碎板面才能取到钥匙、工具，操作应急设备或开启紧急逃生出口

续表

标　志	名　称	含　义
	逃生梯	提示固定安装的逃生梯的位置

（三）灭火设备标志

灭火设备标志及其含义如表 6–5 所示。

表 6–5　灭火设备标志及其含义

标　志	名　称	含　义
	灭火设备	标示灭火设备集中摆放的位置
	手提式灭火器	标示手提式灭火器的位置
	推车式灭火器	标示推车式灭火器的位置
	消防炮	标示消防炮的位置
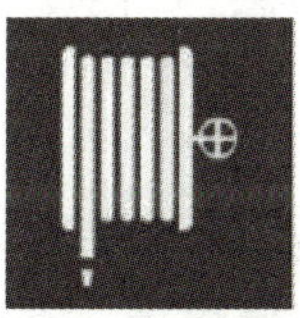	消防软管卷盘	标示消防软管卷盘、消火栓箱、消防水带的位置
	地下消火栓	标示地下消火栓的位置

续表

标　志	名　称	含　义
	地上消火栓	标示地上消火栓的位置
	消防水泵接合器	标示消防水泵接合器的位置

（四）禁止和警告标志

禁止和警告标志及其含义如表 6-6 所示。

表 6-6　禁止和警告标志及其含义

标　志	名　称	含　义
	禁止吸烟	表示禁止吸烟
	禁止烟火	表示禁止吸烟或各种形式的明火
	禁止放易燃物	表示禁止存放易燃物
	禁止燃放鞭炮	表示禁止燃放鞭炮或焰火
	禁止用水灭火	表示禁止用水作灭火剂或用水灭火

续表

标　志	名　称	含　义
	禁止锁闭	表示禁止锁闭的指定部位（如疏散通道和安全出口的门）
	禁止阻塞	表示禁止阻塞的指定区域（如疏散通道）
	当心易燃物	警示来自易燃物质的危险
	当心氧化物	警示来自氧化物的危险
	当心爆炸物	警示来自爆炸物的危险，在爆炸物附近或处置爆炸物时应当心

（五）方向辅助标志

方向辅助标志及其含义如表 6-7 所示。

表 6-7　方向辅助标志及其含义

标　志	名　称	含　义
	疏散方向	提示安全出口的方向（标志底色为绿色）

续表

标　志	名　称	含　义
	火灾报警装置或灭火设备的方位	指示火灾报警装置或灭火设备的方位（标志底色为红色）

安全演练

绘制火灾逃生示意图

一、活动目的

贯彻全民消防，防治火灾的精神，增强学生的消防安全意识和自我防护能力，营造浓厚的消防安全氛围。

二、活动实施

观察学校教学楼的整体布局，根据布局画出平面图，在图上标出所有可能的逃生出口以及出门后的疏散楼梯方向。

三、活动记录

根据观察，完成表 6-8。

表 6-8　教学楼整体布局平面图及火灾逃生示意图绘制表

学校教学楼整体布局

续表

火灾逃生示意图

项目七

提高安全意识，保障校外安全

课前思考

随着经济发展水平的不断提升，在学习之余寻找兼职的学生也越来越多。因此，大学生掌握校外活动安全知识尤为重要。

请思考：

（1）你参加过哪些类型的校外活动？

（2）你认为旅游前需要做好哪些准备？

（3）校外兼职需要注意什么？

学习指南

（1）了解旅游前的准备，掌握旅行安全注意事项。

（2）了解户外活动中的安全隐患，学会在进行登山、越野、游泳等活动时做好安全防护。

（3）掌握校外兼职的类型，了解常见的兼职骗局，具备预防上当受骗的意识和能力。

（4）了解传销的定义，熟悉传销组织的洗脑手段，掌握误入传销组织后的自救措施。

任务一 防范旅游安全隐患

课程导入

西安两名大学生违规进太白山遇暴风雪被困　保护区紧急救援

2021 年 5 月 23 日凌晨 3 点半，陕西太白山国家级自然保护区管理局的值班电话突然响起，所属鹦鸽保护站和厚畛子保护站先后报称，两名大学生在太白山玉皇池受困，请求救援。

陕西太白山国家级自然保护区管理局接到求助电话后，迅速展开救援工作，由鹦鸽保护站与森林公安二分局鹦鸽所紧急协商，联系高山各管护点，组织救援队伍，携带氧气和生活必需品及棉袄，向玉皇池进发。

高山应急救援队一行 4 人迅速集结，4 时 50 分从大文公庙出发，背负救援物品，每个人外加雪套和冰爪，行走在海拔超过 3500 米的山脊上。为了尽早到达受困位置，及时找到受困的学生，避免人员伤亡事件的发生，他们走了超过 10 公里的崎岖山路，在早上 7 点半到达目的地，接上了两名受困学生。他们于 17 时将两名大学生安全接到陕西太白山国家级自然保护区管理局办公处杨陵区。在营救工作结束后，陕西太白山国家级自然保护区管理局林政执法人员依法对违规上山的学生进行了处罚。

据了解，两名学生从厚畛子违规登上太白山，在凌晨 1 点左右突遇暴风雪，被困于玉皇池附近，随后请求救援。

（资料来源：https://baijiahao.baidu.com/s?id=1700713383947411941&wfr=spider&for=pc，有改动。）

随着大学校园的日益开放和旅游业的蓬勃发展，外出旅游已经成为大学生活不可或缺的组成部分，然而大学生旅游安全事故时有发生，已引起政府有关部门、高校师生及家长的高度关注与警惕。大学生必须接受旅游安全教育，这样才能保证旅游顺利、安全。

视频

出境旅游安全须防范

一、外出旅游前的准备

外出旅游前要有充分详尽的计划，包括安排具体的出行时间和路线、罗列花费项目并且估算总费用、了解旅游目的地的基本情况（如当地的天气情况、交通状况及地理环境等），以决定如何安排衣食住行。此外，还要针对具体情况准备出行的必需品。

（1）准备好现金及日常生活必需品。除了准备好路上必需的现金外，还要随身携带一张能在外地取款的银行卡（有适量存款），带好有关证件，如身份证等，出国旅游还要准备好护照、签证等。

（2）野外探险时，一把匕首在紧急时刻是求生的无价之宝。因为个人擅自携带属于法律上管制类的刀具要负相关的法律责任，所以个人携带管制类刀具乘车、乘机时，需要主动告知乘务人员，遵循车辆运输的规则。

（3）准备好一些常用药品，以备不时之需。外出旅游时，最好携带一些感冒药、止泻药、胃药、清凉油、创可贴等，还可以适当携带一些消毒药水、卫生棉球、绷带和胶布等。

（4）选择旅游地点时，需要注意区分旺季和淡季。旺季人多，比较拥挤；淡季人少，更有利于欣赏美景，但是也要注意安全。去自然风景区旅游时，不要在雨季的时候登山涉水，不要在涨潮的时候下海嬉戏。另外，不要轻易前往偏僻和尚未开发的地区。

二、随团旅游安全

如果是随团旅游，要选择有信誉的、正规的旅行社，要看旅行社有没有市场监督管理部门颁发的法人执照和省旅游局颁发的旅游经营许可证。考察旅行社的时候要多比较，不能只听某一家旅行社的报价，要问清楚是否包含旅游保险和一些自费项目。签字前一定要认真阅读合同，把每一项条款看清楚，把要求和问题写清楚。若对方违约，可以凭旅游合同投诉该旅行社。另外，还要关注旅游保险问题。旅游保险分为两部分：一是旅行社责任险，二是旅游意外伤害险。根据文化和旅游部的规定，正规的旅行社必须投保旅行社责任险，游客只要参加旅行社组织的旅游活动，就可享有该项保险的权益。对于旅游意外险，旅行社只是向游客推荐，并不强制购买。个人参加旅行社团队旅游，在经济条件允许的范围内，应再购买一份个人旅游险，这样在出现意外伤害时可以获得两份保险赔偿。

三、入住旅店安全

外出旅游要入住正式营业的旅店，有的旅店无营业执照，有的旅店虽有营业执照，但是入住环境极差，有的旅店经营价格和项目不符合国家的规定，甚至敲诈旅客。入住后要熟悉旅店的安全通道，查看安全疏散示意图（见图 7-1）和整体环境；注意睡觉时关好门窗，外出时锁好门。要保管好自己的房间钥匙，若钥匙丢失，必须及时告知前台服务员；不得私自将钥匙借给未登记的朋友使用。要选择比较安全的楼层，如四层或五层，一是盗贼不易闯入，二是万一发生火灾，相比更高的楼层更容易逃脱。要保管好自己的财物，钱、票、证及其他贵重物品要随身携带。如果有人送东西到房间，应打电话向前台证实后再开门。如果和不相识的人同住一间房，既要注意文明礼貌，又要提高警惕，不要轻信人言。

图 7-1 ×× 酒店安全疏散示意图

四、饮食安全

在外旅游时，不要贪食特殊风味的菜肴，不可暴饮暴食，也不可饱一顿饥一顿；要少吃大鱼大肉等肥腻的食物，多吃一些蔬菜和水果，多饮绿茶或白开水；要少吃生冷食品，尤其不应吃生鱼片、毛蚶之类的菜肴；不宜过多食用海鲜，肠胃不好的人尤其要谨慎；要多吃蒜，少饮酒，以防腹泻；对吃不惯的当地调料和菜肴，要少吃或不吃，以免肠胃不适影响整个旅程。

在饭店就餐时，最好使用一次性杯筷和碗具，饭前便后洗手，不到路边摊点随意用餐或食用不洁果蔬，不随便饮用生水、山泉、溪水等。此外，不要随意采食野生菌，以免中毒。误食有毒野生菌，轻则恶心、呕吐、腹痛，重则出现头昏、幻视等症状，严重的会引发急性肾衰竭或溶血性中毒、休克甚至死亡。如果发现有人误食有毒物品，出现身体不适，应设法催吐，并及时将其送医院治疗。

安全演练

自制旅游攻略

一、活动目的

了解外出旅游存在的安全隐患，树立旅游安全意识，安全旅行。

二、活动实施

人生重要的不是目的地，而是沿途的风景。

我国辽阔的疆域、复杂的地貌、多种气候类型等为种类繁多的自然旅游资源的形成提供了地理基础。我国是世界文明古国，又是古人类发源地之一，拥有不间断的五千多年文明史。星罗棋布的名胜古迹和层出不穷的考古发现，至今犹存的历代古墓葬、古建筑和石窟寺庙，以及古文化、古艺术、古民俗等，都体现了丰富多彩的人文旅游资源。请根据自己的实际情况及所学知识，制定旅行攻略，重点写明旅行途中可能出现的安全问题及防范措施。

三、活动记录

旅游过程中可能出现的安全问题及其防范措施如表 7-1 所示。

表 7-1　旅游过程中可能出现的安全问题及其防范措施

班　　级		姓　　名	
出 发 地		目 的 地	
出行方式		旅行预算	
旅游路线			
旅游过程中可能出现的安全问题	饮食		
	住宿		
	财产		
	交通		
	人际交往		
	……		
防范措施			

任务二 防范户外活动安全隐患

课程导入

20岁男子在广东海岛失联3天终获救

广东省珠海市桂山镇消防救援分局筹备组相关负责人介绍，2021年3月10日10时30分，筹备组接到“一名男子在桂山岛旅游时突发意外，与亲友失联近3天，急需援助”的“110”求助信息。

该筹备组第一时间联系桂山镇政府和当地派出所开展协同搜救。搜救人员到达现场后进行了缜密分工，3名专职消防队员在车边守候，等待下一步命令，其余人员前往山脚展开搜救工作。

搜救人员称，他们通过技术手段对失联者手机最后一次通话的大概位置进行了定位，随即展开区域搜救。途中乱石嶙峋、杂草丛生，没有现成道路可走，搜救人员用砍刀开路，与时间展开赛跑。

2021年3月10日11时18分，搜救的前方人员传来好消息：在桂山岛柒湾区域发现一名受伤人员。于是，搜救组加快脚步，在一处山脚下的礁石旁找到了受伤男子。

经身份确认，遇险男子正是搜救人员寻找的失联者。

搜救人员趴在岩石上将受伤男子救出，对其进行身体检查后，发现男子伤情远比其描述的严重：鼻孔有大量凝结血块，左腿部一大块软组织缺失，无法站立行走。搜救组综合现场情况迅速启动应急预案。

当时救援人员准备了两套方案：一是快速救援，用岛上救援船只运送受伤男子；二是稳健救援，在受伤男子体力允许的前提下陆路回撤。考虑到受伤男子腿部伤势严重，沾水会加重感染，最终搜救组采用了第二套方案，用担架原路将其抬回。

据介绍，整个过程异常艰难，搜救人员几乎是趴在岩石上一步步往上抬。历经一个多小时，12时48分，受伤男子被抬回路面，并被紧急送往医院进行救治。

（资料来源：https://baijiahao.baidu.com/s?id=1694171151738295592&wfr=spider&for=pc，有改动。）

登山、越野、游泳等户外活动因具有娱乐休闲、充满刺激、强身健体、促进人际交往等特点而历来为广大高校师生所热爱，但是活动中的安全隐患同样不可小觑。只有保障了人身财产安全，大学生才能在出游活动中获得更多乐趣，促进身心健康发展。因此，大学生在参加登山、越野、游泳等活动前，应具备实用、有效的安全知识。

一、登山安全

登山运动是大学生经常选择的户外运动之一。登山运动可以使人远离城市喧嚣的环境，呼吸清新的空气和进行适量的运动，这对于增强心肺功能很有好处。森林中富含的负氧离子能与人体中的自由基结合，可以延缓衰老；山上环境优美、视野开阔，可以缓解用眼疲劳。大学生利用课余时间登山，不仅可以强身健体，而且能够放松心情，陶冶情操。

为确保登山安全，大学生需要注意以下几个方面。

（一）登山前的准备

登山前，要整理好登山用具，如手套、绳子、头盔、冰爪、打火机、火柴、水果刀、拐杖、手表、指南针、雨伞、太阳镜、纸笔、地图、手电筒等，准备好干粮和饮用水，穿棉质宽松的便服、舒适的运动鞋。此外，还要带好医药包，包括各类药品，如正红花油、眼药水、止血药、止泻药及绷带、消毒药水、消毒胶布、棉花等包扎伤口的物品。出发前，要关注天气预报，根据天气情况选择登山地点和制订详细的出行计划，让每名登山队员都熟悉出行计划。此外，平时要积极锻炼身体，保证登山时有良好的身体状态。

（二）登山的注意事项

登山过程中最好结伴而行，这样可以充分发挥团队精神，互相帮助，还要保持通信工具畅通。登山以缓步为宜，速度不要过快。在登山过程中，要注意穿好鞋袜，扎好裤脚，上衣的领口、袖口、衣边要适当扎紧，以防毒虫的侵害，避免被树枝刮伤。一定要做到走路不看景，看景不走路。拍照时尽量用镜头伸缩来调整距离，选好角度后不要后退，以防跌入山崖。因为山中的水潭深浅不明且泉水冰凉，所以个人应避免在水潭边嬉戏。休息时要注意增加衣物，做好保暖；注意山林防火，不在山间抽烟或野炊。登山时不要总往高处看，以免产生疲倦感。下山时要注意放松膝盖部位的肌肉，不可冲得太快。登山结束时，为减轻肌肉的紧张度，个人应在原地做放松运动或者在平地上步行一段，切不可结束后立刻坐下。

（三）意外情况的处理

山路曲折险峻，登山者极有可能迷路。为此，登山时应每隔几步就在同一个方向上做一些不容易消失又明显的记号，或者依循前人留下的记号辨别方向，避免在返回时迷路。迷路时不要惊慌，你可以通过一些简单的方法辨别方向，也可以利用指南针和地图确认所处位置。如果未能辨认出位置，应设法继续往上走，居高临下较易辨认方向，也容易被救援人员发现。如果无法下山，应就地扎营，发出救援信号，等待救援，保存体力，同时注意安抚队员情绪。

身边新闻

5名大学生登山迷路被困

开学在即，5名大学生相约登山游玩，不承想迷失方向，被困深山。黄石开发区·铁山区公安分局民警紧急救援，搜寻两个多小时，成功将5名迷路大学生安全救助下山。

2022年8月28日17时许，太子派出所接到一名大学生报警，称自己和4名朋友被困父子山中。经了解，报警人卢某与4名同学上午10时一起到太子镇父子山游玩，登顶后没有原路返回，因对地形不熟悉，下山时才发现不清楚哪条路通往山下，数次尝试找不到正确的路后，几人均出现体力不支的状况，只好报警求助。

按照报警人所说，报警时间距离他们开始登山的时间已经过去了7小时，情况十分紧急。接到5名学生的求助电话后，太子派出所立即组织救援力量，并迅速联系镇政府，请求派熟悉山林情况的人员协助警方展开救援。

“我们在山上架设、检修电塔，路况我们熟悉，我们来带路！”得知情况后，太子镇筠山电厂的两名工作人员自愿前来。民警根据学生的大致描述和两名工作人员的指引，徒步进山搜救。

民警一边在电话中安抚学生的情绪，告知他们不要着急，在原地耐心等待救援，并随时保持电话畅通；一边指导他们通过微信共享位置，掌握其所在大概区域，缩小搜救范围。

山路崎岖难行，民警和救援组队员用手拨开丛生的草木，向被困学生方向艰难前进，并通过不断喊话、灯光频闪等方式来确定失联学生的位置。

经过两个多小时的不懈努力，终于在父子山风力26号站附近找到5名迷路的大学生，此时已是傍晚。经询问，5名大学生身体状况尚好，只是长时间未进水进食，饥渴交加，民警连忙拿出事先准备好的矿泉水给他们补充体能。

5名大学生获救后对民警及救援队员表达了衷心的感谢。民警在确认5名学生身体无异常后，对他们开展了安全教育，并将他们安全护送到山下，5名学生一致表示这是一节印象深刻的安全教育课，他们将铭记在心。

警方提醒：登山前须做好功课，充分了解相关地形，并准备充足的物资，合理安排时间。迷路时及时报警并保持通信畅通，切勿盲目呼救和移动，以免透支体力！

（资料来源：https://m.gmw.cn/baijia/2022-08/30/1303117244.html，有改动。）

二、越野安全

越野，即在野外行进。根据所使用的交通工具的不同，越野可以分为三种类型：汽车越野、摩托越野和自行车越野。汽车越野是在一个国家的公路和自然道路上举行的允许对该国进行考察的汽车比赛。摩托越野是用摩托车在有天然障碍或人工设置的复杂且封闭线路上进行的多圈竞赛。自行车越野是一项惊险刺激、深受青少年喜爱并极具观赏性的运动。由于野外地形多崎岖不平且有天然障碍，因此大学生参加越野活动时要特别注意安全。下面主要针对自行车越野的安全事项做简单介绍。

（一）出发前的组织和准备

出发前要保养好自行车，务必仔细检查车辆，特别是确保车胎不漏气，前、中、后轴状态良好，闸、铃、锁灵敏有效。最好随车带上一个小型打气筒和简单的修理工具。每天骑行结束，要认真检查车辆，发现问题及时处理。要结伴而行。

（二）自行车越野行程中的注意事项

自行车越野行程中的注意事项有以下几点。

（1）新手应当尽量保持在队伍中间，若不熟悉路况，不要随便超越队伍，以保证骑行安全。遇岔路口，应当停车等待队伍，或者查看是否有领队的方向标记后再骑行，不能随意“绕近路”。

（2）不要盲目跟车，尤其不能紧跟随在货车、小汽车及拖拉机的后面，因为它们会挡住视线，随时会靠边停车，跟车者很容易相撞或被挤。应与前车拉开一段距离，或者仔细观察后迅速超过去。

（3）出行要佩戴专用头盔，穿鲜艳醒目的骑车服。转弯时必须减速慢行，并平伸手臂向后面队友、周围车辆和行人示意；弯道遇车或密集人群时应当举手向身后队友示警或向车辆驾驶员喊话示警；遇到水坑或障碍时应握拳向下伸拇指示警；需要紧急停车时应当尽量靠边并提前举拳示意，避免前后相撞。

（4）切勿酒后骑行，追逐打闹，长时间多车并骑，边骑边观景或擅自单独离队等。

（5）有心血管疾病、身体虚弱或患其他不适合剧烈运动疾病的参赛者，在参加活动前应将实际情况主动告知活动召集人，采取妥当的安全措施，避免不必要的危险。

（6）个人在活动中要有团队精神、互助精神、纪律观念、环保意识。

三、游泳安全

游泳是一项非常普及的运动，男女老少皆宜，也是大学生热衷的运动之一。游泳可以增强心肺功能，提高免疫力，有强身健体的功效。冬泳可以锻炼人的耐寒能力，磨炼人的意志；夏泳可以帮助身体散热，使人凉快、舒服。为避免发生伤病事故，游泳必须注意安全和卫生。

（一）游泳要选择安全的场所

选择安全的游泳场所是维护游泳者生命安全的重要保障措施之一。游泳场所分为两类：一类是人工修建的游泳池（馆），另一类是江、河、湖、海等天然水域。大学生无论是到哪类场所进行游泳活动，都要充分考虑安全问题。

1. 游泳池（馆）

大学生到游泳池（馆）进行游泳活动时，应事先熟悉游泳池（馆）环境，包括游泳池（馆）的大小、深浅区划分、禁止标志、水深、水质、水温、附属建筑等。一般要求游泳池（馆）结构合理、深浅区有明显标志、深度适合游泳对象的水平、水质符合卫生要求、水温适宜、有良好的救生设施和良好的管理水平。在活动开始前，还要对场所做必要的布置，如用分道线把深浅区隔开或划定不同对象的活动区域等。

2. 天然水域

在利用天然水域进行游泳教学或开展游泳活动前，我们必须进行细致的考察、选择和布置工作。一般应选择水质较好、浅水区较宽、水温适宜、水底平坦无淤泥、水下无障碍物、水流平缓、河岸开阔、下水和起水方便的水域。凡被生活或工业废水污染的水域，有暗流漩涡的水域，有暗礁乱石的水域，有血吸虫的水域，杂草丛生的河、湖、港汊，河流急弯处或桥墩附近船只来往频繁的码头附近，靠近主航道处，木排、竹排停放处等，都不宜作为游泳活动的场所。

对于准备长期进行游泳活动的场所，我们必须根据具体情况做必要的布置。例如，在游泳场所周围打上木桩，用绳子穿上浮筒将场地围起来，标明深水区，等等。另外，还应在深水区搭建浮台，供救生员观察及游泳者休息。游泳场所还应备有救生船、救生圈和绳子等救生器材，并准备一些必要的药品和急救用具。上述工作做得越仔细，安全就越有保障。

身边新闻

野外游泳遇河水突涨

2022 年 8 月，贵州铜仁邵家桥镇赵家坝村，3 名学生在野外游泳时遇河水突涨游不回去，被困河对岸。消防队接警后紧急前往救援，到场后发现，河流的宽度约有 30 米，水下石块多，水流较湍急。3 名学生被困河对岸的上方是悬崖峭壁，很难从对岸找路脱困。

分析现场情况后，两名消防员下水游至河对岸，来到被困人员所在位置，确认 3 名学生身体无碍后，给他们分别穿上救生衣，并搭建绳桥。在消防员的帮助下，3 人依次脱困。

事后了解到，3人均为刚高考完的学生，因天气炎热，相约一起下河游泳，然而游至河对岸后，河水突涨，他们尝试从对岸的悬崖山体翻越自救，奈何山体陡峭难攀，无路可走，遂拨打“110”报警。

（资料来源：https://m.thepaper.cn/baijiahao_19559025，有改动。）

（二）游泳者必须具备一定的身体条件

不是所有人都适合游泳，患有心脏病、活动性肺结核、肝病、肾病的人，不宜参加游泳。因为在游泳的时候，人所消耗的体力比平时多8倍，有这些疾病的人下水游泳，容易发生不测。患红眼病、传染性皮肤病、中耳炎的人也不能游泳，以免互相传染。禁止酒后、空腹、精疲力竭时游泳。此外，感冒未愈时，应避免游泳。游泳技能较差和体质不好的学生不要离岸太远，更不要去深水区游泳。不会游泳的学生要带好救生圈等救生设备，不能贸然下水。

（三）游泳前要做好准备工作

下水前，要热身10～15分钟，活动关节及各部位肌肉，避免引起抽筋。用冷水淋湿身体，适应较低水温后再下水游泳。镶有假牙的学生在下水前应将假牙取下，以免呛水时假牙落入食管和气管。

（四）游泳的卫生要求

为保证身体健康，我们在进行游泳锻炼时要注意个人和公共卫生，养成良好的卫生习惯。在参加游泳活动前，要备好干净的、不透明的游泳衣、裤，准备好游泳帽和游泳镜；修短指甲，以免划伤自己或他人；清除耳垢，以防耳道积水诱发耳病。

游泳时要自觉维护公共卫生。入水前应先淋浴，将头发、身体冲洗干净，脚经过浸脚池消毒。不乱扔东西，不在池边或池中吃东西，不随处吐痰、擤鼻涕，不得在游泳池中排便。游泳时必须睁开双眼，以免撞到他人或被他人撞到。

游泳结束前应做些整理活动，如放松慢游、水中抖动肢体等，以使身体逐渐恢复安静状态。上岸后应马上冲洗身体，注意清洗眼、耳和口腔。在海滨游泳后，要先用清洁的水洗净头发和全身，再迅速擦干身上的水，穿上衣服，以防受凉感冒。游泳后最好能用眼药水滴洗眼睛，以防感染沙眼或结膜炎。另外，还要检查耳道内是否有积水。

安全提示

公共泳池游泳时易感染的疾病

游泳场所容易发生的传染病，以下几种最为常见：

（1）眼病。眼病包括急性结膜炎（即俗称的“红眼病”）、流行性角膜炎以及沙眼三类。

（2）皮肤病。皮肤病包括股癣、脚气、灰指甲等。要注意的是，泳池中如有淋病患者，健康人群也可能因此发生尿路感染。

（3）中耳炎。在不干净的泳池游泳时，一旦呛水，细菌或霉菌会随池水进入咽鼓管，造成从内到外的逆行感染。此外不干净的池水还可进入外耳道，从而诱发中耳炎。

（4）肠道传染病。游泳时难免呛水或吞饮少量池水，病毒、细菌会随水进入人体胃肠道，增加细菌性痢疾、病毒性肝炎等疾病的患病风险。

安全演练

防溺水专题教育

一、活动目的

为了切实做好防溺水宣传教育工作，保证学生生命安全，帮助广大学生树立防溺水安全意识，掌握防溺水知识技能，提高自救互救能力，特组织防溺水专题教育。

二、活动实施

全班学生分组收集近年来学生溺水身亡事件，并对这些事件发生的原因进行分析，并从中总结防溺水措施及需要提高的自救互救能力。

三、活动记录

活动记录如表 7–2 所示。

表 7–2　活动记录表

近年来学生溺水身亡事件	溺水原因	防溺水措施及需要提高的自救互救能力

续表

近年来学生溺水身亡事件	溺水原因	防溺水措施及需要提高的自救互救能力

任务三
防范校外兼职安全隐患

课程导入

大学生找暑期工作被骗

“感谢重庆警察，帮我们追赃挽损，这次教训太深刻了……” 2022 年 10 月 28 日上午 9 时 30 分，150 多名来自全国各地的大学生陆续赶到重庆渝中区石油路派出所领回此前被假中介公司骗走的“押金”。据了解，当天总共返还受害人被骗钱款 9 万余元。

为何会有这么多人被骗呢？事情要从 2022 年 6 月中旬说起。犯罪嫌疑人谌某、向某、黄某以介绍轻松、福利好的暑期工作的名义，诱导 18～22 岁大学生面试，交纳 600 元押金。之后，他们再以未通过审核为由，安排艰苦岗位，让受害人自动退出。他们还在协议中设置多重退款障碍，等到受害人按约定时间退款时，该中介公司早已人去楼空，相关通信号码也被拉黑。通过一个多月的追踪侦查，重庆警方最终将3名犯罪嫌疑人成功抓捕归案。

经调查审问，该中介公司在短短一个多月时间里共诈骗重庆、四川、贵州、湖北等全国各地大中专学生数百人，涉案资金达30余万元。由于该案受害人数量多，流动性大，为进一步完成取证，追赃挽损，渝中公安部门主动在媒体平台发布查找受害人的公告，督促受害人及时前来报案，对已查实的受害人，分批次逐步退还被骗钱财，全力帮助受害学生挽回经济损失。

现场民警表示，大学生利用暑假打工是一件好事，既可以锻炼自己的交际能力，还可以减轻父母负担。但应聘暑期兼职，一定要提高安全防范意识，选择正规招聘网站或机构。对于社会上各种招聘广告要认真分析，仔细辨识，尽量了解、核实中介机构和招聘单位情况，以免受骗。

（资料来源：https://www.cbg.cn/show/4933-2405455.html，有改动。）

为适应我国社会主义市场经济的建立和改革开放的不断深入，大学生就业制度正在不断改革和日趋完善之中。当前，毕业生就业以“公开、公正、择优、自愿”为原则，就业机制为“市场导向、学校推荐、学生和用人单位双向选择”。不仅毕业生面临就业、求职的压力，而且低年级的大学生为了赚取生活费用、锻炼自身能力，也需要寻找兼职工作。

一、常见兼职的类型

对大学生而言，从事兼职工作即从校园走向社会的“试水”，可能存在一定的风险。大学生只有提高安全防范意识和能力，才能降低“试水”风险。

（一）最经典的兼职——家教

优点：工作时间固定，工作环境相对安静，工作相对轻松且待遇稳定。既可以用到自己的知识储备，又可以接触社会，锻炼自己的口头表达、思维和应变能力。

求职途径：熟人介绍，毛遂自荐，学校勤工俭学中心介绍，到学校周边的家教中心寻找工作信息。

（二）边走边学的兼职——导游

优点：工作时间弹性相对较大，可以选择在周末或假期带团，不与学习时间冲突。

求职途径：可以考取导游从业资格证书，到正规旅行社应聘。

（三）锻炼营销思维的兼职——促销人员

优点：部分企业利用周末和假期进行产品促销，一般不与学生的学习时间冲突；学生的沟通能力和耐力能得到很好的锻炼；短期促销人员以在校大学生为主，可以让大学生结识很多同龄朋友。

求职途径：到信誉良好、具有一定规模的大学生兼职中心寻找，关注校园网络论坛等发布的信息，关注校园内的企业招聘海报。

（四）礼仪兼职——接待员

礼仪兼职对形象气质要求较高，要求学生有较充裕的时间，身高、容貌有优势。

优点：薪酬较高，可接触到优秀人物，在一定程度上会激发人的上进心；上岗前一般要接受严格的形体培训，这对自身形象塑造大有益处。

求职途径：媒体、公司的招聘广告，中介机构发布的信息。

（五）学以致用的兼职——翻译员

这种兼职对外语水平要求高，如果是口译员，还要求举止端庄大方。

优点：可以锻炼自己的外语能力，工作时间十分灵活；学习与工作同步进行，相互促进。

求职途径：教师或学校推荐，关注电视、报纸、杂志及专门的人才招聘网站上的招聘广告。

（六）磨炼意志的兼职——服务员

优点：可以锻炼自己的待人接物、应变等能力。

求职途径：品牌服务机构招计时工一般会在店外贴招聘启事，可以留意周围的相关信息，也可以登录其网站，查看招聘信息。

（七）新兴时尚的兼职——网络钟点工

网络钟点工是一种新兴的网络兼职形式，如利用翻译外语网页进行网页文字采编、设计、制作等赚取报酬，有的大学生还开设网上店铺。

优点：工作方式和地点灵活，可以发挥自己的专业优势。

（八）自主决策的兼职——自主创业

自主创业指以校园学生为顾客群，开展校园代理、加盟连锁店等。自主创业也成为大学生的兼职方式之一，而且越来越受到大学生的青睐。

优点：决策方式相对自主，能全面锻炼自己的能力。

二、常见兼职的骗局

在寻找兼职工作的过程中，一些不法分子会利用大学生求职心切的心理设立各种求职骗局，大学生如无防范之心，就可能被骗。

（一）名为押金，实为骗钱

少数用人单位声称为了方便管理，向大学生收取押金或保证金，并承诺工作结束后退还，学生交钱后，招聘单位又以职位暂时已满，或暂

图文

案例：在招聘网站上投个简历，怎么就掉进了诈骗团伙的坑

时没有工作可做为由，让等消息，随后消失。

身边新闻

大学生打暑假工遭遇黑中介

2022 年 7 月，渝北警方多方联系，帮助 3 名学生成功追回被骗的 600 元暑假工中介费。

7 月 13 日，学生小李、小张、小付（化名）为积累社会实践经验，坐车从铜梁区来到江北区人才市场找工作，他们遇到一男子，其自称是某中介公司的“吴经理”，可以带他们到渝北区空港附近的企业打暑假工，但是要收取 600 元中介费。

三人觉得可行，就凑齐了 600 元交给“吴经理”，并索要了对方身份信息。三人被安排在空港一家中介公司住宿，第二天，“吴经理”便带着三人来到空港保税港几家企业，挨个询问是否在招聘暑假工，均被回复无招聘。

下午，“吴经理”借口有事离开，三人等候多时未见人，多次拨打手机也没有人接听，微信也被拉黑。三人只好打电话报警求助。

双凤派出所接到报警后，民警根据提供的信息查询到“吴经理”的个人资料，但该人是外市户口，并没有近期本地的居住信息，拨打其手机也一直未接听。

虽然此案涉及金额不大，但被骗经历很可能让几名学生产生心理阴影。双凤派出所一方面安排民警对 3 名学生开展心理疏导，并结合被骗案例对他们进行宣传防范提醒，另一方面通过短信给“吴经理”留言，并尝试联系其所在的公司，最终联系上“吴经理”。

14 日晚，“吴经理”通过微信退还了 600 元钱。经查，“吴经理”的真实工作是给中介拉客的，上午在帮 3 名学生找工作无果后一走了之，以为学生不会报警。经过法治教育，该男子对自己骗取学生钱财的行为感到愧疚，并进行了赔礼道歉。

警方提醒，找工作要通过有门店的正规中介公司，一定要在签订劳务合同后再交中介费，谨防被骗。

（资料来源：https://baijiahao.baidu.com/s?id=1739320031475813584&wfr=spider&for=pc，有改动。）

（二）找借口拖延，违约

少数非法中介机构收取高额中介费后却找各种借口拖延，不履行承诺，不及时为学生介绍合适的工作，直到不了了之。还有少数中介机构“打一枪换一个地方”，骗取一定中介费后就消失得无影无踪，加上很多受骗的大学生不知道详细的联系方式，这给事后追查带来很大困难。

（三）找借口解雇，克扣工资

一些大学生被个人或流动服务的公司雇用，本应按月取得报酬，但用人单位往往在快要付报酬时，找各种借口将学生解雇，或以各种理由克扣工资。

（四）声称高薪招聘，另有企图

少数用人单位以高薪吸引求职者，谎称职位有代客泊车员、导游、服务员等，而大学生一旦入职，便身不由己，很容易误入歧途。

（五）声称找家教，专骗女学生

这类陷阱多发生在招聘家教或文秘时，有的女学生在对方提出单独约见时，不多加考虑就去会见，可能会遇到危险。

三、谨防上当受骗

大学生在寻找兼职机会时，既要勇往直前，也要预防陷阱，树立自身安全防范意识，提高警惕，让自己免遭侵害。

（一）不轻信他人，降低风险

大学生兼职被骗多是经验不足引起的，不法分子多利用大学生涉世未深以及急于找工作的心理骗财骗色。大学生在找兼职时，一定要认真选择，对除从学校等官方机构以外获得的信息保持警觉。

（二）增强自我保护意识，维护合法权益

大学生在寻找兼职时，要认真确认用人单位的基本情况，确保其正规、合法，如果发生劳动纠纷，应立即向学校和当地劳动部门举报求助。上岗之前一定要签订劳动合同，约定工作时间、期限、工作内容、劳动报酬、支付方式、劳动条件等。如果遇到索取报名费、押金、培训费等情况，应谨慎应对。

（三）从正当渠道获取兼职信息

（1）要从用人单位直接获取招聘信息，这样的招聘信息可信度比较高。

（2）要从正规的中介机构获取招聘信息，警惕证照不全、操作不规范或漫天要价的中介机构。

（3）要从正规的招聘网站获取招聘信息并仔细审查。

（4）要从校内社团获取招聘信息。很多高校的学生会设有专门的社会实践部，其提供的信息基本可靠，即使出现问题，也有社团负责人与企业直接协商。

（5）如果条件允许，可由父母、亲戚或导师为自己介绍兼职。

身边新闻

网上兼职需谨慎

2022 年 4 月，在校大学生小梁本想在网上找个兼职，结果还没等她赚到“第一桶金”，就被骗了 8000 余元。好在她报警及时，民警成功为她挽回 7000 元损失。

小梁是一名在校大学生，准备找个兼职补贴在校支出。4 月 18 日 19 时左右，小梁在浏览兼职网站时，一则招聘广告让她心动不已，“一单一结，绝不拖欠”“线上兼职，轻松上手”“不需经验，轻松赚钱”等充满诱惑的广告词让小梁立刻扫二维码加入了一个兼职 QQ 群。

随后，小梁按照客服的要求，通过扫码在某宝上完成购物“刷单”任务，当小梁要求给付 409 元“刷单”的佣金时，对方称如果要提现，需要刷 20 倍的流水。于是，小梁按照对方的一步步指示，又花费 8180 元购买了 8 张面值 1000 元的“沃某玛”电子购物卡，并将订单及购物卡密码截图发给了对方，没想到，期望的佣金及返款没得到，对方还将自己拉黑了。小梁意识到被骗，立即报了警。

接到小梁的求助后，丹徒公安分局长山派出所民警立即联系了“沃某玛”网站工作人员，查询到小梁购买的这 8 张购物卡中仅有一张被他人兑换使用过，当即按照相关工作流程，协调工作人员将未被兑换使用的 7 张购物卡予以冻结。工作人员表示，小梁可以凭相关手续前往公司线下门店办理退款手续。

（资料来源：https://baijiahao.baidu.com/s?id=1731394118228938454&wfr=spider&for=pc，有改动。）

四、抵制传销

传销是指组织者或经营者发展人员，通过对被发展人员以其直接或间接发展的人员数量或销售业绩为依据计算和给付报酬，或者要求被发展人员以交纳一定费用为条件取得加入资格等方式牟取非法利益，扰乱经济秩序，影响社会稳定的行为。传销组织一般是利用大学生求职心切的心理诱惑大学生的。近年来，加入传销组织的大学生有增多趋势。据了解，几乎每个传销组织都有大学生加入。

（一）传销行为的界定

《禁止传销条例》第七条规定，下列行为属于传销行为：

（1）组织者或者经营者通过发展人员，要求被发展人员发展其他人员加入，对发展的人员以其直接或者间接滚动发展的人员数量为依据计算和给付报酬（包括物质奖励和其他经济利益，下同），牟取非法利益的。

（2）组织者或者经营者通过发展人员，要求被发展人员交纳费用或者以认购商品等方式变相交纳费用，取得加入或者发展其他人员加入的资格，牟取非法利益的。

（3）组织者或者经营者通过发展人员，要求被发展人员发展其他人员加入，形成上下线关系，并以下线的销售业绩为依据计算和给付上线报酬，牟取非法利益的。

近年来，大学生成为传销组织发展的“重点对象”。虽然政府、学校、媒体都做了全方位的宣传，引导大学生警惕和远离传销组织，但仍有大学生受骗，并为此付出了惨痛的代价。

法律视角

关于传销的法律规定

《禁止传销条例》第二十四条规定：有本条例第七条规定的行为，组织策划传销的，由工商行政管理部门没收非法财物，没收违法所得，处 50 万元以上 200 万元以下的罚款；构成犯罪的，依法追究刑事责任。

有本条例第七条规定的行为，介绍、诱骗、胁迫他人参加传销的，由工商行政管理部门责令停止违法行为，没收非法财物，没收违法所得，处 10 万元以上 50 万元以下的罚款；构成犯罪的，依法追究刑事责任。

有本条例第七条规定的行为，参加传销的，由工商行政管理部门责令停止违法行为，可以处 2000 元以下的罚款。

（二）传销组织的洗脑手段

1. 精心筛选“市场”

传销组织需要发展“下线”来补充新鲜的血液。所谓的“下线”，就是“新朋友”。每一个传销组织成员都有自己的“市场”，分内线市场和外线市场。外线是与家人没有联系的所有朋友，包括同学、战友、工友及认识的一切好友；内线是指与家人有联系的所有亲朋好友。传销人员发展的人员大都是“五同四友”（同学、同宗、同事、同乡、同好，朋友、酒友、战友、室友），因为彼此熟悉，防范心理较弱。

2. 发出邀请

“市场”被筛选好以后，传销人员就开始下手了。一般情况下，电话问候是第一步。第一个电话是问候电话，主要是了解对方的情况，以做到有备而来、对症下药。第二个电话是吸引，粉饰所在城市和工作等，以高工资、高回报做诱饵，根据第一个电话了解的情况抛出一个诱饵吸引对方上钩。第三个电话是直接邀约，邀请对方过来见面。有了前两个电话的铺垫，第三个电话就有了成功的可能。

3. 火车站接人

“新人”来之前，推荐人要将情况告知“领导”。“领导”根据具体情况安排一个“第三者”与邀请人一起前往火车站接人。这个“第三者”往往是经验丰富的老“业务员”，能够迅速拉近与“新人”的距离，随机应变地转移“新人”的注意力，给“新人”洗脑，并通过观察和谈话了解“新人”的心理，及时向“领导”汇报。

4. 煽情授课

传销组织的授课一般安排在一个封闭的环境中，通过所谓“成功人士”的经验介绍，大肆宣讲“成功学”，为新加入者描绘出一个“光明的前景”，如告诉学员如何快速致富，点燃“新人”发财的欲望。

5. 打消疑虑

“新人”一般会有疑虑。传销组织会利用各种办法打消这些疑虑，如告知“新人”传销不是行骗，传销是合法的、公平的、自由的、帮助他人的等。通过这些回答，“新人”往往容易放松警惕，接受传销组织的洗脑理论。

6. 限制人身自由

对于“新人”，传销组织一般会严格限制其人身自由，如出入有人跟踪、手机被没收、吃住一起等，使“新人”没有机会逃跑，也没有机会和外面联络。有的传销组织甚至对成员进行殴打、谩骂，使误入者受尽折磨。

（三）误入传销组织后的自救

大学生一旦发现自己误入传销组织，不要惊慌，要保持头脑冷静。

1. 保管好自己的财物

要保管好自己的手机、身份证、银行卡等物品，最好将它们藏在安全的地方，尽量不要让它们落入对方手中。如果手机没被收走，要第一时间给朋友发定位信息，让其帮忙报警。

2. 冷静观察

如果进入传销组织后没有人身自由，手机也被拿走，这时就需要保持冷静的头脑。如果知道自己被带到了什么地方，一定要记住地址。如果不知道地址，可以观察附近标志性建筑或记住路线，留意自己所处的具体位置，为日后逃脱或报警做好准备。

3. 假装顺从

误入传销组织者不要和传销人员发生肢体冲突，不当面拆穿和反抗，要假装顺从，保证自身安全是第一选择。你只要配合一段时间，总会有机会逃离，哪怕身份证和钱财被扣留，也可以通过报警或找当地人（传销组织一般不发展当地人）寻求帮助来解决。在传销组织要求“新人”交费时，你可以利用筹钱的机会，向朋友发出求救信号。

4. 抵制诱惑

误入传销组织者要保持清醒认识，时刻提醒自己不要被洗脑。面对传销组织的“狂轰滥炸”，要时刻提醒自己“天上不会掉馅饼”“短时间实现上百倍的财富增长，不是骗就是抢”“没有无缘无故的暴富”等，保证自己的心理防线不被击破，抵制传销组织的各种渗透。

5. 不要泄露家人信息

传销组织往往对新加入的成员打亲情牌，或者以家人要挟其就范。所以，误入传销组织后，一定不要泄露家人信息，避免给传销组织以可乘之机。

6. 伺机逃生

误入传销组织者可以利用传销组织上街或考察的时机突然挣脱控制，抓住一切逃生的机会；或者发现对方放松警惕时，伺机逃跑或报警。传销组织一般不敢在人多的地方公然抓人，逃生时一定要往人多的地方跑，以确保逃生成功。

安全演练

“机智防骗，远离传销”主题班会

一、活动目的

具备基本的防骗常识和知识，掌握防骗技巧，远离传销。

二、活动实施

全班学生分组，小组成员以自定义方式进行资料收集、整理工作，并将收集的有关防骗、防传销的知识进行汇总，以幻灯片的形式在全班学生面前进行展示，使学生更加直观地了解关于防盗、防骗、防传销的知识。需要特别介绍传销的形式和害处，告诫学生取财有道，远离传销。

三、活动记录

活动记录如表 7-3 所示。

表 7-3 活动记录表

<table>
<tr><td>班　级</td><td></td><td>姓　名</td><td></td><td>指导教师</td><td></td></tr>
<tr><td>小组成员及分工</td><td colspan="5"></td></tr>
<tr><td>收集真实案例</td><td colspan="5"></td></tr>
<tr><td>知识汇总</td><td colspan="5"></td></tr>
<tr><td>防范措施</td><td colspan="5"></td></tr>
<tr><td>活动感悟</td><td colspan="5"></td></tr>
</table>

项目八 保持沉着冷静，应对突发事件

课前思考

现在的大学生多是独生子女，是家庭和学校的重点保护对象，大学生个人在面对各种突发事件，如地震、洪水、流感等危机时应对能力较弱。因此，提高高校突发事件管理水平和大学生危机应对能力，构建高校突发事件处理机制，应当成为政府相关部门及高校师生的重要课题。

请思考：

（1）大学生可能会面临哪些突发事件？

（2）你所在的地区经常发生自然灾害吗？你知道在自然灾害来临时应该如何做吗？

（3）面对公共安全事件，你知道如何做好安全防范吗？

学习指南

（1）了解常见的自然灾害，掌握常见自然灾害（如地震、洪涝、泥石流等）的紧急避险及自救措施。

（2）了解常见传染病，能够在日常生活中做到安全防范，远离传染病。

（3）了解饮食安全的内容，掌握预防食物中毒的常识，能够在自己或他人食物中毒后进行施救。

（4）在突发事件中，树立安全防范意识，掌握逃生的方法。

任务一 应对自然灾害

课程导入

突发！四川泸定发生 6.8 级地震

中国地震台网正式测定：2022 年 9 月 5 日 12 时 52 分四川省甘孜州泸定县（北纬 29.59°，东经 102.08°）发生 6.8 级地震，震源深度 16 千米。多地震感明显。

据央视新闻消息，截至 2022 年 9 月 6 日 7 时，甘孜州报告 37 人遇难、失联 12 人，已收治伤员 170 人，其中重伤 56 人。雅安石棉县共接报 28 人遇难，78 人受伤，受伤人员均已送往医院救治，其中危重 5 人、重伤 12 人、轻伤 61 人。

另据央视报道，四川路桥所属康新项目部正在磨西古镇抢修通往海螺沟景区的唯一道路。据估计，景区内被困 200 余人，由于工作面有限，投入 1 台挖机、2 台装载机、现场抢险人员 15 人。

此次地震造成重大人员伤亡。为贯彻落实习近平总书记关于抗震救灾工作的重要指示精神，受中央领导同志委派，国务院抗震救灾指挥部副指挥长、应急管理部部长连夜率由中央宣传部、工业和信息化部、公安部、自然资源部、住房和城乡建设部、交通运输部、国家卫生健康委员会、应急管理部等部门组成的国务院抗震救灾指挥部工作组，赴震区指导支持四川抗震救灾工作。鉴于灾情严重，国务院抗震救灾指挥部办公室、应急管理部将国家地震应急响应级别提升至Ⅱ级。国家减灾委、应急管理部将国家救灾应急响应级别提升至Ⅲ级。

（资料来源：https://www.163.com/dy/article/HGJ653R50519D3V1.html，有改动。）

自然灾害是自然界中突发的、不可控制的异常现象，对人类社会破坏极大。科学认识自然灾害的发生、发展，掌握自然灾害存在的一般规律，做好必要的防范措施，尽可能降低它们带来的危害，已经成为人类社会共同关心和研究的课题之一。地震、洪水、泥石流、崩塌等自然灾害看似遥远，却又随时可能发生。海地大地震、智利大地震、新疆雪崩、青海玉树地震……这些事件的发生，提醒人们随时随地牢记“安全第一”。大学生了解防范自然灾害的措施及灾后自救互救的方法，对减少伤亡、减轻受灾程度是十分必要的。

一、地震灾害

（一）地震的成因与类型

地震是指地球内部缓慢积累的能量突然释放引起的地球表层的震动。当地球内部在运动中积累的能量对地壳产生的巨大压力超过岩层所能承受的限度时，岩层便会突然发生断裂或错位，使积累的能量急剧地释放出来，并以地震波的形式向四面八方传播，从而形成地震。一次强烈地震过后，往往伴随着一系列较小的余震。

根据成因的不同，地震可分为构造地震、火山地震、塌陷地震、诱发地震和人工地震等。构造地震就是人们通常所说的地震，是指地壳水平或垂直方向的剧烈运动所造成的地面震动，占世界地震总数的 85% ～ 90%；火山地震是指火山爆发引起的地面震动，占世界地震总数的 7% 左右；塌陷地震是指地下岩洞塌陷、大型山崩或矿井顶部塌陷引起的地震，占世界地震总数的 3% 左右；诱发地震是指人类活动如水库蓄水、矿山采矿、油田抽油注水等引发的地震；人工地震是指核爆炸、工程爆破、机械振动等人类活动引起的地面震动。

（二）世界主要地震带

地球上主要有三大地震带，即环太平洋地震带、欧亚地震带和海岭地震带。环太平洋地震带是地球上最主要的地震带，约有 80% 的地震发生在这里。

我国位于世界两大地震带——环太平洋地震带与欧亚地震带之间，是地震多发国家。我国的地震主要分布在五个地区：台湾地区、西南地区、西北地区、华北地区和东南沿海地区。2022 年，我国共发生 5 级以上地震 27 次（未包括台湾），较历年平均次数有所增多，主要集中在青海、四川、新疆等西部地区。全年震级最高的地震是 1 月 8 日青海门源 6.9 级地震，损失最重的是 9 月 5 日四川泸定 6.8 级地震。2022 年地震灾害损失较常年偏重，共造成 94 万人次受灾，因灾死亡失踪 122 人，直接经济损失达 224.5 亿元。

（三）地震预报与地震前兆

地震预报是世界性难题。各国地震学家主要分为两派，一派认为地震不可预报，另一派认为地震可预报。自中华人民共和国成立以来，我国在地震预报领域取得了较为突出的探索成果，并对地震前兆做了分析总结。

1. 地下水异常

地震来临前，震区地下水一般会有较为明显的异动，这是地震的重要前兆。谚语云：井水是个宝，前兆来得早；天雨水质浑，天旱井水冒；水位变化大，翻花冒气泡；有的变颜色，有的变味道。

2. 动物异常

动物较之人类更能感知环境的细微变化，大量动物的异常行为是预报地震的重要依据。

安全提示

震前动物异常反应歌谣

群测群防搞预报，动物异常很重要。
牛马驴骡不进厩，猪不吃食拱又闹。
羊儿不安惨声叫，兔子竖耳蹦又跳。
狗上房屋狂吠嚎，家猫惊闹往外逃。
鸡不进窝树上栖，鸽子惊飞不回巢。
老鼠成群忙搬家，黄鼠狼子结队跑。
冰天雪地蛇出洞，冬眠动物复苏早。
蜻蜓大群定向飞，蜜蜂群迁跑光了。
青蛙蛤蟆细无声，鱼翻白肚水上跃。
野鸡乱叫怪声啼，蝉儿下树不鸣叫。
园中虎豹不吃食，熊猫麋鹿惊惶嚎。
大鲵上岸哇哇哭，金鱼出缸笼鸟吵。
人人观察找前兆，综合分析排干扰。
方法简单效果好，家家户户能做到。

3. 地光和地声

地光和地声是地震前夕或地震时，从地下或地面发出的光亮及声音，是重要的临震预兆，也就是人们常说的“临震前，一瞬间，地声隆隆地光闪”。出现这种情况证明地震马上或已经来临，要迅速行动，果断避险。

（四）震前避灾措施

如果学校或居住地位于地震多发地带，一定要提高警惕，随时准备应对突发的地震灾难。

（1）家中应准备急救箱及灭火器，须留意灭火器的有效期限，了解其使用方法。平时注意教学楼和宿舍内灭火器的放置位置。

（2）了解瓦斯、自来水及电源安全阀的位置和控制方法。

（3）家中高悬的物品应该绑牢，橱柜门窗宜锁紧。重物一般不要选择悬挂或在高处堆放，以免震落伤人。

（4）要了解经常光顾场所（商场、电影院、体育馆等）的环境和逃生路线，以备不时之需。

（5）积极参加学校、社区等组织的地震逃生演习，提高自己应对突发事件的能力和避险心理素质。

（6）制作防震包，将其放在房间显眼的位置，注意经常更换药品、饮用水和食物等。

（五）震时防护

个人掌握一些地震安全防护的技巧，可以将灾难的伤害降到最低。地震时保持冷静，迅速走到室外，是应对地震的国际通用守则。但并不是在所有的情况下都能迅速跑到室外，因此，大学生不仅要掌握室外避震的技巧，还要掌握室内和车内避震的技巧。

视频

地震家中自救的方法

1. 室外应急防护

地震发生时，正在室外的人员要注意头部的保护，应将双手交叉放在头上，最好有坚硬的物件罩在头上，并迅速跑到空旷的地方。注意避开高大的易倒建筑物，如烟囱、水塔、广告牌、路灯、大吊车、砖瓦堆、水泥预制板墙、油库、危险品仓库、立交桥、过街天桥等，特别是有玻璃墙的高建筑物；避开危旧房屋、狭窄的街道等危险之地；远离石化、化学、煤气等易燃有毒的工厂或设施，如果遇到上述物质引起火灾或有毒气污染，应迅速向上风方向撤离。地震时正在郊外的人员，应迅速离开山边、水边等危险地，以防滑坡、地裂、涨水等突发自然灾害。

2. 室内应急防护

室内应急防护主要是防备震坏建筑物及震落物品的砸伤。地震一般是突然发生的，要尽量在最短的时间内取得最好的防护效果。

首先，要注意保护头部，以防异物砸伤。如果上课时发生地震，学生要进行有序撤离，一定不要到处乱跑。在比较坚固、安全的房间内时，可以躲在课桌下、讲台旁，抱头、闭眼。在教学楼内时，可以到有管道支撑的房间里。在家中或宿舍时，可以选择厨房、卫生间、楼梯间等不易倒塌的空间避震，也可以躲在墙根、墙角、坚固家具旁等易于形成三角空间的地方（见图 8-1）避震，因为这些地方尤其是经过处理的管道，具有较好的支撑力，抗震等级较高。

图 8-1　地震中的活命三角区

安全提示

“生命三角”避震法

国际救援者道格·库普于1985年提出“生命三角”避震法——当建筑物倒塌时，落在物体或家具上的屋顶会撞击这些物体，在靠近它们的地方留下一个空间，这个空间被称作“生命三角”。物体越大、越坚固，被挤压的余地就越小，利用这个空间的人免于受伤的可能性就越大。

“生命三角”避震法的力学原理是正确的。在避震地点（尤其是家庭避震）选择承重墙或者柱子的底部是合理的，但要注意找软性遮挡物保护好头部。考虑到地震时房间设施移动的随机性，形成的“三角空间”也可能具有随机性，所以利用房间内的家具等作为倚靠物寻求“三角空间”的方式不一定可取。相比之下，“伏地、遮挡、手抓牢”的应对方法显得更为周到一些。因为“伏地”能通过降低身体的重心，避免在地震的晃动过程中摔倒受伤；而“遮挡”能够避免坠落物体的直接伤害，一定程度上可以保护人不至于被剧烈晃动甩出的其他物体伤害；“手抓牢”则可以通过保持人与牢固物体的相对位置，防止摔倒或身体移位。

（资料来源：https://baijiahao.baidu.com/s?id=1700871645455613694&wfr=spider&for=pc，有改动。）

其次，迅速关火关电。摇晃时，要立即断开电源，关闭煤气，熄灭明火，以免引起其他灾害，这对于降低地震灾害程度非常重要。照明最好使用手电筒，不要用火柴、打火机、蜡烛等，以免引燃泄漏的燃气。

最后，不要仓促行动。千万不要盲目跳楼或从其他高建筑物上跳下，以免摔伤或被玻璃扎伤；不要上阳台、乘电梯、下楼梯或到处跑，以免增加救援难度；不要随人流拥挤，以免发生挤压踩踏事故，或者使楼房因不能承重而垮塌。所有室内人员在初震过后，都要尽快撤出，以避余震。

3. 车内应急防护

地震时，汽车要靠路边停放，并避开十字路口。车上的人员要抓牢扶手，低头，以免摔倒或碰伤；也可降低身体重心，躲在座位附近，以防发生意外事故。要等车停稳及地震过去之后再下车。

（六）震后自救

地震时如被埋压在废墟下，周围是一片漆黑，只有极小的空间，一定不要惊慌，要沉着冷静，树立生存的信心。

（1）要保证呼吸畅通，挪开头部、胸部的杂物；闻到煤气、毒气时，用湿衣服等捂住口、鼻。

（2）要避开身体上方不结实的倒塌物和其他容易引起掉落的物体；扩大和稳固生存空间，用砖块、木棍等支撑残垣断壁，以防余震发生后环境进一步恶化。

（3）尽量保存体力，不要哭喊、急躁和盲目行动，否则会消耗大量的精力和体力。可以用石块敲击能发出声响的物体，向外发出呼救信号，等待救援人员到来。

（4）如果受伤，要想办法包扎，避免流血过多而休克。

（5）如果被埋在废墟下的时间比较长，要想办法维持自己的生命，身边有防震包、水、食物、药品的，一定要节约，同时尽量寻找食品和饮用水。

（6）树立生存的信心。如果几个人同时被压埋，要互相鼓励，团结配合，互相关心，增加求生的信心和希望。如果是一个人被压埋，更要有坚强的毅力和足够的信心，相信救援人员一定会到来，不要放弃对生命的坚持。汶川大地震和玉树地震中无数生命奇迹证明，生存的毅力对于渡过难关有至关重要的作用。

二、洪涝灾害

（一）洪涝灾害的形成

洪水是指暴雨、急骤融冰化雪、风暴潮等自然因素引起的江、河、湖、海水量迅速增加或水位迅猛上涨的水流现象。按照成因，洪水可分为暴雨洪水、融雪洪水、冰凌洪水、风暴潮洪水等；根据发生季节，洪水可分为春涝、夏涝、夏秋涝和秋涝等。洪涝灾害是一种常见的自然灾害，是因洪水过多或过于集中，形成的诸如水道急流、山洪暴发、河水泛滥、淹没农田、毁坏环境与各种设施等灾害现象。

洪涝灾害主要包括洪水灾害和雨涝灾害两类。洪水灾害是指强降雨、冰雪融化、冰凌、堤坝溃决、风暴潮等引起江河湖泊及沿海水量增加、水位上涨而泛滥以及山洪暴发所造成的灾害。雨涝灾害是指因大雨、暴雨或长期降雨量过于集中而产生大量的积水和径流，土地、房屋等渍水、受淹造成的灾害。由于洪水灾害和雨涝灾害往往同时或连续发生在同一地区，有时难以准确界定，往往统称为洪涝灾害。

（二）洪涝灾害的特点

1. 范围广

除沙漠、极端干旱地区和高寒地区外，我国大约 2/3 的国土面积都存在不同程度和不同类型的洪涝灾害。年降水量较多且 60%～80% 的地区集中在汛期 6～9 月的东部地区，常常发生暴雨洪水；占国土面积 70% 的山地、丘陵和高原地区常因暴雨发生山洪、泥石流；沿海省、自治区、直辖市每年都有部分地区遭受风暴潮引起的洪水袭击；我国北方的黄河、松花江等河流有时还会产生冰凌，从而引发洪水；新疆、青海、西藏等地时有融雪洪水发生；水库垮坝和人为扒堤决口造成的洪水也时有发生。

2. 发生频繁

我国是洪水灾害频繁的国家。据史书记载，从公元前 206 年至中华人民共和国成立的 2155 年间，大水灾就发生了上千次，几乎每两年就有一次。中华人民共和国成立以来，洪涝灾害年年都发生，只是大小有所不同而已。特别是 20 世纪 50 年代，仅 10 年中就发生大洪水 11 次。

3. 突发性强

我国东部地区常常发生强度大、范围广的暴雨，而江河防洪能力又较低，因此洪涝灾害的突发性强。1963 年，海河流域南系 7 月底还大面积干旱，8 月 2 日至 8 日，突发的一场特大暴雨使这一地区发生了罕见的洪涝灾害。

4. 损失大

1931 年江淮大水，洪灾涉及河南、山东、江苏、湖北、湖南、江西、安徽、浙江等 8 省，淹没农田 1.46 亿亩，受灾人口达 5127 万，占当时 8 省总人口的 25%，死亡 40 万人。1991 年，淮河、太湖、松花江等部分江河发生了较大的洪水，全国洪涝受灾面积达 3.68 亿亩，直接经济损失高达 779 亿元。其中，安徽省的直接经济损失达 249 亿元，约占全年工农业总产值的 23%，受灾人口 4400 万人，占全省总人口的 76%。

（三）洪涝灾害的防护与自救

1. 洪灾前做好准备

（1）夏秋季节，个人应密切关注天气预报和洪涝灾害信息，根据当地政府防汛预案，结合自己所处的地理位置和地形条件，做好防灾准备，提前熟悉隐患灾害点、紧急转移路线图、抗洪救灾机构联络方式以及最佳撤离路线。

（2）洪涝灾害易发地区居民应提前备好家用洪涝救生器材，如木盆、木材、大块泡沫塑料等能漂浮在水面上的物品，必要时应提前购置救生衣、应急手电、帐篷等，以便在被困时自救或互救使用。

（3）山区居民应防备滑坡、泥石流、房屋垮塌等次生灾害。山区居民建房应尽量远离山坡和河道。连续降雨时，山区居民要注意观察，如发现山体土壤松动、房屋裂痕、河水突然断流或加大等迹象，应及时撤离。

（4）个人预防洪涝灾害期间，应随时保持通信畅通，以便在洪灾发生后及时与救援人员联系，保证获救。个人在撤离时可将手机装入防水塑料袋中，注意关掉煤气阀、电源总开关等。

2. 洪灾时积极自救

（1）洪水来到时，要迅速向高处转移，来不及转移时，应按照快速、就近的原则，及时抓住木头、木板等漂浮物，或尽快把身体固定在树木上，以免被洪水冲走。

（2）被洪水包围无法脱身时，应尽快拨打当地防汛部门电话及“110”等急救报警电话或与亲朋好友联系求救，夜间可用手电筒的灯光频闪或大声呼喊求救，以引起救援人员的注意。在求援时，应尽量准确报告被困人员当前的大体状况、方位和所面临的险情概况。

（3）安全转移要本着“就近、就高、迅速、有序、安全、先人后物”的原则进行。当发现有人溺水或被洪水围困时，应在保证自身安全的情况下设法营救。在条件允许的情况下，可抛掷救生圈、绳索、长竿、泡沫塑料或轮胎等给溺水者，帮助溺水者攀扶上岸。需特别注意的是，入水施救时溺水者情急之下会拼命抓紧或抱紧施救者，影响施救者营救，甚至会造成双双殒命的严重后果。一般来说，结伴施救会增加安全性和成功率。

（4）洪涝灾害期间必须谨慎驾车。在不能确保人身安全的情况下，不可在湿滑山路、积水路段、桥下涵洞等处行驶。

3. 洪灾后疾病预防

（1）不喝生水，只喝开水或符合卫生标准的瓶装水、桶装水，或经漂白粉等处理过的水；不吃腐败变质的食物，不吃淹死、病死的禽畜。

（2）注意环境卫生，不随地大小便，不随意丢弃垃圾；要避免手、脚长时间浸泡在水中，尽量保持皮肤清洁干燥，预防皮肤溃烂，防止被传染皮肤病。

（3）做好防蝇、防鼠、灭蚊工作，预防肠道和虫媒传染病；勤洗手，不共用个人卫生用品。

（4）如果出现发热、呕吐、腹泻、皮疹等症状，要尽快就医，防止传染病暴发流行。

身边新闻

达州市渠县“8·8”山洪灾害

2021年8月7日至9日，四川省达州市渠县全县遭遇强降雨天气过程，全县31个乡镇、120个行政村4.5万余人受灾，其中18个乡镇的房屋进水、10个场镇内涝严重，数十间房屋倒塌，公路、桥梁损毁，多处水利工程受损，紧急避险转移2.4万余人。8月7日22时，渠县防汛抗旱指挥部发布山洪灾害黄色预警，要求所有乡镇、村组和山洪灾害危险区责任人立即上岗到位，加强巡查和监测预警。8月8日0时，三板镇开始降雨，县、镇防汛抗旱指挥部根据气象预报和预警情况，要求责任人加强监测巡查，通知危险区群众做好转移准备。8日0时30分，监测巡查责任人立即向社区和三板镇报告，镇政府按照防御预案果断下达转移指令，镇村干部、各类责任人和网格员通过手摇报警器、铜锣等进行预警，组织群众按预定路线有序转移；1小时内将 1208 名群众全部转移至安全地点。由于应对及时，未造成人员死亡失踪。

（资料来源：https://sichuan.scol.com.cn/ggxw/202109/58269138.html，有改动。）

三、泥石流灾害

（一）泥石流的形成

泥石流是指在山区沟谷中暴雨、冰雪融水等激发的，含有大量泥沙、石块的特殊洪流，是一种广泛分布于世界各国一些特殊地形、地貌地区的自然灾害，属于世界大自然灾害之一。其特征是突然暴发，混浊的流体沿着陡峻的山沟咆哮而下，地面为之震动，山谷犹如雷鸣。

（二）泥石流灾害多发地域及危害

泥石流是一种多发的自然灾害，往往发生在山谷陡峻的山区地带。在我国南方，尤其是西南地区，多山多雨，极易发生山体滑坡并形成泥石流，给人们的生产、生活带来严重危害。泥石流常常具有暴发突然、来势凶猛和迅速的特点，并兼有崩塌、滑坡和洪水破坏的多重危害，危害程度往往比单一的滑坡、崩塌和洪水危害更为广泛和严重。它对人类的危害具体表现在以下几个方面。

1. 对居民点的危害

常见的泥石流危害是冲进村镇，摧毁房屋、工厂、企事业单位及其他场所、设施；淹没人畜，毁坏土地，甚至造成村毁人亡。

2. 对交通设施的危害

泥石流可摧毁路基、桥梁等设施，甚至淹没车站、铁路、公路，致使交通中断，还可能使正在运行的火车、汽车颠覆，造成重大的人身伤亡事故。

3. 对水电工程的危害

泥石流可冲毁水电工程，如水电站、引水渠道，在造成巨大经济损失的同时，还可能引发其他灾害。

4. 对矿山的危害

泥石流可摧毁矿山及其设施，淹埋矿山坑道、伤害矿山人员，造成停工停产，甚至使矿山报废。

身边新闻

阿坝州黑水县“7·14”山洪泥石流灾害

2021 年 7 月 14 日，四川省阿坝州黑水县遭受强降雨过程，县内多处发生山洪、泥石流、塌方等灾害，3个乡镇不同程度受灾，多处房屋受损。7月14日15时，该县科农牧水局收到风险预警后，通过山洪灾害预警平台、四川省水旱灾害防御决策支持系统平台“点对点”发布预警短信，同时通过电话、微信、QQ等方式通知山洪灾害危险区行政责任人做好防范应对工作。7月14日17时，县科农牧水局对山洪灾害危险区责任人上岗值守情况进行抽查。19时，电话抽查谷汝村铺曲组预警转移责任人，要求其加强监测预警，做好避险转移准备。19时15分，该责任人发现谷汝沟上游深沟处天色越来越暗，隐约听见有轰隆声，初步判断已发生山洪泥石流灾害，立即通知下游河坝组危险区责任人，河坝组危险区责任人向芦花镇政府报告危情，芦花镇迅速启动应急预案，镇、村两级工作人员利用移动电话、预警广播、“村村响”及敲锣等方式在村内奔走发布转移撤离信息，同时组织村民按山洪灾害防御预案向沟道两侧高地转移。镇、村两级在35分钟内组织左右两岸133户374人安全转移。15分钟后发生山洪泥石流，冲击时长15分钟左右，因基层责任人发挥重要作用，未造成人员死亡失踪。

（资料来源：https://sichuan.scol.com.cn/ggxw/202109/58269138.html，有改动。）

（三）泥石流灾害的防护与自救

（1）了解泥石流发生的区域及前兆。坡度较陡、坡体成孤立山嘴或为凹形陡坡，坡体上有明显的裂缝，坡体前部存在临空空间、崩塌物，这说明曾经发生过滑坡或崩塌，今后还可能再次发生。要避免多雨季节尤其是大雨来临前在此类地方游玩。

（2）选择平整的高地作为营地，尽可能避开有滚石和大量堆积物的山坡，不要在山谷和河沟底部扎营。

图文

预警信号

（3）如果沿山谷徒步时遭遇大雨，要迅速转移到附近安全的高地，离山谷越远越好，不要在谷底停留过久。长时间降雨或暴雨渐小之后或雨刚停不能马上返回危险区，泥石流常滞后于降雨而暴发。

（4）遇到泥石流时，一定要镇静，马上向与泥石流成垂直方向的两边的山坡上面爬，爬得越高越好，跑得越快越好。不要上树躲避，因为泥石流可扫除沿途一切障碍。不要躲在陡峻的山体下，以防坡面泥石流发生或坡面崩塌。

（5）遇上泥石流时不要躲避在车厢内。车厢容易被埋在泥石流下，车厢内的人会因窒息而死亡。

身边新闻

2022年自然灾害共造成1.12亿人次受灾

据应急管理部网站消息，应急管理部2023年1月13日发布2022年全国自然灾害基本情况。全年各种自然灾害共造成1.12亿人次受灾，因灾死亡失踪554人，紧急转移安置242.8万人次；倒塌房屋4.7万间，不同程度损坏79.6万间；农作物受灾面积12071.6千公顷；直接经济损失2386.5亿元。与近5年均值相比，因灾死亡失踪人数、倒塌房屋数量和直接经济损失分别下降30.8%、63.3%和25.3%。

据介绍，经应急管理部与工业和信息化部、自然资源部、住房和城乡建设部、交通运输部、水利部、农业农村部、卫生健康委、统计局、气象局、银保监会、粮食和物资储备局、林草局、中国红十字会总会、国铁集团等部门和单位会商核定，2022年，我国自然灾害以洪涝、干旱、风雹、地震和地质灾害为主，台风、低温冷冻和雪灾、沙尘暴、森林草原火灾和海洋灾害等也有不同程度发生。

受极端灾害天气影响，发生珠江流域性洪水、辽河支流绕阳河决口、青海大通及四川平武和北川山洪灾害、长江流域夏秋冬连旱以及南方地区森林火灾等重大灾害，四川泸定6.8级地震造成重大人员伤亡。应急管理部加强统筹协调，全力做好抢险救援救灾工作，最大程度降低了人员伤亡和财产损失。

2022年全国自然灾害主要特点如下。

1.全国自然灾害时空分布不均，夏秋季多发、中西部受灾重

1～4月，除发生1月8日青海门源6.9级地震、2月南方部分地区低温雨雪冰冻灾害外，灾情总体平稳偏轻。进入夏秋季后，相继发生了华南、江南等地和辽河流域严重暴雨洪涝灾害，长江流域罕见夏秋冬连旱，四川、黑龙江、甘肃、青海等局地山洪泥石流灾害，以及四川芦山6.1级地震、马尔康6.0级震群型地震、泸定6.8级地震等重大灾害。立夏至立冬期间，各种自然灾害造成的死亡失踪人数和直接经济损失分别占全年总损失的92%和91%。全年因灾直接经济损失过百亿元的有10个省份。

2.洪涝灾害“南北重、中间轻”，局地山洪灾害频发重发

2022年，我国共发生38次区域性暴雨过程，平均降水量606.1毫米，较常年同期偏少5%。全国28个省份626条河流发生超警戒以上洪水，大江大河共发生10次编号洪水，其中，珠江流域连续形成2次流域性较大洪水，北江出现1915年以来最大洪水；辽河发生1995年以来最大洪水；黄河、淮河、海河汛情总体平稳。华南前汛期先后经历了9次区域性暴雨过程，珠江流域降水量为1961年以来同期最多，发生流域性较大洪水。7～8月辽河流域发生较为严重洪涝灾害。四川、青海等局地突发山洪灾害造成较大人员伤亡。全年洪涝灾害共造成3385.3万人次受灾，因灾死亡失踪171人，直接经济损失1289亿元。此外，全国共发生滑坡、崩塌、泥石流等地质灾害5659起，以中小型为主，主要集中在中南、华南、西南等地。

3. 长江流域发生历史罕见夏秋冬连旱，影响范围广、造成损失重

2022 年，受副热带高压偏强偏大和拉尼娜现象等影响，我国平均气温偏高，全年相继发生年初珠江流域冬春连旱、4～6 月黄淮海地区和西北地区春夏旱、长江流域罕见夏秋冬连旱。其中，长江流域干旱是有完整实测资料以来最严重的气象水文干旱，中旱以上日数为 77 天，较常年同期偏多 54 天，为 1961 年以来历史同期最多。旱情峰值时，全国共有 5245.2 万人次受灾，因旱需生活救助 758.5 万人次，农作物受灾面积 6090.2 千公顷，直接经济损失 512.8 亿元。

4. 森林草原火灾时空分布较为集中

2022 年，全国共发生森林火灾 709 起，受害森林面积约 4689.5 公顷，因灾死亡 17 人。在时间分布上，3～4 月和 9～10 月为森林火灾高发期，共发生 521 起，占全年的 74%。在空间分布上，受高温干旱等因素影响，湖南、广西、江西、湖北、广东和重庆发生森林火灾 503 起，占全国的 71%。全国共发生草原火灾 21 起，其中内蒙古和青海 16 起，占全国的 76%。

5. 强对流天气过程偏少、风雹灾害偏轻，雷击事件相对较突出

2022 年，我国共出现 37 次区域性强对流天气过程，数量较近年均值偏少。从时间上看，主要集中在夏季，强对流天气引发风雹灾害造成的死亡失踪人数和直接经济损失分别占风雹灾害全年损失的 73% 和 69%。从区域上看，主要分布在华北、西北和西南等地。青海、四川等地雷击事件造成的伤亡人数较多。总体来说，2022 年风雹灾害较常年偏轻，共造成 930.6 万人次受灾，因灾死亡 88 人，直接经济损失 166.7 亿元。

6. 西部地区中强地震较为活跃，地震灾害损失偏重

2022 年，我国共发生 5 级以上地震 27 次（未包括台湾），较历年平均有所增多，主要集中在青海、四川、新疆等西部地区。全年震级最高的地震是 1 月 8 日青海门源 6.9 级地震，损失最重的是 9 月 5 日四川泸定 6.8 级地震。2022 年，地震灾害损失较常年偏重，共造成 94 万人次受灾，因灾死亡失踪 122 人，直接经济损失 224.5 亿元。

7. 台风登陆个数少，登陆地点相对集中

2022 年，西北太平洋和南海共有 25 个台风生成，与常年基本持平，其中 4 个登陆我国，较常年偏少。7 月 2 日，第 3 号台风“暹芭”在广东电白沿海登陆，为首个登陆台风。全年 4 个登陆台风中有 3 个在广东登陆，第 12 号台风“梅花”在浙江舟山、上海奉贤、山东青岛和辽宁大连先后四次登陆，为 1949 年以来首个四次登陆我国大陆不同地区的台风。2022 年，台风灾害造成的直接经济损失 54.2 亿元，较常年偏轻。

8. 低温雨雪冰冻影响西南、中南地区，新疆局地雪灾严重

2022 年，我国共遭受 35 次冷空气过程影响，较常年偏多 5.9 次。2 月，南方平

均气温为2009年以来同期最低值，低温雨雪冰冻灾害造成西南、中南地区受灾较重，直接经济损失占低温雨雪冰冻灾害全年损失的80%。11月26日至12月1日，入冬以来最强的寒潮天气给全国大部地区带来剧烈降温、大风沙尘和雨雪，新疆阿勒泰、塔城地区极端暴雪天气造成人员伤亡。2022年低温冷冻和雪灾共造成870.7千公顷农作物受灾，直接经济损失124.5亿元。

（资料来源：http://www.chinanews.com.cn/gn/2023/01-13/9934160.shtml，有改动。）

安全演练

开展地震逃生演练

一、活动目的

掌握地震时的安全防护技巧，安全逃生。

二、活动实施

本次演习设定为上课时间发生有感地震，进行师生地震避险和紧急疏散演练。师生先在教室或办公室内进行地震避险，再疏散至操场进行集结。

（1）总指挥人工播报："现在地震来袭，实施紧急避险。"

（2）听到播报后，在教室的教师迅速发出"现在地震来袭，实施紧急避险"的指令。师生优先选择在课桌（实验台）下方进行避险。避险空间不足时，用书包或书本保护头部，在课桌（椅）旁下蹲避险。师生力争在10秒内进入避险状态。避险演练时间为90～120秒。

（3）总指挥发布指令："紧急避险结束，全校师生立即向操场疏散。"

（4）教师发出指令："大家分别从前、后门疏散，面向疏散方向成两列纵队集合。"教师在确认无人遗留后，离开教室。

（5）教师迅速到达队列前方，带领本班学生队伍疏散。

（6）全班学生到达集结区域后，按四路纵队蹲下，班主任及时清点本班人数，询问人员情况。

三、活动总结

教师对此次活动中学生的表现进行评价，学生之间讨论地震求生技巧，完成表8-1。

表 8-1 地震逃生演习记录表

小组成员及分工	
活动过程中存在的问题	
掌握的安全防护技巧	
活动中的感悟	

任务二 应对公共卫生事件

课程导入

6 人爬山采食野蘑菇全中毒

2022 年 4 月，广东深圳的廖某和朋友一行 6 人到深圳坪山一郊野公园爬山。在半路上，其中一人发现地上长了一种白色的蘑菇。于是，他们决定采摘一些回去尝尝，这一摘，就是两公斤。

中午，几人把采回来的蘑菇炒着吃，晚上又把蘑菇炖了一盘。没想到危险正一步步找上门……

当天深夜，廖某的朋友李某出现剧烈腹痛、上吐下泻的症状，而其他 5 人也纷纷出现类似症状，随后他们被紧急送往医院。其中，李某的情况比较严重，被收入重症医学科，先后做了 11 次的血液净化，其中包括 4 次的血浆置换和血液灌流。

经过医生判断，李某一行人吃的白蘑菇正是南方常见的“致命鹅膏”，外号“白毒伞”。“致命鹅膏”含有致命剂量的鹅膏肽类毒素，会造成急性肝损伤，一个成年人吃一朵中等大小的“白毒伞”就可能被毒死。

对于“误吃毒菇”一事，广东省市场监督管理局发布警醒提示：谨防误食野生毒蘑菇引发食物中毒。

（资料来源：https://www.163.com/dy/article/H648TGON0511DJHA.html，有改动。）

随着社会的发展，以各种形式存在的不安全因素威胁着人们的生命安全，这样的案例屡见不鲜。当代大学生要站在科学的角度看待各种事件的发生，在面对各种形式的威胁时要擦亮双眼，既要保证自身安全，也要向周围的人传播正能量。

一、传染病的认识与预防

（一）流感

甲型 H1N1 流感最初被发现于 2009 年 3 月，墨西哥暴发“人感染猪流感”疫情，并迅速在全球范围内蔓延。世界卫生组织（World Health Organization，WHO）开始将其称为“人感染猪流感”，后将其更名为“甲型 H1N1 流感”。中国卫生部（现国家卫生健康委员会）于 2009 年 5 月 11 日上午确诊了中国首例甲型 H1N1 流感患者。2009 年 6 月 11 日，世界卫生组织宣布将甲型 H1N1 流感大流行警告级别提升为 6 级，全球进入流感大流行阶段。

甲型 H1N1 流感为急性呼吸道传染病，其病原体是一种新型的甲型 H1N1 流感病毒。与以往或目前的季节性流感病毒不同，该病毒毒株包含猪流感、禽流感和人流感三种流感病毒的基因片段。人群对甲型 H1N1 流感病毒普遍易感，并可以人传染人。人感染甲型 H1N1 流感后的早期症状与普通流感相似，包括发热、咳嗽、喉痛、身体疼痛、头痛、发冷和疲劳等，有些人还会出现腹泻或呕吐、肌肉痛或疲倦、眼睛发红等。

1. 流感的成因与类型

流感即流行性感冒，是由流感病毒引起的急性呼吸道感染，也是一种传染性强、传播速度快的疾病。流感症状会影响全身，包括发热发冷、出汗、全身酸痛、头痛、肌肉痛、疲倦乏力、食欲缺乏、咳嗽、鼻塞等，严重时会引起肺炎及其他并发症，甚至死亡。流感病毒有不同类型，每 10 年左右便会出现新的病毒品种。流感病毒可分为甲型流感、乙型流感和丙型流感三大类。甲型流感常引起暴发流行，甚至是世界大流行，2 ~ 3 年发生小流行一次，10 ~ 15 年发生大流行一次。乙型流感以暴发或小流行为主。丙型流感以散发为主。三种流感中，以甲型流感危害最大。本部分内容主要介绍甲型流感。

2. 流感的预防

虽然流感的传播力极强，但流感是可防、可控、可治的。在学生密集的校园，更要注意防止流感的暴发。为了自身和他人的健康安全，大学生要养成良好的生活习惯，自觉维护校园的安全环境。

（1）勤洗手、洗鼻。正常情况下，鼻腔本身具备一定的排毒能力，能够及时将流感病毒清理掉。在出现诱发因素的情况下，如受凉、淋雨、过度疲劳等，鼻腔排毒能力减弱，流感病毒长时间停留在鼻腔内，并大量繁殖侵入人体，从而使人感染上流行性感冒。洗鼻可帮助人体在出现诱发因素的情况下将流感病毒清除出鼻腔，从而极大降低感染概率。洗手也是为了避免细菌病毒侵入鼻腔。

大批学生聚在一起上课和就餐，为流感病毒的传播提供了条件。因此，大学生要养成勤洗手的好习惯，外出归来、下课后、就餐前、在图书馆翻阅图书后，都要认真洗手。在没有洗手条件的情况下，可用手部消毒剂为双手消毒。

安全提示

七步洗手法

洗手是预防传染病最简便有效的措施之一，保持手的清洁卫生可以有效降低感染病原体的风险。

用流动水将双手淋湿，取适量洗手液（或肥皂）均匀涂抹双手，用七步洗手法（见图 8-2）认真搓洗双手至少 20 秒。第七步完成后，先用流动清水冲洗干净双手，再捧起一些水冲淋水龙头，关闭水龙头，最后用清洁毛巾或纸巾擦干双手，也可用吹干机吹干。

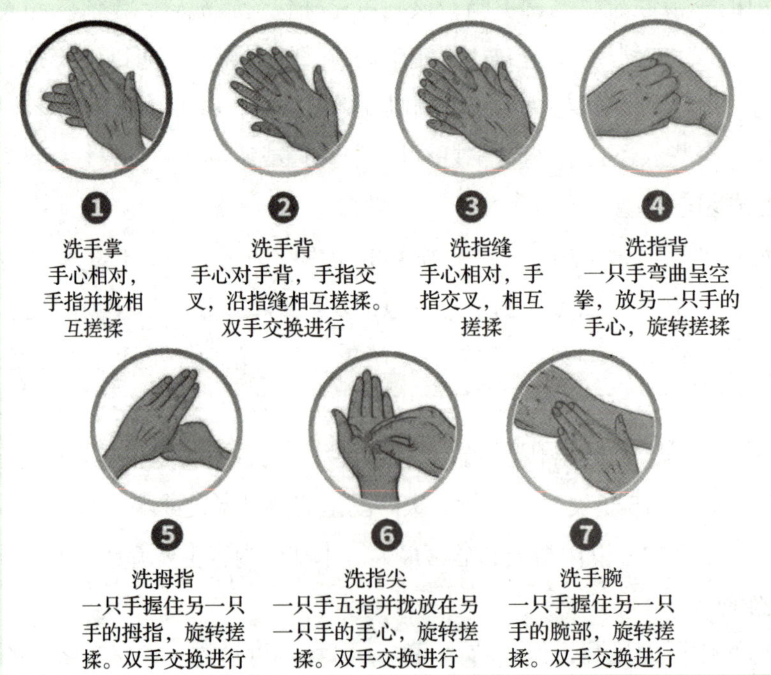

图 8-2　七步洗手法

（2）养成良好的生活习惯。预防流感的良好生活习惯包括以下几个方面。

①常开窗通风，保持空气新鲜。

②加强体育锻炼，提高自身免疫力。

③注意个人卫生，经常使用洗手液（或肥皂）和清水洗手，尤其在咳嗽或打喷嚏后。

④有良好的作息习惯，保持充足的睡眠、充沛的精力和体力。

⑤流感主要是通过呼吸道飞沫传播的，咳嗽或打喷嚏时应用纸巾遮住口鼻，如无纸巾不宜用手，可用肘部遮住口鼻。

⑥尽量避免触摸自己的眼睛、鼻子或嘴巴，因为病毒可以通过这些途径进行传播。

⑦必要时可佩戴口罩。流感暴发之际，搭乘公共交通工具宜戴上口罩，特别是车上有呼吸道感染症状或发烧的人员时。

（3）少去人群密集的公共场所。在流感暴发之际，大学生应尽量减少前往公共场所的次数。人群密集之处，不但空气污浊，而且容易碰到流感患者或流感病毒携带者，尤其是在流感高发的秋冬季节，很容易被感染。

（4）注射流感疫苗。现在各国都有普通的流感疫苗，接种普通流感疫苗对于提高自身免疫力有很大帮助，对抵抗突发的流感大暴发也有很明显的功效。建议体质较弱的学生注射流感疫苗。

（5）药物预防。密切接触流感患者的学生可以口服一定的中药、西药进行预防。注意不能随意用药，更不能乱吃药；若是在流感暴发期间，则要遵医嘱服用一定的药物。

3. 轻度流感的自我治疗

当学生出现流感症状时，应先到医院就诊。若学生情况严重，要及时向辅导员汇报。对于不需要住院的，应注意以下几点。

（1）注意保暖，不要随便吃退烧药。流感一般有发烧、畏冷等症状，保暖不当会导致病情加重。发热是人体免疫系统与病毒作战的信号，如果强行退热，会削弱自身的抵抗力，需用药时，一定要谨遵医嘱。

（2）注意休息，不要过度劳累。人体免疫系统在抵抗病毒入侵的过程中会消耗大量体力、精力，患流感时超强度工作、学习，会削弱自身的免疫力。因此，患有轻度感冒的学生要注意休息。

（3）注意调整饮食。如果个人饮食不合理，极易引起感冒反复发作。患流感期间，禁食咸食，过咸的食物容易生痰，刺激咽部，引起咳嗽加剧；禁食甜腻食物，甜味能助湿，而油腻食物不易消化；禁食辛热食物，辛热食物易伤气灼津，助火生痰，使痰不易咳出；禁食烧烤煎炸的食物，此类食物的气味刺激呼吸道及消化道，易导致黏膜收缩、食物不易消化，使病情加重。

（4）注意环境消毒。如果有学生患有流感，则要做好隔离工作，以防传染他人。有条件的，可自行隔离，与宿舍其他同学分房睡觉；无条件的，要加强防护工作。要经常开窗，通风换气。患者用过的餐具、毛巾、口罩等物品在清洗干净后，要煮沸 15 分钟。患者经常接触的物品，如门把手、水龙头、电话、电器开关、遥控器等，建议适当使用含氯消毒剂（如 84 消毒液、漂白粉、碘消毒剂等）进行表面消毒。

（二）新型冠状病毒感染

1. 新型冠状病毒感染的含义

2022 年 12 月 26 日，国家卫生健康委员会发布公告，将新型冠状病毒肺炎更名为新型冠状病毒感染。经国务院批准，自 2023 年 1 月 8 日起，解除对新型冠状病毒感染采取的《中华人民共和国传染病防治法》规定的甲类传染病预防、控制措施；新型冠状病毒感染不再纳入《中华人民共和国国境卫生检疫法》规定的检疫传染病管理。

2. 新型冠状病毒的病原学和流行病学特征

新型冠状病毒（SARS-CoV-2，以下简称“新冠病毒”）属于β属冠状病毒，对紫外线和热敏感，乙醚、75% 乙醇、含氯消毒剂、过氧乙酸和氯仿等脂溶剂均可有效灭活病毒。人群普遍易感。传染源主要是新型冠状病毒感染者；传播途径主要为经呼吸道飞沫和密切接触传播，在相对封闭的环境中经气溶胶传播，接触被病毒污染的物品后也可能造成感染。截至 2023 年 6 月，奥密克戎变异株已成为国内外流行优势毒株，其潜伏期缩短，多为 2～4 天，传播能力更强，传播速度更快，致病力减弱，具有更强的免疫逃逸能力。现有疫苗对预防该变异株所致的重症和死亡仍有效。

3. 新型冠状病毒感染的预防措施

个人日常防护要做到以下几点。

（1）勤消毒。在个人卫生防护措施中，家庭消毒和个人消毒不可少。

日常保持房间整洁。在处理进口冷冻食品的炊具和台面，患者及访客使用的物品和餐饮具时，要及时做好清洁消毒。收取快递时，要用 75% 乙醇或含氯消毒剂等擦拭或喷洒快递外包装，拆封后及时丢弃外包装，并保持好手部卫生。使用空调前，要对空调壁挂机过滤网、蒸发器表面、进出风口进行清洗和消毒。

安全提示

使用乙醇消毒的注意事项

乙醇是易燃易爆物品，使用时要注意安全。不可将乙醇用于大面积喷洒、环境物表消毒。在使用乙醇对衣物喷洒消毒时，如果乙醇遇到明火或静电，可能会发生燃烧。在使用乙醇消毒时，需要保证通风，并且需要远离高温物体，不能与明火接触。在使用乙醇前，要清理周边易燃可燃物，勿在空气中直接喷洒使用。

（2）勤洗手，保持良好的呼吸道卫生习惯。要使用洗手液或肥皂及流动水洗手，用一次性纸巾或干净毛巾擦手。双手接触呼吸道分泌物后（如打喷嚏后）应立即洗手。要保持良好的呼吸道卫生习惯，如咳嗽或打喷嚏时用纸巾、毛巾等遮住口鼻，咳嗽或打喷嚏后洗手，避免用手触摸眼睛、鼻或口。

（3）科学戴口罩。要购买正规厂家生产、正规渠道销售的口罩。建议日常佩戴一次性医用口罩；在高风险或人员密集的公共场所，应佩戴医用外科口罩或者医用防护口罩且佩戴规范。

在佩戴口罩前、脱除口罩后应洗手。佩戴口罩时注意正反和上下，口罩应遮盖口鼻，调整鼻夹至口罩能紧密地贴合面部。在佩戴过程中，要避免用手触摸口罩内外侧，应通过摘取两端线绳脱去口罩。佩戴多个口罩并不能有效增强防护效果，反而会增加呼吸阻力，破坏密合性。各种一次性医用口罩和医用外科口罩均限次使用。口罩潮湿后应及时更换。职业暴露人员使用口罩一般不超过 4 小时，不可重复使用。

身边新闻

第十版新型冠状病毒感染防控方案印发

国务院联防联控机制综合组 2023 年 1 月 7 日印发《新型冠状病毒感染防控方案（第十版）》。新版防控方案倡导疫苗接种和个人防护，调整了传染源管理方式和检测策略，优化了重点环节防控，并明确在疫情流行期间采取紧急防控措施。

方案要求，要坚持常态化防控和疫情流行期间应急处置相结合，压实“四方责任”，提高监测预警灵敏性，强化重点人群保护，实现“保健康、防重症”的工作目标，最大限度地保护人民生命安全和身体健康，最大限度地减少疫情对经济社会发展的影响。

高龄老人、有基础性疾病的患者等是新冠病毒感染的重症高风险人群。根据方案，倡导公众特别是老年人积极主动全程接种疫苗和加强免疫接种；对高风险人群，在完成第一剂次加强免疫接种满 6 个月后，可进行第二剂次加强免疫接种。强调“每个人是自己健康的第一责任人”，保持勤洗手、戴口罩、常通风等良好卫生习惯，加强个人防护。

在优化检测策略方面，该方案明确了社区居民根据需要“愿检尽检”，不再开展全员核酸筛查。对有关就诊人员和住院患者、养老机构、社会福利机构等工作人员和被照护人员、社区重症高风险人员等开展抗原或核酸检测。明确社区保留足够的便民核酸检测点，保障抗原检测试剂充足供应，保证居民检测需求。

在调整传染源管理方式方面，该方案明确了对新型冠状病毒感染者不再实行隔离措施，不再判定密切接触者，不再划定高低风险区。对新型冠状病毒感染者实施分级分类收治要求，未合并严重基础性疾病的无症状感染者、轻型病例可采取居家自我照护，其他病例应及时到医疗机构就诊。

该方案明确了疫情流行期间采取的紧急防控措施。在疫情流行期间，结合病毒变异情况、疫情流行强度、医疗资源负荷和社会运转情况综合评估，适时依法采取临时性的防控措施，减少人员聚集，降低人员流动，减轻感染者短时期剧增对社会运行和医疗资源等的冲击。

（资料来源：https://baijiahao.baidu.com/s?id=1754416287316732527&wfr=spider&for=pc，有改动。）

（三）艾滋病

艾滋病又称获得性免疫缺陷综合征（AIDS）是一种危害性极大的传染病，由感染艾滋病病毒（HIV）引起。人体感染后，免疫系统被破坏，逐渐成为许多伺机性疾病的攻击目标，进而引起多种临床症状。

HIV 感染者要经过数年，甚至长达十年或者更长潜伏期后才会发展成艾滋病患者，因机体抵抗力极度下降会出现多种感染，后期常常发生恶性肿瘤，并发生长期消耗，以至全身衰竭而死亡。

1. 艾滋病的传播途径

（1）性接触传播。艾滋病感染者的精液或阴道分泌物中有大量的病毒，在进行性生活时可以通过生殖器或直肠黏膜传播。生殖器患有性病或溃疡时，会增加感染 HIV 的危险。

（2）血液传播。一是输血传播。如果血液里有 HIV，输入此血者将会被感染。二是血液制品传播。有些患者（如血友病患者）需要注射由血液中提取的某些成分制成的生物制品。若血液制品含有 HIV，使用血液制品者就有可能感染上 HIV。三是共用针具的传播。使用不洁针具可以把 HIV 从一个人传到另一个人。例如，与静脉吸毒者共用针具，医院重复使用针具、吊针，等等。另外，使用被血液污染而又未经严格消毒的注射器、针灸针、拔牙工具、美容针、刀等，都十分危险。

（3）母婴传播。如果母亲是 HIV 感染者，那么她很有可能会在怀孕、分娩过程或是母乳喂养过程中使她的孩子受到感染，故建议女性 HIV 感染者不要生育，如已生育，要禁止母乳喂养。

安全提示

艾滋病传播小常识

（1）注射吸毒会增加经血液感染艾滋病病毒的风险。

（2）使用新型合成毒品、醉酒会增加经性途径感染艾滋病病毒的风险。

（3）日常学习、生活接触不会传播艾滋病病毒。

（4）蚊虫叮咬不会传播艾滋病病毒。

（资料来源：https://m.thepaper.cn/baijiahao_15650308，有改动。）

2. 艾滋病的预防措施

（1）洁身自爱，恪守性道德。

（2）提倡安全的性行为，每次发生性行为时都正确使用质量合格的安全套。

（3）及时、规范地治疗性病。

（4）避免不必要的输血和注射，进行穿破皮肤的操作（如美容美发、拔牙等）时确保用具经过严格的消毒。

（5）拒绝毒品、戒断毒品，不共用注射器。

（6）女性感染者不要怀孕，如要生育，要在专业医师的指导下做好阻断。

法律视角

艾滋病病毒感染者和艾滋病患者的义务

《艾滋病防治条例》第三十八条规定，艾滋病病毒感染者和艾滋病病人应当履行下列义务：

（一）接受疾病预防控制机构或者出入境检验检疫机构的流行病学调查和指导；

（二）将感染或者发病的事实及时告知与其有性关系者；

（三）就医时将感染或者发病的事实如实告知接诊医生；

（四）采取必要的防护措施，防止感染他人。

艾滋病病毒感染者和艾滋病病人不得以任何方式故意传播艾滋病。

二、饮食常识与食物中毒的预防

（一）饮食常识

食品安全与大学生的健康息息相关。大学生处于生长发育的高峰期，平时的运动量大、代谢旺盛，学习任务繁重，各种营养素需求量大。大学生了解科学饮食的基本常识和自身的营养生理需要，养成良好的卫生习惯并预防各种传染病，对保证身体健康、保持精力充沛、提高学习效率具有重要的意义。

1. 保证膳食营养均衡

大学生要学会自我管理，保持自身营养均衡。饮食荤素搭配，种类多样，不偏食，不挑食，不暴饮暴食，以谷类为主，多吃新鲜蔬菜、水果、牛奶、薯类和豆制品，适量食用鱼、禽、肉、蛋和坚果等；多喝白开水，少喝或不喝含糖饮料，少吃零食、油炸食品；不吸烟，拒绝电子烟，不饮酒，不喝含酒精饮料；注意食品卫生与安全，不吃过期食品，不吃无生产日期、无质量合格证、无生产厂家的“三无”食品，预防食物中毒。

图文

四个饮食误区

安全提示

如何判别伪劣食品？

一防“艳”。部分过分艳丽的食物会添加一些色素，而一些合成色素会危害人体健康，甚至一些色素在人体内可能转换成致癌物质。

二防“白”。过分白的食物很可能添加了漂白剂等化学成分。

三防“长”。尽量选择保质期短、新鲜的食物，因为保质期时间过长代表着添加防腐剂的可能性会更高或相对更多。

四防“反”。反季节食物可能会使用催熟剂、催红剂和膨胀剂等化学物质，它们对人体有着不可小觑的危害。

五防“小”。一些小加工企业出现伪劣食品的概率要比大企业高。购买时要注意食品的生产单位、配料、日期及保质期。

六防“低”。如果要购买食品的价格低于一般正常食品的价格，就要仔细看看其是否是伪劣山寨货品，是否符合食品标准，不要有贪便宜的心态存在。

七防“散”。要尽量避免购买散装食品，因为散装食品对储存条件要求高、不易保存、容易出现细菌滋生现象。

（资料来源：http://www.scps.gov.cn/info/1756/90105.htm，有改动。）

2. 避免不良饮食习惯

随着生活水平的提高、物质的极大丰富，加上大学校园环境的特殊性，大学生在饮食方面有了更多的选择。但在满足自己胃口的同时，不少学生养成了不良的饮食习惯，为身体健康埋下了隐患。目前，大学生在饮食上的不良习惯主要表现在以下五个方面。

（1）饮食西餐化。有些大学生饮食“西餐化”，喜欢食用牛排、炸鸡、面包、碳酸饮料、巧克力、蛋糕等食品。而这些西式食品具有高热量、少纤维素等特点，经常食用不仅会摄入过多热量，引发肥胖，还会造成营养不均衡等问题，影响身体健康。

（2）副食主餐化。一般来说，中国的饮食习惯以主食为主、副食为辅，以米面谷物为主要食物，佐以肉类、蔬菜、糖、茶、水果等。实践证明，这种饮食搭配是科学的，对身体有益的。但是，部分在校大学生把副食作为主食，每日三餐以面包、水果、肉、糖为主，很少吃主食与蔬菜，久而久之就会造成膳食结构不合理，引发营养不良、肥胖等疾病。

（3）饮食偏嗜化。大学生在校住宿，饮食应以学校食堂为主。但有些大学生认为食堂饭菜不合口味，迷恋街头餐饮，而且长期只吃一种饭菜，忽略了饮食的粗细搭配，从而出现饮食偏嗜。也有的大学生偏嗜某一种口味，如辣、咸等。中医学认为，饮食中辛、甘、酸、苦、咸五味调和最好，经常吃过辣、过甜、过酸、过咸的所谓“可口”的食物，对身体健康极为不利。

（4）餐点随意化。不少大学生饮食具有随意性，饥一顿，饱一顿，毫无规律。不讲一日三餐，而是不论时间、地点，想吃就吃，毫无顾忌。还有的大学生在考试、写论文等学习紧张的时期熬夜，早晨不起床，或不吃早餐，或到 9 点甚至 10 点才拿着食物进入教室，边吃边听课或上自习课，中午没有食欲，晚上常吃夜宵。周而复始，这种饮食习惯会引发胃肠受损、肝脾不和。

（5）饮食放纵化。有些大学生入校后，由于少了父母的约束，在饮食上日益放纵自己，暴饮暴食。这些大学生喜欢到校外饭馆大吃大喝，享受美食、美酒。这种不规律的饮食会打乱胃肠道对食物消化吸收的正常节律，加重附属消化器官的负担，引起肠胃不适、胸闷气急等病症。

（二）常见的食物中毒及其预防措施

1. 生豆浆中毒及其预防措施

（1）中毒原因。生豆浆中含有胰蛋白酶抑制素、皂苷，如果加热不彻底，毒素就不能被破坏，饮用后可导致中毒。豆浆事件多发生在小餐馆或集体食堂。由于小餐馆或集体食堂一次煮的豆浆较多，容易出现搅拌不匀的情况，有时锅底部分变稠甚至煳了，影响加热效果。而且豆浆在煮的过程中容易产生泡沫，让人误以为豆浆已经煮沸了。

（2）中毒表现。豆浆中毒的潜伏期很短，一般为 30 分钟至 1 小时，主要表现为恶心、呕吐、腹胀、腹泻，可伴有腹痛、头晕、乏力等症状，一般不发热。豆浆中毒症状不严重，轻者可自愈，重者需要到医院治疗。

（3）预防措施。预防豆浆中毒的根本方法就是把豆浆煮沸后再喝。需要注意的是，豆浆在加热过程中会出现泡沫，此时豆浆还未煮沸，需要继续加热。另外，在煮豆浆的过程中一定要不时搅拌，使其均匀受热。

2. 马铃薯中毒及其预防措施

（1）中毒原因。若马铃薯储存不当，表面就会出现发芽及变绿的情况，这时里面所含有的龙葵碱成分会增加。这种毒素摄入量少时不会给身体带来影响。发芽的马铃薯含有的龙葵碱较多，一般的高温烹饪不能够完全去除马铃薯中所含有的龙葵碱成分，人食用后就会中毒。龙葵碱在进入人体之后，会给人体胃肠道黏膜带来非常剧烈的刺激，使呼吸中枢神经出现麻痹，同时引起脑水肿、充血等问题。

（2）中毒表现。马铃薯中毒主要是在食用后数十分钟到数小时，发病时先有咽喉、口刺痒和灼热感，后出现恶心呕吐、腹痛腹泻、头晕等症状。马铃薯中毒轻者一到两天自愈；中度中毒者因剧烈呕吐会脱水、电解质紊乱、血压下降、口唇四肢麻木等；严重中毒者会兴奋不安，后期昏迷抽搐，最终因呼吸中枢麻痹而死亡。

（3）预防措施。在储存的时候尽量将马铃薯放在温度较低的地方，同时需要减少阳光照射，降低发芽率。在生活中尽量不要食用已经大量发芽或表皮呈现黑色、绿色的马铃薯。同时，要告知家人和朋友发芽的马铃薯不能吃。

3. 四季豆中毒及其预防措施

（1）中毒原因。四季豆又名扁豆、芸豆、刀豆、梅豆等，各地称呼有所不同，是人们喜食的蔬菜。吃烹调加工不熟的四季豆能使人中毒，此种情况在 20 世纪 70 年代已被发现，但每年因此发生的集体中毒事件却不少见。

（2）中毒表现。摄入未煮熟的四季豆，引起中毒的潜伏期为数十分钟，一般不超过 5 小时，主要表现为胃肠炎症状，如恶心、呕吐、腹痛和腹泻。呕吐少则数次，多则可达数十次。中毒者还有头晕、头痛、胸闷、出冷汗、心慌，以及胃部有烧灼感等症状。大部分中毒者白细胞增多，体温一般正常，病程一般为数小时或 1 ～ 2 天。轻者无须治疗，重者需就医。

（3）预防措施。四季豆最好红烧，使之熟透，以破坏其中所含的毒素；若要凉拌，也需要煮熟，不能用开水焯一下就凉拌，更不能生食；炒食时不应过于贪图脆嫩，要充分加热使之熟透。

4. 毒蘑菇中毒及其预防措施

（1）中毒原因。毒蘑菇（毒蕈）在自然界中分布很广，特别是在我国的西南地区。由于食用毒蘑菇而出现的恶心、呕吐、腹痛、腹泻，以及神经系统损害、全身性出血、肝肾功能衰竭等中毒症状称为毒蘑菇中毒。多数毒蘑菇毒性较低，中毒表现轻微，但有些毒蘑菇毒性极高，可迅速致人死亡。

（2）中毒表现。因每种毒蘑菇所含毒素不同、毒蘑菇中毒损伤的靶器官不同，临床表现大致分为 6 种类型，即胃肠型、神经精神型、溶血型、肝脏损害型、呼吸循环衰竭型、光过敏型。毒蘑菇中毒可并发休克、肝肾功能衰竭、呼吸衰竭、脑水肿、弥散性血管内凝血等。

（3）预防措施：避免食用不认识的蘑菇或者色彩十分艳丽的蘑菇；在清洗蘑菇的时

候，一定要使用清水多次清洗，确认清洗干净以后再食用；在烹饪的过程中，一定要将蘑菇炒熟，否则有些人在食用了未完全炒熟的蘑菇后，也会出现食物中毒的情况。

5. 蔬菜、水果农药残留中毒及其预防措施

（1）中毒原因。农药是指农作业中使用的一些灭杀有害虫物（包括啮齿类动物及臭草等）的化学药物。这些化学药物作用于人体时往往会对人体产生一定的伤害。蔬菜、水果农药残留中毒的主要原因是农药残留过多，也有可能是因为食用前没有洗净。

（2）中毒表现。农药化学种类有很大差异，不同化学药物产生的毒害作用以及人体产生的反应和症状不相同。农药一般会对身体系统，如神经系统、呼吸系统、循环系统和泌尿系统等产生伤害，出现恶心、呕吐、头昏等症状。如果接触农药，皮肤可能会产生过敏反应，如溃烂、红肿，严重者会出现部分器官功能障碍甚至衰竭。在大多数情况下，中毒表现与患者接触毒物时间长短、患者自身身体状况、中毒环境及作用时长有很大关系，所以症状不一定相同。重度中毒者会出现呼吸困难、口唇发绀、四肢抽搐、瞳孔高度缩小、大小便失禁等症状，甚至出现昏迷和休克，如果抢救不及时，可能会死亡。

（3）预防措施。喷洒农药后的蔬菜和水果需要待安全间隔期满后方能食用，在食用蔬菜之前最好做到一浸、二洗、三烫。另外，在食用瓜类蔬菜时，最好把皮削去，这样就可以把其表面的农药残留降到最低，甚至完全除去。尽量选购新鲜蔬菜和信誉良好的商家的冷冻蔬菜，避免选购表面有药斑或有刺鼻药味的蔬菜、水果。

6. 污染与变质食物中毒及其预防措施

（1）中毒原因。食品污染是指食物在生产、储存、运输、销售等过程中可能受到污染，包括细菌、寄生虫、真菌毒素、农药和杀虫剂等。如果人们食用了这些受污染的食物，就会发生中毒。食物在生产和销售过程中还容易变质。不同种类的变质食物引起中毒的致病因素各不相同。变质的谷物、肉禽、贝类、鱼虾、蛋与蛋制品、奶与奶制品等都是引起食物中毒的主要食品。

（2）中毒表现。污染与变质食物中毒的主要表现是在进食后 0.5 ～ 1 小时出现恶心、呕吐、腹痛、腹泻等症状。腹痛主要是在肚脐周围有阵发性绞痛；腹泻可表现为水样便，有时会伴有发烧症状，将呕吐物和粪便做细菌培养后可以寻找到致病菌。

（3）预防措施。食品加工环节保持清洁是预防污染与变质食物中毒的关键。大学生要选择到学校食堂、正规餐馆就餐；购买零食要在正规平台选购正规产品，不要选择“三无”产品。

（三）食物中毒后的救护措施

食物中毒后的救护措施有以下几种。

1. 补水

食物中毒患者都有类似急性胃肠道疾病的特征，有剧烈的呕吐和腹泻症状。上吐下泻很容易导致患者脱水，或者体内电解质失衡或紊乱。其症状是口干、眼窝深陷、四肢冰凉、皮肤失去弹性、脉象微弱，出现低血压或低血糖现象。患者生命体征变弱，容易休克。因此，在确认发生食物中毒以后，应及时送诊，并适当补充身体水分或注射生理盐水、葡萄糖。

2. 催吐

在吃下有毒食物 1 ～ 2 小时后，如果发觉有中毒症状，可以先用催吐的方法将尚未完全消化、吸收的有毒食物排出体外。若食物中毒患者意识清醒，则可以自行用手指、筷子等刺激咽喉部位，反复刺激，直至将胃里的食物全部吐出来。也用 20 克食盐兑 200 毫升开水，待水冷却后一次性饮完，以引发呕吐反应。如果效果不明显，可以重复饮用盐水，直至将胃里剩余的食物全部吐出来。严重者必须立即去医院洗胃，以防毒素被迅速吸收。洗胃可以用温水，也可以用高锰酸钾溶液或碳酸氢钠溶液。

3. 催泻

在吃下有毒食物 2 ～ 4 小时后，胃里食物已充分消化，这时不宜用催吐方法减轻症状，更适合用刺激机体排泄的方法。为减少毒素的吸收，可以服用酚酞片等泻药及导泻的中草药，如服用生大黄、熟大黄或番泻叶。生大黄的药性比熟大黄的药性更猛烈，一般可以用 20 ～ 30 克的大黄或 15 克的番泻叶一次性煎服。心脏不太好的食物中毒者最好不要服用番泻叶。体弱者不适合用药性猛烈的大黄，可以用开水冲服 20 克元明粉来达到催泻的效果。

4. 解毒

误食腐败变质的海鲜类食物（如鱼、虾、螃蟹等）中毒的患者可以在 200 毫升的开水中兑入 100 毫升的食醋口服。食用腐败变质的肉类的患者可以服用藿香正气丸。误食毒草的患者可以服用甘草紫苏汤或甘草绿豆汤。

5. 清淡饮食

食物中毒患者在停止上吐下泻前需要靠生理盐水和葡萄糖注射液来维持必需的能量。在患者呕吐症状结束后，切忌食用油腻食物，因为其很容易刺激胃部，引起呕吐，不利于患者的康复。患者最好食用一些清淡的流质食物，在病情好转之后，可以逐渐食用一些半流质食物，并且随着症状的减轻逐渐转为正常进食。如果发生集体食物中毒事件，应该立即向学校主管领导反映情况，并上报当地疾控部门，及时联系当地医院。

对不明原因的食物中毒或集体食物中毒，应该尽量留存食物残渣或食物样本，以待化验使用。这样，既有利于判断食物中毒患者中毒的原因，又利于警方调查。

安全演练

制订科学饮食计划

一、活动目标

帮助学生掌握营养健康知识，了解饮食误区，改变学生的不良饮食和生活习惯，掌握合理膳食的方法，远离垃圾食品。

二、活动流程

学生根据所学知识，借助网络、图书馆等收集与科学饮食相关的知识，掌握科学饮食、营养金字塔的概念，并能根据这些知识制订符合自己的饮食计划，具体如表 8-2 所示。

表 8-2　一周饮食计划

三餐安排	日　期						
	星期一	星期二	星期三	星期四	星期五	星期六	星期日
早餐							
午餐							
晚餐							
水果							

三、活动记录

学生依据制订的饮食计划合理安排自己一周的学习与生活，并对自己的完成情况进行记录，具体如表 8-3 所示。

表 8-3 饮食计划完成情况表

计划制订情况	计划执行情况	计划调整情况

任务三 应对社会安全事件

课程导入

“10·29”韩国首尔踩踏事故

2022 年 10 月 29 日，大批韩国民众前往梨泰院地区参加万圣节庆祝活动，在一处狭窄的下坡路段发生人群严重聚集，酿成踩踏惨剧。事故中共有 159 人丧生，近 200 人受伤。死伤者多为 20～30 岁的年轻人。

2023 年 1 月 13 日，梨泰院严重踩踏事故调查报告公布。调查结果显示，事发现场空间狭窄且处于下坡路段，加之短时间内人员严重聚集致使人群出现连续摔倒，最终酿成严重的踩踏致死事故。调查结果认为，事故发生前管理方对于相关事态的应对措施准备不足以及事发后没能及时采取有效救援，是造成踩踏事故致人员严重死伤的重要因素。在调查过程中，踩踏事故事发地梨泰院所在的韩国首尔市龙山区政府、龙山警察厅等负责人也因存在工作过失等嫌疑被起诉。

（资料来源：https://m.gmw.cn/baijia/2023-01/13/1303253912.html，有改动。）

一、大型集体活动人身安全防范

大型集体活动是指举办者租用、借用公共场所举办的参加人数较多的群体性活动，包括会议、庆典、文艺演出、体育比赛等。大型集体活动现场人员众多，设备物件复杂，必须防范安全事故的发生。大学生不管是参加校内还是其他公共场合的集体活动，都要时刻保持安全意识。

法律视角

参加大型群众性活动的人员要求

《大型群众性活动安全管理条例》是为加强对大型群众性活动的安全管理，保护公民生命和财产安全，维护社会治安秩序和公共安全而制定的。《大型群众性活动安全管理条例》第九条指出，参加大型群众性活动的人员应当遵守下列规定：

（一）遵守法律、法规和社会公德，不得妨碍社会治安、影响社会秩序；

（二）遵守大型群众性活动场所治安、消防等管理制度，接受安全检查，不得携带爆炸性、易燃性、放射性、毒害性、腐蚀性等危险物质或者非法携带枪支、弹药、管制器具；

（三）服从安全管理，不得展示侮辱性标语、条幅等物品，不得围攻裁判员、运动员或者其他工作人员，不得投掷杂物。

（一）服从活动现场管理

在大型集体活动中，如演唱会、演讲会等，出于安全需要，举办方都要安排专门的人员协调活动现场各项工作的秩序，参与人员一定要服从安排，避免引起混乱。

（二）了解现场安全通道

无论是参加学校举办的活动还是社会活动，进入场地前都要了解环境，查看安全出口和消防设施，如果有安全通道被堵，或者紧急出口被锁的情况，应通知相关人员尽快处理。

（三）远离危险区域

燃放烟花鞭炮时，不要步入燃放区域。氢气球内充有氢气，若要放氢气球，注意不要吸烟或夹带明火入内，以免引起爆炸。

（四）避免踩踏事故

在大型集体活动中，对人身安全影响最大的莫过于踩踏事故。大学生在参加集体活动时，要处处提高警惕，预防踩踏事故的发生。

举止文明，人多的时候不拥挤，不起哄，不制造紧张或恐怖气氛。当发现有人情绪不对，或人群开始骚动时，要及时做好撤离准备。陷入拥挤的人流时，一定要先站稳。即使鞋子被踩掉，也不要弯腰捡鞋子。发觉拥挤的人流向自己的方向走来时，可以立即挪到一旁，待人群过去后再迅速离开现场。若自己不幸被人群挤倒，要设法靠近墙角，身体蜷成球状，双手在脖子后紧紧扣住保护头部。

安全提示

拥挤踩踏事故的应急处置

在空间有限且人群相对集中的场所，如体育场馆、狭窄的街道、楼梯等，遇有突发情况，就容易发生踩踏事件。遇到拥挤踩踏事件应如何面对呢？

（1）事前要熟悉周围所有的安全出口，同时要保障安全出口处畅通无阻。

（2）发生拥挤踩踏事件时，要保持冷静，提高警惕，尽量不要受周围环境的影响。

（3）服从组织安排，有序疏散。

（4）在陷入混乱的人群时，远离玻璃窗，以免被掉下的玻璃砸伤或摔倒在玻璃上受伤。在拥挤人群中前进时，要用一只手紧握另一只手腕，手肘撑开，平放于胸前，微微向前弯腰，形成一定空间，以保持呼吸道通畅。同时，一定要双脚站稳，切记不得主动用力向前推，以免身体失去重心，出现多米诺骨牌效应，引发踩踏事故。

（5）到达安全地区后可协助医疗救护人员做好伤员的现场救助工作。

（资料来源：https://www.hnslsdxy.com/sxzx/page/contentshow.aspx?id=2022041795917225，有改动。）

二、暴力犯罪现场安全防范

（一）暴力犯罪概述

暴力犯罪是指使用暴力手段或以暴力相威胁，蓄意危害他人生命安全、财产安全和社会安全的犯罪行为。其基本特征是具有明显的暴力性质。近年来，暴力犯罪有向校园蔓延的趋势，如校园里时而会出现打架斗殴事件。有的不法分子利用大学生警惕性不高的特点，流窜到郊区的大学校园施以抢夺、抢劫甚至强奸等暴行。暴力犯罪具有以下几个特点。

从行为来看，暴力犯罪一般具有突发性、冒险性等特征。作案者会使用棍棒、砖石、刀斧、匕首等钝器或锐器，或采用拳击、卡喉、溺死、投毒等方式危害他人与社会安全。

从社会危害性来看，暴力犯罪具有暴力性、凶残性、狡诈性和危险性，较其他类型的犯罪对社会具有更大的威胁，影响更恶劣。

从时空分布来看，在农村地区，杀人、强奸等暴力犯罪的发案率较高，而流氓斗殴行为以城市为主，抢劫则主要发生在城市近郊。

（二）暴力犯罪现场防护

1. 增强安全意识

大学生要了解暴力犯罪的时空分布特点，若没有特殊情况，不要在深夜出门，尤其是生活在偏远或农村地区的女生，不要深夜独自出门，遇到身份可疑、行动诡异的人员要提高警惕。大学生离开校园，尽量保证有同伴随行，不要单独行动。

2. 保持镇静

遭遇暴力不法分子时，一定要镇静，随机应变，伺机报警或呼救，不要盲目呼救，不要与不法分子发生正面冲突；要第一时间了解不法分子的真实意图，尽量与之拖延时间等待救援人员的到来，不激怒不法分子。

3. 保证生命安全

无论是在何种情况下遭遇暴力不法分子，都要以保证生命安全为根本目的，不计较钱财得失，不与不法分子争抢财物。要在保证生命安全的情况下，通知警察或自行采取行动。

安全演练

开展大型集体活动秩序维护与救助演练

一、活动目的

了解在大型集体活动中可能出现的各种危险，根据活动具体情况做好活动应急预案及防范措施；掌握急救的技巧。

二、活动实施

中国共产党第二十次全国代表大会于2022年10月16日至22日在北京举行。这是在全党全国各族人民迈上全面建设社会主义现代化国家新征程、向第二个百年奋斗目标进军的关键时刻召开的一次十分重要的大会，是一次高举旗帜、凝聚力量、团结奋进的大会。随后，各地掀起学习党的二十大精神的热潮。

在这一背景下，学校准备召开“学习二十大　奋进新征程——党的二十大精神宣讲会”，会议要求全校师生参加。请你根据大型集体活动人身安全防范要求，为会议制定应急预案，明确事故的防范、应对措施等。

三、活动记录

“学习二十大　奋进新征程——党的二十大精神宣讲会”活动应急预案如表8-4所示。

表 8-4 “学习二十大　奋进新征程——党的二十大精神宣讲会”活动应急预案

<table>
<tr><td>活动时间</td><td></td><td>参加人数</td><td></td><td>活动地点</td><td></td></tr>
<tr><td>指导思想</td><td colspan="5"></td></tr>
<tr><td>工作目标</td><td colspan="5"></td></tr>
<tr><td rowspan="3">组织机构及其职责</td><td>组织指挥机构</td><td colspan="4"></td></tr>
<tr><td>综合协调机构</td><td colspan="4"></td></tr>
<tr><td>现场指挥机构</td><td colspan="4"></td></tr>
<tr><td>事故防范</td><td colspan="5">（在积极落实各项安全保卫工作的基础上，充分预测可能出现的各种事故，克服麻痹松懈思想，增强忧患意识，从思想、物资、人力上做好应对各类突发性事故的准备工作）</td></tr>
<tr><td>应急响应</td><td colspan="5">（根据事故预测结果编写应急处理方法，应急处理方法包含信息报送与处理、医疗卫生救援、群众安全防护、应急人员安全防护、新闻发布等内容）</td></tr>
<tr><td>事件处理</td><td colspan="5">（包含事件善后工作及调查工作）</td></tr>
</table>

项目九
从“心”出发，守护心理健康

课前思考

当代大学生较强的自我意识和高度互联网化的特殊生活环境，导致近年来大学生心理问题越发严重，对其未来个人发展带来很大的负面影响。

请思考：

（1）什么是心理健康?

（2）大学生心理健康的标准有哪些?

（3）在日常生活和学习中，大学生该如何应对各种心理疾病?

学习指南

（1）认识心理健康，了解大学生心理健康的标准，分析大学生常见的心理问题。

（2）对心理问题进行分析，积极应对心理问题。

任务一 认识心理健康安全

课程导入

警惕！大学生也会得多动症

5 月 25 日是全国大学生心理健康日。近年来，大学生心理健康问题引发社会高度关注。大学生常见的心理问题有哪些？又该如何预防这些问题？对此，人民网记者采访了某医院精神科主治医师司飞飞。

“大学阶段是青年向成熟过渡的阶段。在此阶段中，大学生的心理状态尚未稳定，心理较为敏感复杂，受环境、情绪和社会因素等影响，易引发心理问题。”司飞飞介绍，归纳起来，大学生常见的心理问题有焦虑障碍、抑郁障碍、失眠障碍、强迫障碍、进食障碍及注意缺陷多动障碍。

“注意缺陷多动障碍俗称多动症，很多人误认为只有儿童才会出现多动症。但研究显示，成年人也同样存在多动症且容易被忽视。其主要表现为难以保持注意力集中，容易分心，无法做持续用脑的事，粗心、丢三落四，想法多但很难付诸实践，做事缺乏条理性，经常拖延，严重影响学习和生活。”司飞飞说。

“在临床中发现，大学生在面对心理问题时存在很多误区。”司飞飞表示，如有的人对心理问题有羞耻感，讳疾忌医，不主动甚至拒绝就医；有的人误以为生病都是自己的错，认为自己太脆弱、不够坚强，为此自责。正是这些错误的观念导致很多存在心理问题的大学生不能被及时发现和治疗，错过了最佳治疗时机。

为预防心理问题的出现，司飞飞建议，个人日常生活中要做到作息规律，保证睡眠充足、营养均衡；培养兴趣爱好，适当运动；学会自我调节、控制情绪。有不良情绪或受挫时，可以通过运动放松等方式调节，同时学会向同学、老师、亲人及专业人员求助，避免不良情绪的积累。

（资料来源：https://baijiahao.baidu.com/s?id=1733775152150372561&wfr=spider&for=pc，有改动。）

心理健康又称精神健康，是一种持续的心理正常状态。不同学者从不同的角度有不同的论述。第三届国际心理卫生大会（1946 年）对心理健康是这样定义的：“所谓心理健康，是指在身体、智能、情感上与他人的心理健康不相矛盾的范围内，将个人心境发展成最佳的状态。”其具体标准有四点：身体、智力、情绪十分调和；适应环境，在人际关系中能彼此谦让；有幸福感；在工作和职业中能充分发挥自己的能力，过有效的生活。

一、大学生心理健康的标准

大学生的年龄一般为 18 ～ 25 岁，从心理学的观点来看，正处于青年中期。大学生的心理具有青年中期的许多特点，但作为一个特殊群体，大学生不能完全等同于社会上的青年。根据处于青年中期的大学生具有的心理特征、大学生特定的社会角色的要求及心理健康学的基本理论，大学生心理健康的标准可以概括为以下七条。

（1）智力正常。

（2）具有健全的自我意识。

（3）具有稳定的情绪及情绪调控能力。

（4）具有和谐的人际关系。

（5）具有完整统一的人格特征。

（6）具有良好的环境适应能力。

（7）心理行为符合年龄特征。

二、识别大学生心理问题

识别大学生心理问题可以通过以下几个标准来进行。

（一）经验标准

以经验标准来识别，即按照自己的主观感受来判断自己的健康，凭自己的经验对其他大学生的心理健康进行判定，重在关注他们的主观心理感受。受个体先天的遗传及后天的环境的影响，经验标准更强调个别差异。同样的生活事件，当事双方由于自我认知的不同，自我体验的不同，自我评价也不尽相同。

（二）社会适应标准

以社会适应标准来识别，即个体以社会中大多数人的常态为标准，观察他人是否适应常态而进行其心理是否健康的判断。例如，大学生根据生理、心理与社会发展应当具有独立生活与处理生活中面临的事务的能力，如果有的大学生生活能力低下，不能打理自己的生活，就需要引起重视。

（三）统计学标准

以统计学标准来识别，即我们依据对大量正常心理特征的测量取得一个常模，把大学生个体的心理与常模进行比较。这个标准更多地应用于心理学研究之中，一般而言，我们都要将个体的心理测验结果与常模对照，来判断其心理健康状况。

（四）自身行为标准

个人在以往的生活中形成的稳定的行为模式，即人自身行为的正常标准。如果人的行为突然同以往生活中的正常标准相背离，就要深纠其背后的原因。例如，一个用钱很节省的人突然挥金如土，我们就应该在他的生活环境中找到足以促使他发生如此改变的原因。

三、病与非病的三原则

中国学者郭念锋提出了区分病与非病的三原则，作为确定心理正常与异常的依据，即主观世界与客观世界的统一性原则，心理活动的内在协调性原则，人格的相对稳定性原则。

（一）主观世界与客观世界的统一性原则

心理是客观现实的反映，任何正常心理活动和行为，必须在形式和内容上与客观环境保持一致性。一个人一旦出现幻觉（一个人说他看到或听到了什么，而当时客观世界并不存在引起他这种感觉的刺激物）、妄想（一个人的思维内容脱离现实或思维逻辑背离客观事实的规定性）或无自知力，就可以判断他心理不正常了。

（二）心理活动的内在协调性原则

人的精神活动（心理过程）被分为知、情、意等部分，但这几部分具有协调一致的关系，这种协调一致性能保证人在反映客观世界过程中的高度准确和有效。对痛苦的事做出痛苦的反应，我们说他的心理是正常的；若对痛苦的事做出快乐的反应，我们就可以说他的心理过程失去了协调一致性，转为异常状态。

（三）人格的相对稳定性原则

人格又称个性，包括需要、动机、能力、气质和性格。每个人在自己长期的生活道路上都会形成自己独特的个性心理特征。这种个性特征形成之后具有相对稳定性。若在没有重大外界变革的情况下，行为却发生了巨大变化，那么我们要怀疑他的精神活动是否出现异常。例如，如果一个待人接物很热情的人突然变得很冷淡，而我们在他的生活环境中找不到足以促使他发生如此改变的原因，那就可以说他的精神活动已经偏离了正常轨道。

四、心理问题等级划分

心理问题等级可以划分为从健康状态到心理疾病状态四个等级：健康状态、不良状态、心理障碍、心理疾病。

（一）健康状态

心理的健康状态与非健康状态的区分标准一直是心理学界讨论的话题，不少国内外心理学学者根据自己研究调查的结果提出了多种心理健康标准。本书在总结前人的理论与经验的基础上，从本人评价、他人评价和社会功能状况三方面进行健康分析。

本人不觉得痛苦，即在一个时间段（如一周、一月、一季或一年）中，个人快乐的感觉大于痛苦的感觉；他人感觉不到异常，即个人的心理活动与周围环境相协调，没有出现与周围环境格格不入的现象；社会功能良好，即个人能胜任家庭和社会的角色，能在一般社会环境下充分发挥自身能力，利用现有条件（或创造条件）实现自我价值。

（二）不良状态

不良状态又称第三状态，是介于健康状态与疾病状态之间的状态，是正常人群组中常见的一种亚健康状态。它是由个人心理素质（如好胜、孤僻、敏感等）、生活事件（如工作压力大、晋升失败、被上司批评、婚恋挫折等）、身体不良状况（如长时间加班劳累、身体疾病等）等因素引起的。不良状态主要有以下几个特点。

1. 时间短暂

不良状态持续时间较短，一般在一周以内能得到缓解。

2. 损害轻微

不良状态对其社会功能影响比较小。处于此类状态的人一般都能完成日常工作和学习，只是愉快感小于痛苦感，“很累”“没劲”“不高兴”“应付”是他们常说的词汇。

3. 能自己调整

大部分不良状态者通过自我调整，如休息、聊天、运动、钓鱼、旅游、娱乐等，能使自己的心理状态得到改善。不良状态若长时间得不到缓解，可能形成一种相对固定的状态。这就需要寻求心理医生的帮助，尽快调整心理状态。

（三）心理障碍

心理障碍是个人及外界因素造成心理状态的某一方面（或某几方面）发展的超前、停滞、延迟、退缩或偏离引起的。它主要有以下几个特点。

1. 不协调性

心理障碍者心理活动的外在表现与其生理年龄不相称或反应方式与常人不同。例如，成人表现出幼稚状态（停滞、延迟、退缩），儿童表现出成人行为（不均衡的超前发展），对外界刺激的反应方式异常（偏离），等等。

2. 针对性

心理障碍者往往对障碍对象（如敏感的事、物及环境等）有强烈的心理反应（包括思维、信念及动作行为），而对非障碍对象可能表现得很正常。

3. 损害较大

心理障碍者的社会功能受影响较大，当事人可能不能按照常人的标准完成某项（或某几项）社会功能。例如，社交焦虑者（又名社交恐惧）不能完成社交活动，锐气恐怖者不敢使用刀、剪，性心理障碍者难以与异性正常交往，等等。

4. 需要求助于心理医生

大部分心理障碍者不能通过自我调整和非专业人员的帮助来解决根本问题，需求助于心理医生的指导。

（四）心理疾病

心理疾病是指个人及外界因素引起个体强烈的心理反应（思维、情感、动作行为、意志），伴有明显的躯体不适感，是大脑功能失调的外在表现。它主要有以下几个特点。

1. 强烈的心理反应

心理疾病患者可能出现思维判断上的失误，思维敏捷性的下降，记忆力下降，头脑黏滞感、空白感，强烈自卑感及痛苦感，缺乏精力、情绪低落或忧郁，紧张焦虑，行为失常（如重复动作、动作减少、退缩行为等），意志减退，等等。

2. 明显的躯体不适感

心理疾病患者可能出现中枢控制系统功能失调，进而引起控制人体各个系统功能的失调。例如，消化系统出现食欲不振、腹部胀满、便秘或腹泻（或便秘腹泻交替）等症状，心血管系统出现心慌、胸闷、头晕等症状，内分泌系统出现女性月经周期改变、男性性功能障碍等。另外，还可能出现失眠等情况，如早起或者入睡困难，或者睡眠表浅，睡着的时候梦多，虽然睡着了，可是身心并没有得到放松。

3. 损害大

心理疾病患者不能或勉强能完成其社会功能，缺乏轻松、愉快的体位，痛苦感极为强烈，存在感及价值感低下。“哪里都不舒服”“感觉生活无望”“活着太痛苦了”是他们真实的内心体验，再有就是自伤、自虐等行为。

4. 需要心理医生的治疗

心理疾病患者一般不能通过自身调整和非心理科专业医生的治疗而康复。心理医生对此类患者的治疗一般采用心理治疗和药物治疗相结合的综合治疗手段。在治疗早期，通过情绪调节和药物快速调整患者的情绪；在治疗中后期，结合心理治疗解除患者的心理障碍并通过心理训练使患者恢复社会功能并提高患者的心理健康水平。

五、大学生心理健康的常见问题

当代大学生正处于青年中期，这一时期是个体生理发育趋于成熟和完善的时期，也是心理迅速走向成熟的重要阶段，这时的心理健康对于大学生来说十分重要。学业问题、情绪问题、人际关系问题、焦虑问题、情感问题、性教育问题和大学生活适应问题是目前大学生中普遍存在的心理问题。

（一）学业问题

困扰大学生的学业问题主要有学习动力不足、学习目标不明确、学习成绩不理想、学习动机功利化等。在大学生生活事件量表中，列在第一位的是学习压力大。此外，很多学生为了应付不得不参加的考试、不能不做的事而学习，有时产生较重的疲于应对的无力感。也有学生只是为了能够考试过关而学习，至于为什么学，心中不明确。

（二）情绪问题

大学生常见的情绪问题有抑郁、焦虑、情绪失衡等。抑郁主要表现为个体心中持久的情绪低落，常伴有身体不适，睡眠不足，心情压抑、沮丧，无精打采，任何事情、活动都不愿参加，什么事都提不起精神，甚至逃避参与。大学生的情感丰富而强烈，具有一定的不稳定性与内隐性，表现为情绪波动大、喜怒无常，会因一点小小的胜利而喜不自胜，也容易因一次考试失败、情感受挫而一蹶不振，甚至无法控制自己的情绪。

（三）人际关系问题

良好的人际关系是大学生成长与社会化过程中的重要组成部分，也是保持良好心理状态的必备条件。进入大学，远离原来熟悉的生活与学习环境，面对新的人际群体，大学生多少有些不适应。而部分新生对大学的师生关系、同学关系、异性之间的关系显得很不适应。

（四）焦虑问题

大学生的焦虑具有一定的代表性，并非源于现实的威胁，而是源于内心无明确的客观对象和具体内容。其主要表现为自我焦虑与考试焦虑。自我焦虑主要涉及对自己长相、胖瘦、高矮、能力方面的焦虑。考试焦虑主要表现为无端地担心考试失败，甚至产生厌倦考试的心理状态；考试前基本无法正常睡眠，一想到考试就心里非常紧张。

（五）情感问题

情感问题主要包括爱情困惑、友情困扰和亲情问题。爱情是大学生最为关注的话题之一。由于恋爱观念不成熟，恋爱问题处理不当等，大学生在追求爱、经营爱的过程中常产生失恋、单恋、感情纠葛、性困扰、自卑等心理困扰。友谊是一种来自双向（或交互）关系的情感，是一种人际关系。但部分大学生在交友方面也存在诸多问题，如功利性太强、交友范围狭窄等。进入大学后，大学生开始独立生活，他们普遍存在的问题是对父母缺少关心，对亲情淡漠。

（六）性教育问题

性教育既是道德教育、文明教育、健康教育，又是人格教育。一些大学生不能正确认识自我的性反应，产生了堕落感、耻辱感与性罪恶感，把性与不洁联系起来。对性的好奇、无知，对性与爱的困惑、分离，性行为引起的后果及产生的心理压力都可能引起大学生的焦虑。

（七）大学生活适应问题

适应大学生活，使自己向“社会人”转变，是大学生活的重要内容。大学生的生活适应问题主要体现在生活自理能力弱和对挫折的心理承受力差两方面。一些大学生不能够很好地处理自己的日常事务，对挫折的心理承受力弱，面对学业、生活、感情方面的挫折显得无所适从，感到失去了生活的意义，甚至怀疑人生。

安全演练

开展心理健康困扰调查

一、活动目的

引导学生了解、掌握有关心理健康的概念，同时通过调查初步把握大学生的心理困扰。

二、活动实施

（1）将同学分成若干小组，每组 8 ～ 10 人。

（2）讨论目前大学生普遍存在的心理困惑，以及心理健康对大学生成长的重要性。

（3）每个小组针对本组讨论的实际问题进行汇总、咨询。

三、活动记录

问题与意见表如表 9-1 所示。

表 9-1　问题与意见表

活动基本情况			
活动时间		活动地点	
参与人员			

续表

问题与建议	
我们的困扰	教师给出的建议

任务二 解开心结

课程导入

五成抑郁患者为在校生

2022年6月29日，《人民日报》健康客户端、《健康时报》、好心情心理医疗和心理健康数字服务平台、灵北中国、抑郁研究所，共同发布《2022年国民抑郁症蓝皮书》。

《2022年国民抑郁症蓝皮书》通过用户调研、文献研究、专家评定分析等方法，汇聚分析大量数据，聚焦国民抑郁症现状、抑郁症患者现状、患者就医现状、患者用药现状、预防与干预五大方面，呼吁国民重视心理健康，探讨新兴诊疗模式。

用户调研结果显示，62.36%的人经常感到抑郁，引发抑郁症的首要社会环境因素是情绪压力和亲子关系，其次为亲密关系和职业发展。而且，抑郁症发病群体呈年轻化趋势。

《2022 年国民抑郁症蓝皮书》调查数据显示，青少年抑郁症患病率为 15% ～ 20%；在抑郁症患者群体中，50% 为在校学生，其中 41% 曾因抑郁休学。

对青少年抑郁症患者而言，家庭环境是使其陷入抑郁的首要因素。63% 的学生患者在家庭中感到严苛、控制，忽视、缺乏关爱，冲突、家暴。与此同时，学业压力也成为压在青少年抑郁症患者身上的一座大山。

《2022 年国民抑郁症蓝皮书》还透露，有 50% 的抑郁症学生患者会通过朋友倾诉、父母沟通或其他渠道进行求助，但仍有 46% 的抑郁症学生患者没有寻求任何帮助，近 30% 的抑郁症学生患者从未想过寻求专业心理医生的帮助。

（资料来源：https://m.peopledailyhealth.com/articleDetailShare?articleId=026345f72bbf4e9eaf312ff0e237ed，有改动。）

心理上出现的问题如果长时间得不到解决，就容易形成心理障碍，进而形成心理疾病，因此，我们在出现一些心理压力及困惑时，要积极地进行应对。

一、正确掌握心理健康知识

正确掌握心理健康知识的方式主要有以下几方面。

一是阅读相应的书籍、报纸、杂志，浏览网络媒体。心理素质教育的效果在很大程度上取决于学生自我教育的主动性和积极性以及学生自我教育能力的高低。因此，大学生心理健康的维护需要自身不断学习。

二是学习心理健康教育的相关课程。心理素质的提高离不开相应知识的掌握，系统学习心理、卫生、健康等方面的知识，有助于大学生了解心理发展规律，掌握心理调节方法，增强自我教育能力。

三是参加学校组织的各类心理健康活动，包括听讲座和参加各项心理培训、团体辅导等。

二、对自我进行积极调整

在生活中，失败者大多是心态出了问题。遇到困难，他们总是挑选容易的倒退之路。“我不行了，我还是退缩吧。”用消极的心态面对困难，结果陷入失败的深渊。成功者遇到困难，仍然保持积极的心态，用“我要！我能！”“一定有办法”等积极的意念鼓励自己，不断前进，直至成功。

（一）树立正确的人生观与世界观

正确的人生观世界观可以使人心胸宽广，积极进取，保持心理健康。

（二）充分认识与接纳自己

1. 大学生要对自己有正确的评估

大学生不能自轻自贱、自惭形秽，也不能自骄自傲、以自我为中心，而是要自尊、自信、自立、自制、自强、自爱。“尺有所短，寸有所长。”每个人都有自己的优势和不足。要客观地分析自己的长处，树立自信。不妨把自己的兴趣、爱好、能力和特长全部列出来，发现优点，并且对自己的弱项和失败持理性态度，既不自欺欺人，又不把它们看得过于严重，而是积极地想办法改变它们。

2. 不盲目与他人比较

大学生要欣赏自己的独特性，同他人比较的标准要恰当。自信的人是会欣赏自己的人，把自己的优点、长处、成绩、满意的事情统统找出来，在心中“炫耀”一番，表扬自己，暗示自己“我能行”“我真行”“天生我材必有用”，自己给自己鼓励、加油。这不是孤芳自赏、自以为是，而是激励自己进取，告别自卑、摆脱烦恼的一种积极做法。

3. 有适当的抱负水平

大学生要能根据自己的实际情况制定恰当的目标，注重享受实现目标的过程。每个人都应该有适当的抱负水平，这个抱负水平应根据自己的实际而定，应是自己经过努力基本能够达到的，不能好高骛远，制定不切实际的目标，否则达不到目标后会产生强烈挫败感。

三、进行积极的人际交往

青年时期是一个关注交往、需要理解、渴望友谊的时期。通过人际交往结成一定的人际关系，是个体能够适应环境，适应社会生活，担当一定的社会角色，培养健全人格的基本途径。大学生正处于学习知识、了解社会、探索人生的重要发展时期，不仅要以积极的心态面对学习和生活，而且要对在人际交往中如何顺畅地沟通、增加了解、培养情感有理性的思考。

四、学会管理和调整情绪

（一）建立理性的认知方式

正确的认知是人适应生活与自我发展的前提和基础。人对生活的不适应，大部分来源于人们对现实的不合理认知方式，如对现实的绝对要求、以偏概全、悲观期待等。因此，大学生要培养自己的辩证思维方式，改变对现实的不恰当认识，调控好自己的情绪。

（二）学会以适当的方式管理情绪

大学生应保持积极乐观的心境、愉快开朗的情绪，对未来充满信心和希望，当遇到悲伤和忧愁的事情时要学会自我调节，适度地表达和控制情绪，做到胜不骄、败不馁、喜不狂、忧不绝。

（三）丰富个人生活，培养自己的兴趣爱好

兴趣爱好可以让我们在繁忙的生活中得到片刻的放松，也可以丰富我们的生活，增强自身的修养。

五、进行适当体育运动

运动是发泄情绪的有效方法。大学生要坚持适当的运动。运动能够改变人的心境，能够让人的身体变得更加健康强壮，进而促进心理健康。研究发现，运动可以促进身体内多巴胺的分泌，能够缓解抑郁的情绪，国内外很多机构已经把运动作为治疗抑郁症的一种重要手段。在校大学生要积极参加学校组织的各项活动或户外运动，如跑步、爬山等。

六、寻求心理帮助

（一）正确认识心理问题

心理困扰人人有，只是程度不同。大学生活的不适应、考试焦虑、人际关系不协调、恋爱困扰、择业的迷惘、欠缺自信或人际交往能力等都是大学生常有的心理困扰，需要及时寻求心理帮助。若产生中度以上心理障碍或心理疾病，应用科学的态度对待，并积极配合治疗。

（二）科学理解心理咨询

心理咨询是一个过程。在这个过程中，专业人员即心理咨询师运用心理学以及相关知识，遵循心理学原则，通过各种技术和方法，帮助求助者解决心理问题。进行心理咨询，可以帮助正常的、健康的、无明显心理冲突的人更好地认识自己，扬长避短，充分发挥自己的潜能，提高自己的学习与生活质量；可以帮助在生活、学习中有各种烦恼、有明显心理矛盾和冲突的求助者排除心理困扰，减轻心理压力，提高适应能力；可以帮助患有某种心理疾病、不能正常学习与生活的求助者克服心理障碍，恢复心理健康。

安全提示

心理咨询的四个不等式

1. 心理问题≠精神病

心理学经过一百多年的发展，已经形成了自己的科学体系。但心理咨询在我国起步比较晚，很多人对心理咨询了解比较少。在他们看来，进行心理咨询的人都不正常或有精神病，要不就是道德品质方面有问题。因此，很多人宁愿饱受精神上的痛苦折磨，也不愿到咨询中心进行咨询。

实际上，心理问题与精神病是两个完全不同的概念，每个人在学习、工作、生活中都会遇到各种各样的问题，导致消极情绪的产生。有些问题经过自己的努力可以“消化”“处理”，但有很多问题无论自己怎样努力都无法解决，有些问题甚至自己越努力越严重，这时就应该寻求专业帮助。心里有困惑并不代表有精神病，相反，这表明个人具有较高的生活目标，而进行心理咨询能更好地完善自我。

2. 心理学≠窥视内心

作为心理学工作者在和别人聊天的时候，几乎所有人都会问：“你是不是能知道我心里想什么？”虽然这句话带有开玩笑的意思，但这也折射出很多人对心理学就是窥视别人内心的误解。

心理咨询师是人不是神，学习心理学也不是掌握某种特异功能，所以再有经验的咨询师也无法窥视别人的内心世界，他们只是应用心理学的一些理论、方法和技术通过对来访者提供的一些信息进行讨论与分析，帮助来访者改善他们所面临的心理问题。因此，来访者只有详尽地提供有关情况的信息，才能找到问题的症结，使咨询师做出正确的诊断并对来访者进行恰当的治疗。

3. 心理咨询≠无所不能

在帮助来访者的过程中，也有一些人错误地把心理咨询理想化，他们觉得心理咨询师应该无所不会、无所不能，特别是在他们面临无法解决的心理问题时，便把所有的希望寄托在心理咨询师身上。甚至有些人希望通过一两次咨询就把自己长期以来形成的“问题”完全化解，而当一两次咨询没有达到预期时，就大失所望，不坚持咨询与治疗，甚至对心理咨询失去信心。

其实，心理咨询是一个连续的、艰难的改变过程。心理问题常与来访者的个性及生活经历有关，就像一座冰山，积封已久，没有强烈的求助、改变动机和恒久的决心与之抗衡，是难以消融的。因此，来访者须有打“持久战”的心理准备。

4. 心理咨询≠思想工作

来访者中还有另一种极端的认识，就是认为心理咨询没多大用处，无非是讲些道理，因而忽视或未意识到心理问题是需要治疗的。

心理咨询作为心理学的应用学科，有着严谨的理论基础和诊疗程序，与思想工作是有本质区别的。思想工作的目的是说服对方服从、遵循社会规范、道德标准及集体意志，心理咨询则是运用专门的理论和技巧寻找心理障碍的症结，予以诊断治疗。咨询者持客观、中立的态度，而不是对来访者进行批评教育。

另外，某些心理障碍同时具有神经生化改变的基础，需要结合药物治疗，这更是思想工作所不能取代的。

来访者只有明白了上述四个“不等式”，了解心理咨询的性质和工作方式，打消顾虑，敞开心扉，积极主动地与心理咨询师进行配合，才能营造积极健康的生活。

（资料来源：https://jxx.dgut.edu.cn/info/1032/2281.htm，有改动。）

（三）主动寻求心理咨询

我们要去除“有病（精神病）才去咨询”的错误认知。学校的心理咨询不等同于医院的心理治疗。学校心理咨询主要是发展性的咨询，即帮助人们解决一般的心理困扰，协助人们更好地认识自我，开发自我潜能，从而获得更好的发展。主动寻求心理咨询可以及时调整自我心态。寻求咨询对现代人来说是一种进步，也是一种能力。因为人的能力和精力有限，要想生活更幸福、工作更有成就，就得寻求合作和帮助。

现代社会节奏越来越快，信息量越来越大，分工越来越细，而人的精力有限，无法通过学习独自解决遇到的所有问题，这时寻求专业帮助就是合理利用资源的一种表现。

但目前还有许多人对寻求心理咨询存在一定的心理障碍，会认为这是见不得人的事，担心会被人耻笑。所以，当人遇到心理困惑和问题，多半是先忍耐，自己想办法解决，或找朋友帮忙。由于自己能力有限，朋友也不是专业人士，问题被拖延得不到解决，就可能使一个小问题演变成大问题，甚至危害自己的生命，而这样的例子比比皆是。心理问题与身体健康密切相关，遇到心理问题，身心会承受巨大的压力，会关闭免疫系统、消化系统，加速呼吸系统、血液系统的循环，致使身体受损。

所有这一切，与我们的非理性信念有关。这个非理性信念是我必须是一个正常的人，如果心理有问题，那说明我一无是处。理性信念应是没有完美的人，人非圣贤，孰能无过，人生遇到困难和困惑是正常的事，关键是如何对待它，寻求专业帮助是能力和进步的表现，说明我们会合理利用资源，会爱自己。

身边新闻

山东石油化工学院开展心理健康宣传周活动

2022 年 11 月，山东石油化工学院心理健康教育中心联合各学院启动秋冬季心理健康宣传周活动，活动为期两周，主题为“疫”路同心健康成长，参与学生累计达 7904 人次。

本次活动分为七个主题，包括启动仪式、专家讲座、慕课学习、微课堂比赛、团体活动、观影等诸多形式，进一步强化了心理委员自主学习和服务同学的意识，宣传了心理健康知识。活动得到了学生的好评和支持，在疫情封校期间及时纾解了学生压抑的情绪，为平静的校园生活增添了别样的秋冬情调。

1. 心理健康宣传周启动暨第三期心理委员培训班开班仪式

11 月 21 日，心理健康宣传周活动正式拉开序幕，心理委员齐聚报告厅认真聆听本次活动的主要内容和意义，初步了解心理委员的工作要求和重要性。学生工作处的相关领导到场并发表讲话，各学院辅导员对活动给予关注和支持。

2. 校外专家讲座

11 月 22 日，邀请福建中医药大学丁副教授开展题为“如何做好朋辈支持工作”的线上讲座，围绕心理委员的职责与定位讲解了朋辈心理互助知识和如何应对学生的心理问题。心理委员从丁副教授分享的经验和案例中受益匪浅，提高了对心理学的兴趣，也进一步认清了自身职责。

3. 心理委员自主学习活动

学院鼓励心理委员通过“高校心理委员工作平台”公众号报名心理委员慕课学习，为观看视频资料并考核合格者统一申请证书，增强心理委员的身份意识和责任感。此外，为培养心理委员自主学习的积极性，心理委员还可以借助“得到”App 组织学习“李 ××·心理学通识”课程，提高其心理素养，丰富其心理知识。

4. 心理委员微课堂比赛

相似的面孔更能拉近彼此之间的距离，心理委员更是学生的知心人。心理委员通过播放幻灯片、讲堂示范、制作动画或情景剧等形式录制心理微课堂，积极宣传心理健康知识。优质视频在微信公众号进行展播后获得广泛的点赞并被转发。

5. 创意班级心理活动评展

丰富多彩的集体活动更能打破彼此内心的壁垒，心理委员化身为班级融合的催化剂，为同学们精心策划了一系列趣味活动。在初冬的暖阳下，户外操场充满了学生矫健的身姿和欢乐的笑语，“木头人”“大风吹”“千千结”“两人三足”“校园骑行”等活动增添了校园活力。教室内同样热火朝天，“你画我猜”“击鼓传花”“谁是卧底”“唱歌比赛”等游戏轮番上阵，给大家留下了美好的回忆。

6. 留“心”变化——21 天情绪打卡活动

为了增强学生关注自身情绪的意识和提高情绪管理的能力，心理健康教育中心利用打卡小程序建立了情绪树洞，学生可以记录每天的情绪状态，也可以查看和评论他人的动态，分享自己的喜悦，为他人的伤心难过送上安慰。活动期间参与学生达到 3237 人，发布动态 4.6 万条。

7. “心随影动”观影感悟征集活动

要说大学最难忘的事情，和同学坐在教室里看电影肯定是其一，虽然比不上电影院舒适，但是氛围却是独一无二的。心理委员选定心理主题的影片，根据疫情防控要求在课余时间组织了75场观影活动，征集观影感悟1038条。

本期心理健康宣传周活动的成功举办，在普及了心理健康知识的同时，帮助学生释放了紧张焦虑情绪，反映了学校对学生人文关怀和心理疏导的重视。学校将进一步健全心理健康教育机制，完善心理健康服务平台，大力培育学生积极的心理品质，促进学生身心健康全面发展。

（资料来源：https://dxs.moe.gov.cn/zx/a/xl_xlyr_xlyrzx/230206/1824580.shtml，有改动。）

安全演练

进行自我体验

一、活动目的

让学生通过体验了解追求幸福人生的途径，树立正确的积极心理观念。

二、活动实施与记录

评估你生命中各种事情的重要性：非常重要 = 1，比较重要 = 2，不重要 = 3，将评估结果填写在横线上。

爱他人和被爱 ____________________

享受亲密关系 ____________________

参加娱乐活动 ____________________

家人一起生活 ____________________

决断向前的勇气 ____________________

人际关系中的信任与安全感 ____________________

学习、工作和事业 ____________________

开心和幽默感 ____________________

智慧和好奇心 ____________________

对待差异与不同的开放的态度 ____________________

愿意为改变而冒险 ____________________

乐于帮助他人 ____________________

影响他人 ____________________

欣赏自然 ____________________

独立和自主 ____________________

相互支持和合作 ____________________

对自己生活的控制感 ____________________

金钱与财务的获得 ____________________

有时间独处和反思 ____________________

为社会或他人做出贡献 ____________________

被他人称赞和需要 ____________________

参与竞争，积极进取 ____________________

热情和富有爱心 ____________________

（1）看看那些被你评为“1”的内容，如果需要你从中挑选最重要的三项，你会选择什么？

____

____

____

（2）上述三项最重要的内容是你生活的一部分吗？

____

____

____

（3）你的学习、生活中实践上述价值选择的内容有多少？为什么你无法按照自己所希望的那样做你自己重视的事情？是什么阻止了你？

____

____

____

（4）为了让生活更有意义，你采取了哪些具体的行为？

____

____

____

参考文献

[1] 关世春，高静娜，陆涛．大学生安全知识十讲［M］．青岛：中国石油大学出版社，2021.

[2] 原彦飞．大学生安全教育［M］．4版．北京：国防工业出版社，2021.

[3] 朱小丽．实用自救互救与安全知识手册［M］．2版．北京：科学出版社，2022.

[4] 温道军．大学生安全教育：含急救手册［M］．上海：上海交通大学出版社，2022.

[5] 李锐，郑长江．道路交通安全［M］．北京：高等教育出版社，2020.

[6] 晏修祥，许大春，林金龙．大学生安全教育［M］．徐州：中国矿业大学出版社，2022.

[7] 闫宁，王小龙．消防安全教育18讲［M］．北京：中国劳动社会保障出版社，2020.

[8] 陈颙．减轻自然灾害［M］．北京：地震出版社，2020.

[9] 孔养涛．大学生安全教育理论与实践［M］．北京：九州出版社，2019.